Vida após o
Google

George Gilder

Autor best-seller do *New York Times*

Vida após o Google

A Queda do Big Data e a Ascensão da Economia Blockchain

ALTA CULT
EDITORA

Rio de Janeiro, 2021

Vida após o Google

Copyright © 2021 da Starlin Alta Editora e Consultoria Eireli. ISBN: 978-85-5081-396-7

Translated from original Life After Google. Copyright © 2018 by Regnery Gateway. ISBN 978-1-62157-576-4. This translation is published and sold by permission of Regnery Publishing A Division of Salem Media Group, the owner of all rights to publish and sell the same. PORTUGUESE language edition published by Starlin Alta Editora e Consultoria Eireli, Copyright © 2021 by Starlin Alta Editora e Consultoria Eireli.

Todos os direitos estão reservados e protegidos por Lei. Nenhuma parte deste livro, sem autorização prévia por escrito da editora, poderá ser reproduzida ou transmitida. A violação dos Direitos Autorais é crime estabelecido na Lei nº 9.610/98 e com punição de acordo com o artigo 184 do Código Penal.

A editora não se responsabiliza pelo conteúdo da obra, formulada exclusivamente pelo(s) autor(es).

Marcas Registradas: Todos os termos mencionados e reconhecidos como Marca Registrada e/ou Comercial são de responsabilidade de seus proprietários. A editora informa não estar associada a nenhum produto e/ou fornecedor apresentado no livro.

Impresso no Brasil — 1ª Edição, 2021 — Edição revisada conforme o Acordo Ortográfico da Língua Portuguesa de 2009.

Produção Editorial Editora Alta Books	**Produtores Editoriais** Illysabelle Trajano Thiê Alves	**Coordenação de Eventos** Viviane Paiva eventos@altabooks.com.br	**Editor de Aquisição** José Rugeri j.rugeri@altabooks.com.br
Gerência Editorial Anderson Vieira	**Assistente Editorial** Thales Silva	**Assistente Comercial** Filipe Amorim vendas.corporativas@altabooks.com.br	**Equipe de Marketing** Livia Carvalho Gabriela Carvalho marketing@altabooks.com.br
Gerência Comercial Daniele Fonseca			
Equipe Editorial Ian Verçosa Luana Goulart Maria de Lourdes Borges Raquel Porto Rodrigo Ramos	**Equipe de Design** Larissa Lima Marcelli Ferreira Paulo Gomes	**Equipe Comercial** Daiana Costa Daniel Leal Kaique Luiz Tairone Oliveira Thiago Brito	
Tradução Luciana Ferraz	**Revisão Gramatical** Thaís Pol Thamiris Leiroza	**Diagramação** Joyce Matos	**Capa** Marcelli Ferreira
Copidesque Fernanda Lutfi			

Publique seu livro com a Alta Books. Para mais informações envie um e-mail para autoria@altabooks.com.br
Obra disponível para venda corporativa e/ou personalizada. Para mais informações, fale com projetos@altabooks.com.br

Erratas e arquivos de apoio: No site da editora relatamos, com a devida correção, qualquer erro encontrado em nossos livros, bem como disponibilizamos arquivos de apoio se aplicáveis à obra em questão.

Acesse o site **www.altabooks.com.br** e procure pelo título do livro desejado para ter acesso às erratas, aos arquivos de apoio e/ou outros conteúdos aplicáveis à obra.

Suporte Técnico: A obra é comercializada na forma em que está, sem direito a suporte técnico ou orientação pessoal/exclusiva ao leitor.

A editora não se responsabiliza pela manutenção, atualização e idioma dos sites referidos pelos autores nesta obra.

Ouvidoria: ouvidoria@altabooks.com.br

Dados Internacionais de Catalogação na Publicação (CIP) de acordo com ISBD

G468v	Gilder, George Vida após o Google: a Queda do Big Data e a Ascensão da Economia Blockchain / George Gilder ; traduzido por Luciana Ferraz. - Rio de Janeiro : Alta Books, 2021. 336 p. ; 16cm x 23cm. Tradução de: Life After Google Inclui bibliografia e índice. ISBN: 978-85-5081-396-7 1. Economia. 2. Economia Blockchain. I. Ferraz, Luciana. II. Título.
2021-939	CDD 330 CDU 33

Elaborado por Vagner Rodolfo da Silva - CRB-8/9410

Rua Viúva Cláudio, 291 — Bairro Industrial do Jacaré
CEP: 20.970-031 — Rio de Janeiro (RJ)
Tels.: (21) 3278-8069 / 3278-8419
www.altabooks.com.br — altabooks@altabooks.com.br
www.facebook.com/altabooks — www.instagram.com/altabooks

Para Matt e Louisa Marsh

SUMÁRIO

Prólogo
De Volta para o Futuro — A Viagemxi

Capítulo 1
Não Roube Este Livro1

Capítulo 2
O Sistema de Mundo do Google11

Capítulo 3
As Raízes e Religiões do Google25

Capítulo 4
O Fim do Mundo Livre37

Capítulo 5
Dez Leis do Criptocosmos45

Capítulo 6
O Golpe do Data Center do Google51

Capítulo 7
O Paradigma Paralelo de Dally63

Capítulo 8
Markov e Midas75

Capítulo 9
Vida 3.0   93

Capítulo 10
1517   109

Capítulo 11
O Assalto   119

Capítulo 12
Encontrando Satoshi   129

Capítulo 13
A Batalha dos Blockchains   143

Capítulo 14
Blockstack   159

Capítulo 15
Retomando a Rede   171

Capítulo 16
A Corajosa Volta de Brendan Eich   179

Capítulo 17
Yuanfen   189

Capítulo 18
A Ascensão da Computação no Céu   199

Capítulo 19
Uma Insurreição Global   213

Capítulo 20
Neutralizando a Rede   227

Capítulo 21
O Império Contra-ataca   243

Capítulo 22
O Defeito do Bitcoin   249

Capítulo 23
A Grande Dissociação   259

Epílogo
O Novo Sistema do Mundo   271

Alguns Termos de Arte e Informação
para a Vida após o Google   279

Bibliografia   287

Notas   295

Índice   315

PRÓLOGO

De Volta para o Futuro — A Viagem

No início da década de 1990, quando eu dirigia uma empresa de boletins informativos em um galpão antigo próximo ao Rio Housatonic, no oeste de Massachusetts, o futuro chegou.

Ao mesmo tempo, o passado também chegou, se arrastando, na figura do antipático especialista em efeitos especiais Douglas Trumbull. Em um mundo que vinha se tornando digital rapidamente, Trumbull insistia em seu apego às tecnologias analógicas. Isso significava construir modelos físicos de tudo e colocar suas imagens multicamadas em filmes de alta resolução.

Trumbull e meu amigo Nick Kelley haviam lançado uma empresa chamada RideFilm, que produziria uma atração de parque de diversões baseada na série de filmes *De Volta para o Futuro*, de Robert Zemeckis. Eu investi.

Não demorou muito até que um Tiranossauro Rex em tamanho quase real feito de plástico e papel machê estivesse pairando sobre nossa escada de madeira empoeirada, uma mascote não oficial da Gilder Publishing. Nós nunca o levamos muito a sério, apesar de ele acabar se tornando um dos favoritos dos turistas viajantes no tempo em parques temáticos de Orlando, Hollywood e Osaka, em um reinado que durou cerca de 16 anos.

O próprio Trumbull estava tentando viajar no tempo. Famoso por seus efeitos especiais na sequência de renascimento de "Star Gate" no final de *2001: Uma Odisseia no Espaço*, filme de 1968 de Stanley Kubrick, ele abandonou Hollywood e se exilou em uma pequena cidade de Massachusetts, onde nutria suspeitas de uma resistência conspiratória contra sua genialidade analógica. Após seu triunfo em *2001*, Trumbull criou efeitos especiais para diversos filmes emblemáticos, entre eles *Contatos Imediatos de Terceiro Grau* (1977), de Steven Spielberg, e *Blade Runner* (1982), de Ridley Scott.

Mas o mundo se tornara digital, e Trumbull já estava quase caindo no esquecimento. No início da década de 1990, ele tentava ressurgir como inventor de um processo de filmagem imersiva de 70 milímetros e 6 quadros por segundo chamado Showscan e uma atração em filme 3D. O resultado foi uma experiência que hoje chamados de "realidade virtual" (Virtual Reality — VR). O 3D analógico de Trumbull conseguiu uma imersão total sem o uso de óculos 3D ou VR. Segura essa, Vale do Silício.

A escapada original de Michael J. Fox — filme que foi sucesso em 1985, arrecadando cerca de US$500 milhões — foi uma ilusão boba em comparação com a atração de Trumbull. O produtor da Universal, Steven Spielberg, especulou que a trama de *De Volta para o Futuro* poderia inspirar uma atração que superaria as *Star Tours* da Disneylândia — criadas por George Lucas com base em seus filmes de *Star Wars*. Por sua vez, Lucas ignorou a possibilidade de a Universal ter uma atração que poderia se equiparar ao espetáculo das *Star Tours*.

"Quer apostar?", respondeu Spielberg, e lançou o projeto.

Futuro e passado em jogo; o galope de um Tiranossauro; um DeLorean "futurista"; o Doutor Brown descabelado e de olhos esbugalhados; a pitoresca cidade com a torre do relógio de Hill Valley, Califórnia; o valentão Biff — talvez você se lembre deles. Eles viajaram no tempo diretamente para nosso prédio de três andares, com o Tiranossauro, a carcaça de um DeLorean e um cinema improvisado para mais de um ano de filmagem.

Trumbull investiu menos que os Grandes Filmes de Hollywood para criar a atração tridimensional de quatro minutos, que acabou custando cerca de US$40 milhões. Ela arrecadou muito mais que esse valor em receitas ao longo de mais de uma década e meia e salvou o parque temático da Universal em Orlando da extinção nas mãos da Disney. Eu e três de meus filhos participamos da primeira exibição da atração no prédio onde alugávamos nossos escritórios. Minha caçula, Nannina, com seis anos na época, foi impedida de participar porque temíamos que ela fosse incapaz de distinguir entre as imagens lancinantes e a realidade.

A verdade era que *nenhum de nós era capaz*. Afivelados nos assentos do DeLorean sob o domo de uma tela OmniMax, e com os sentidos saturados, nos esquecemos rapidamente que o carro podia se mover apenas cerca de um metro em qualquer direção. Aquilo era suficiente para criar a ilusão da propulsão a jato em nossos cérebros. No instante em que as luzes se apagaram nós fomos transportados. Perseguindo "Biff" através do tempo, mergulhando no modelo de Hill Valley, estraçalhando a placa vermelha da Texaco, percorrendo as ruas sinuosas, despencando na torre do relógio e, através dela, na Era do Gelo.

A partir de uma congelante, assustadora e convincente vista de uma tundra tridimensional, tropeçamos em um vulcão ativo e caímos de um penhasco temporal no período Cretáceo, onde nos vimos tentando fugir dos enormes dentes do Tiranossauro Rex. Fracassamos, e o DeLorean atravessou os dentes do dinossauro para dentro de seu esôfago. Felizmente fomos vomitados para perseguir Biff, batendo na traseira de seu carro a exatamente 140km/h, como havíamos sido instruídos pelo Doutor Brown. *Shazam*, mergulhamos de volta ao presente. Oh não! — vamos atravessar a janela panorâmica da base de lançamento de Orlando? Siiiim! Enquanto milhares de estilhaços caíam no chão, aterrizamos de volta ao local onde começamos e saímos do DeLorean no galpão sujo, sem vidros quebrados à vista.

A viagem demorou apenas quatro minutos, mas a intensidade de sua realidade virtual dilatou o tempo. Com os olhos arregalados, o coração acelerado e a respiração rápida, sentíamos que a viagem havida durado pelo menos duas horas. Tínhamos, de fato, experienciado uma forma de viagem no tempo.

Como a Terra, o Universo não é plano. Teorias parcas e deterministas que veem o universo como uma simples matéria, regida apenas pela física e pela química, não deixam espaço para a consciência humana e a criatividade. Da mesma forma que uma atração 3D supera um filme 2D, outras dimensões de experiência são transformadoras e artisticamente reais. Como o filósofo e matemático de Harvard C. S. Peirce explicou no início do século passado, todos os símbolos e seus objetos, sejam em softwares, línguas ou artes, exigem a mediação de uma mente interpretativa.[1]

A partir de nossas mentes, abrem-se potenciais *metaversos,* infinitas dimensões de realidade imaginativa — contrafactuais, analogias, emoções interpretativas, voos de pensamento e de criatividade. O romancista Neal Stephenson, que cunhou o termo metaverso,[2] e Jaron Lanier, pioneiro da realidade virtual, estavam certos em explorá-los e valorizá-los. Sem as dimensões além do universo plano, nossas vidas e visões definham e secam.

Esta analogia do "universo plano" me ocorreu após a leitura do artigo "Transposition",[3] de C. S. Lewis, no qual ele propôs a pergunta: se você vivesse em uma pintura bidimensional, como responderia a alguém que lhe dissesse seriamente que a imagem 2D era apenas um mero reflexo de um mundo real em 3D? Confortável na caverna de sua mente 2D, você teria ideias 2D que explicariam tudo o que viveu na planolândia — os pigmentos da tinta, os relacionamentos paralaxes de objetos próximos e distantes, os ângulos e bordas. Toda a matemática concordaria. "Três dimensões?", você poderia perguntar. "Não preciso desta hipótese."

Na época da atração *Back to the Future: The Ride,* no início dos anos 1990, eu estava profetizando o fim da televisão e a ascensão dos computadores em rede.[4] Na edição de 1994 de *A Vida após a Televisão,* expliquei que "o computador pessoal mais comum da próxima década será um telefone celular digital com um endereço de IP (...) conectado a milhares de bases de dados de todos os tipos".[5] Conforme declarei em diversas palestras, "ele será tão portátil quanto seu relógio e tão pessoal quanto sua carteira; reconhecerá fala e navegará pelas ruas; receberá suas correspondências, suas notícias e seu salário". Pausa dramática. "Pode ser que ele não abra o *Windows*, mas abrirá portas — da sua casa, do seu carro e da percepção."[6]

Rupert Murdoch foi uma das primeiras pessoas a valorizar esta mensagem, me levando à Hayman Island, na Austrália, para presentear seus executivos da Newscorp e da Twentieth Century Fox com visões de uma transformação das mídias para o século XXI. Ao mesmo tempo, o superagente de Hollywood, Ari Emanuel, declarou *A Vida após a Televisão* como seu guia para o futuro digital. Mais tarde, também descobri que, muito antes do iPhone, Steve Jobs leu o livro e o passou para seus colegas.

Muito de *A Vida após a Televisão* se tornou realidade, mas ainda há espaço para voltar para o futuro. A internet ainda não entregou algumas de suas promessas mais importantes. Em 1990, eu previ que, no mundo dos computadores ligados em rede, ninguém teria que ver um anúncio que não quisesse. Sob a direção do Google, a internet não apenas é cheia de anúncios indesejáveis, como também está repleta de bots e malwares. Em vez de colocar o poder nas mãos dos indivíduos, ela se tornou uma nuvem porosa em que todo o dinheiro e poder sobem para o topo.

Mais profundamente, o mundo do Google — suas interfaces, imagens, vídeos, ícones e filosofia — é 2D. O Google não é apenas uma empresa, mas um sistema do mundo, e a internet está rachando sob o peso de sua ideologia. Seus devotos defendem a teoria materialista do universo plano: a suficiência de química e matemática deterministas. Eles acreditam que a mente humana é um produto subótimo de processos evolutivos aleatórios, e também na possibilidade de um cérebro de silício. Acreditam que máquinas possam "aprender" de forma equiparável ao aprendizado humano, que a consciência é um aspecto relativamente insignificante da humanidade, emergente da matéria, e que a imaginação de verdadeiras novidades seja um delírio em um mundo de lógica hermético. Eles defendem que os seres humanos não têm mais o que descobrir e poderiam até aposentar-se em uma pensão, enquanto Larry Page e Sergey Brin decolam com Elon Musk e vivem para sempre em jardins galácticos murados em seus próprios planetas particulares em um cosmos de tudo ou nada.

Seu DeLorean diz não. Os muros podem cair, e um mundo com muitas dimensões novas pode ser nosso para aperfeiçoar e explorar. Embarque nesta viagem.

Capítulo 1

Não Roube Este Livro

"A economia chegou ao ponto em que, a princípio, produz o suficiente para todos. (...) Então, este novo período em que estamos entrando não tem mais tanto a ver com produção — o quanto se produz; tem a ver com distribuição — como as pessoas conseguem uma porção do que é produzido."
— W. Brian Arthur, Santa Fe Institute, 2017[1]

Antes de ler este livro, por favor, insira seu nome de usuário e senha. Nos preocupamos com sua identidade, segurança online e preferências literárias. Queremos servi-lo melhor.

Por favor, transcreva também o emaranhado de letras do teste CAPTCHA contido na caixa (para provar que, ao contrário de cerca de 36% dos endereços da web, você não é um robô que roubou sua identidade).

Desculpe, nome de usuário ou senha incorretos. Precisa de ajuda? Se desejar mudar seu nome de usuário, senha ou perguntas de segurança, por favor, clique na URL que enviamos por e-mail para o endereço cadastrado ao comprar nosso software.

Desculpe, este endereço está inativo. Gostaria de trocar seu endereço de e-mail?

Aproveitando, o iTunes gostaria de atualizar seu software para corrigir perigosas vulnerabilidades. Este patch de software não pode ser instalado até que você insira sua Apple ID e senha. Desculpe, usuário ou senha inválidos. Gostaria de tentar novamente?

Para repetir este procedimento, você deve primeiro destravar seu drive Macintosh. Por favor, insira sua senha para descriptografar seu drive Macintosh. Caso tenha perdido a senha do drive Macintosh, poderá ser necessário deletar seu drive e reiniciá-lo. Você perderá todo o conteúdo que não tiver backup, inclusive este livro. Vamos tentar novamente.

Mas, primeiro, o Google *exige* que você insira novamente sua senha do Google. Não, não *esta* senha do Google. Você a alterou há duas semanas. Sim, sabemos que você tem diversas senhas do Google associadas a diversos nomes de usuário. Sabemos também que tem senhas da Apple que estão ligadas a seu endereço do Gmail como nome de usuário. A fim de garantir sua privacidade e segurança, dependemos de você para saber qual combinação de nome de usuário e senha é adequada para cada situação em qualquer um de seus diversos aparelhos. Não, esta senha está incorreta. Gostaria de alterá-la? Tem certeza de que é o real dono deste livro?

Antes de sair, por favor, preencha uma pesquisa sobre sua experiência com o nosso atendimento ao cliente. Para nos permitir coordenar melhor seus endereços no futuro, por favor, forneça seu número de telefone, imagem digital e impressão digital. Obrigado. Gostaríamos também de seu número de celular. Agradecemos sua colaboração.

Pode ser que queira ler diversos outros livros que nosso algoritmo selecionou com base nas escolhas online de pessoas como você. Esses trabalhos explicam como o "software está devorando o mundo", conforme observado pelo investidor Marc Andreessen, e como a pesquisa do Google e outros softwares constituem uma "inteligência artificial" (IA), que não é nada menos do que "o maior acontecimento da história humana". A IA do Google oferece algoritmos excepcionais de "aprendizado de máquina profundo", que surpreenderam até mesmo seu antigo diretor, Eric Schmidt, ao superar ele e outros seres humanos na identificação de gatos em vídeos. Tais proezas da "deep mind" relatadas nestes livros emancipam os computadores de sua dependência da inteligência humana e logo eles "o conhecerão melhor do que você conhece a si mesmo".

Para baixar esses volumes cuidadosamente selecionados será necessário inserir um número de cartão de crédito, o CPF e o endereço associados à conta do cartão de crédito. Caso alguma dessas informações tenha mudado, você pode responder perguntas de segurança sobre o endereço dos seus pais na época do seu nascimento, seu cachorro favorito, o nome de solteira da sua mãe, sua pré-escola, os quatro últimos dígitos do seu CPF, seu cantor favorito e sua professora da primeira série. Esperamos que suas respostas não tenham mudado, então você poderá prosseguir ou deverá alterar sua senha. Atente-se para escolher uma senha com mais de oito dígitos da qual você se lembre, mas, por favor, não utilize uma senha que já esteja associada a outras contas, e certifique-se de incluir números, letras maiúsculas e símbolos alfanuméricos. Para ativar sua nova senha, o Google enviará a você um código temporário via e-mail. Desculpe, seu endereço de e-mail está inativo. Gostaria de tentar novamente? Ou talvez este livro não seja para você.

Segundo muitas pessoas de prestígio, a indústria está se aproximando rapidamente de um momento de "singularidade". Seus supercomputadores da "nuvem" estão se tornando tão mais inteligentes do que você e comandam um conjunto sensório tão completo de fluxos de dados multidimensionais de seu cérebro e corpo que você vai querer que essas máquinas assumam a maior parte das decisões em sua vida. A inteligência artificial avançada e as descobertas em códigos biológicos estão convencendo muitos pesquisadores de que organismos como os seres humanos são um simples produto de um algoritmo. Inserido no DNA e na lógica da rede neural, esse algoritmo pode ser interpretado e controlado por meio do aprendizado de máquina.

A computação na nuvem e o big data de empresas como o Google, com sua IA "Deep Mind", podem superar o cérebro humano na tomada de decisões-chave de vida, desde escolhas no casamento e cuidados médicos até a gestão da senha particular de sua carteira de bitcoins e o uso e armazenamento de senhas do seu drive Macintosh. Esse software autodidata também será capaz de realizar a maioria das suas tarefas. O novo mundo digital poderá não precisar mais de você.

Não se ofenda. Muito provavelmente você poderá se aposentar com uma renda que consideramos satisfatória para você. Grandes empresários do Vale do Silício, como Larry Page, Elon Musk, Sergey Brin e Tim Cook, condenam a maioria dos seres humanos ao desemprego por serem intelectualmente inferiores aos algoritmos de IA. Você sabia que a IA do Google derrotou o campeão mundial de Go em cinco partidas consecutivas? Você sequer sabe o que é "Go"? Go é um jogo asiático de estratégia que os pesquisadores de IA consideravam como um desafio intelectual muito superior ao xadrez em sutilezas, graus de liberdade e complexidade. Você não possui a capacidade mental de competir com computadores em aplicações tão complicadas.

Mas não se preocupe. Para cada *homo sapiens* obsoleto, os grandes magnatas do Vale do Silício recomendam uma renda anual garantida pelo governo. Isso mesmo, "dinheiro grátis" todos os anos! Além disso, você, um sofisticado leitor virtual experiente, pode muito bem estar entre as elites excepcionais que, segundo autênticos gênios como Larry Page e Aubrey de Grey, podem gradativamente viver desempregadas para sempre.

Você pode até figurar entre os demiurgos do big data que ascendem até quase se tornarem divindades. Que tal?

Conforme a Pesquisa do Google se torna praticamente onisciente, um poder de domínio que as antigas tribos humanas atribuíam aos deuses, você poderá se tornar um *homo deus*. Um dos palestrantes favoritos no Google campus, Yuval Noah Harari, usou essa expressão como título de seu livro mais recente.[2]

No passado, esse tipo de conversa sobre deuses humanos, a onisciência e a supremacia das elites sobre as pessoas comuns se restringia principalmente à tagarelice boêmia das altas horas ou às instituições psiquiátricas. Apesar de o Vale do Silício ter atravessado os últimos anos da década de 2010 tendo a maior parte de seus lucros graças ao Google, à Apple e ao Facebook, pareceu estar passando por um colapso nervoso, manifestado de um lado por ilusões de onipotência e transcendência e de outro por intrincados cercos de instruções de "segurança" nos dispositivos dos consumidores. No que pareciam ser padrões arbitrários, os programas pediam novas senhas, nomes de usuário, PINs, log-ins, criptochaves e exigências de cadastro. Com cada página da internet exigindo atenção especial, como se fosse única, você se via cada vez mais encurralado conforme as exigências de diferentes programas e máquinas entravam em conflito, e diferentes caixas mal identificadas apareciam na sua tela pedindo "sua senha", como se só tivesse uma.

Enquanto isso, era óbvio que a segurança na internet havia desmoronado. O Google enviou "equipes da swat" compostas de nerds para reagir às quebras de segurança que haviam sido desprezadas. E, como o guru de segurança da Greylock Ventures, Asheem Chandna, confidenciou à *Fortune*, no fim das contas a culpa é sua. Os seres humanos caem facilmente em mensagens de malware. Então, diz a *Fortune*, a "luta contra o hacking promete ser uma guerra sem fim".[3]

Na distópica série sci-fi *Battlestar Galactica*, a principal regra que protegia a civilização dos invasores ciborgue era "jamais conecte os computadores". Aqui na nossa galáxia, quantas brechas e falsas promessas de conserto serão necessárias para que a própria rede se torne suspeita? Muitos setores, como finanças e seguros, já se tornaram basicamente offline. Os serviços de saúde já estão afundados nesse pântano digital. As garantias corporativas de segurança por trás de firewalls e códigos de segurança de 256-bit deram lugar a um único mandamento: nada crítico fica na internet.

Exceto pelos especialistas em videogames das equipes swat e pelos esquadrões de hackers, o Vale do Silício praticamente já desistiu. É hora de contratar outro vice-presidente de diversidade e calcular as pegadas de carbono.

O sistema de segurança desabou assim que a elite da computação começou a ceder às fantasias mais absurdas sobre a capacidade de suas máquinas e a divulgar despropósitos arrogantes sobre os limites comparativos de seus consumidores humanos. Enquanto isso, essas ilusões de onipotência não evitaram o eclipse de seu mercado de ofertas públicas iniciais (IPOs), as tribulações antitruste de suas empresas campeãs lideradas pelo Google e a prosperidade sem lucros de seus famintos rebanhos de "unicórnios" (como são chamadas as empresas privadas que valem mais de um bilhão de dólares). Acima de todos esses fracassos está a perda de vantagem empresarial do Vale do Silício nas ofertas públicas iniciais e o aumento do capital de risco de comunistas declarados na China.

Em sua defesa, o Vale do Silício parece ter adotado o que pode se chamar de uma ideologia política e visão tecnológica neomarxistas. Você pode estar imaginando como posso descrever como "neomarxistas" aqueles que aparentam ser os capitalistas mais ávidos e bem-sucedidos do planeta.

O marxismo é tratado muito como um reservatório de queixas revolucionárias, revoltas de trabalhadores, quebra de correntes, críticas ao capital, recortes de classes e a tomada dos meios de produção. Entretanto, em seu coração, o marxismo inicialmente defendia uma crença de que a Revolução Industrial do século XIX resolveu, de uma vez por todas, o problema fundamental da produção.

A Primeira Revolução Industrial, compreendendo motores a vapor, linhas férreas, redes elétricas e turbinas — todos aqueles "moinhos satânicos obscuros" —, foi, segundo Marx, o maior avanço industrial de todos os tempos. O princípio essencial de Marx era que, no futuro, o principal problema da economia não seria a produção em meio à escassez, mas a redistribuição da abundância.

Em *A Ideologia Alemã* (1845), Marx fantasiou que o comunismo se abriria a toda a vida diletante de um fazendeiro: "A sociedade controla a produção geral e, assim, me possibilita fazer uma coisa hoje e outra amanhã, caçar pela manhã, pescar à tarde, cuidar do rebanho à noite, criticar após o jantar, conforme minha vontade, sem jamais me tornar caçador, pescador, pastor ou crítico."[4]

Marx, como era típico dos intelectuais, imaginava que sua própria época era o estágio final da história humana. William F. Buckley chamava isso de *escatologia imanentizada*, a crença de que as "últimas coisas" estariam acontecendo na época daquela pessoa.[5] O neomarxismo dos atuais titãs do Vale do Silício repete o erro dos antigos marxistas em sua crença de que a tecnologia de hoje — não o vapor e a eletricidade, mas os microchips de silício, a inteligência artificial, o aprendizado de máquina, a computação na nuvem, a biologia algorítmica e a robótica — é a conquista humana definitiva. A escatologia algorítmica torna obsoleto não somente o trabalho humano, mas também a mente humana.

Tudo isso é provincianismo temporal e miopia, exagerando o significado das realizações de sua própria era, de suas empresas, suas filosofias especiais e quimeras — de si mesmo, na verdade. Supondo que, de alguma forma, sua máquina de "Go" e teorias climáticas sejam a consumação da história, eles acreditam que prevaleça a lógica de "que vença o melhor para todo o sempre". Curiosamente, essa ilusão é compartilhada pelos críticos do Vale do Silício. Os distópicos se juntam aos utópicos na imaginação de um Vale do Silício extremamente competente e visionário, liderado pelo respectivo monopólio de informações e inteligência do Google.

Acredita-se que a IA esteja redefinindo o que significa ser humano, da mesma forma que Darwin fez em sua época com *A Origem das Espécies*. Enquanto Darwin transformou o homem em um mero animal, um macaco precariamente evoluído, o marxismo do Google vê o homem como intelectualmente inferior às suas próprias máquinas algorítmicas.

Vida após o Google contraria a visão dos ansiosos arúspices Yuval Harari, Nick Bostrom, Larry Page, Sergey Brin, Tim Urban e Elon Musk de que a IA é uma potência que mudará o mundo, quando, na verdade, é um regime industrial em seus últimos suspiros. A crise na ordem atual de segurança, privacidade, propriedade intelectual, estratégia empresarial e tecnologia é fundamental e não pode ser resolvida dentro da atual arquitetura de computadores e redes.

A segurança não é um benefício ou upgrade que pode ser suprido pela adição de novas camadas de senhas, "equipes swat" de rabo de cavalo, sistemas de detecção de intrusos, patches de antivírus, profilaxias de malware e correções de softwares. A segurança é o alicerce de todos os outros serviços e é essencial a todas as transações financeiras. É o componente mais básico e indispensável de qualquer tecnologia de informação.

Nos negócios, a capacidade de conduzir transações não é opcional. É o meio pelo qual todo aprendizado e crescimento econômico ocorre. Se seu produto é "grátis", ele não é um produto, e você não está no negócio, mesmo que possa extorquir dinheiro dos chamados anunciantes para financiá-lo.

Se não cobra por seus serviços de software — se eles são de "código aberto" —, é possível evitar a responsabilidade por "betas" bugados. Existe também a possibilidade de driblar alegremente a excessiva proteção de 17 anos do setor de patentes contra mínimas melhorias nos softwares ou "processos empresariais", como a compra em um clique. Mas não finja que tem clientes.

A segurança é a parte mais importante de qualquer sistema. Ela permite que a máquina tenha um "estado" ou posição de solo inicial e ganhe tração econômica. Se a segurança não for integral em uma arquitetura de tecnologia da informação, essa arquitetura deve ser substituída.

A arquitetura de internet originalmente distribuída era suficiente quando tudo era "grátis", já que a internet não era um meio para transações. Quando tudo o que fazia era exibir páginas da internet, transmitir e-mails, administrar fóruns de discussão e grupos de notícias e linkar sites acadêmicos, a rede não precisava muito de um alicerce de segurança. Porém, quando a internet se tornou um fórum de transações monetárias, novos regimes de segurança se tornaram indispensáveis. O eBay saiu na frente ao comprar o PayPal, que não era bem um serviço da internet, mas uma entidade externa que aumentou a eficiência das transações online. Entidades externas exigem que as informações dos consumidores sejam transmitidas pela internet para concluir as transações. Números de cartão de crédito, códigos de segurança, datas de validade e senhas começaram a inundar a rede.

Com a ascensão da Amazon, Apple, e outros empórios online no início do século XXI, boa parte da internet foi ocupada por transações, e a indústria recorreu à "nuvem". Abandonando a arquitetura de internet fornecida, os principais empreendedores do Vale do Silício a substituíram por sistemas de assinatura descentralizados e segmentados, como PayPal, Amazon, iTunes, Apple, Facebook, e Google Cloud. Uber, Airbnb e outros "unicórnios" capturados acompanharam.

Os chamados "jardins murados" poderiam ter sido suficientes se tivessem realmente sido isolados do restante da internet. Na Apple, Steve Jobs tentou a princípio realizar tal separação ao barrar aplicativos de softwares (ou "apps") de terceiros. A Amazon obteve muito sucesso em isolar seus próprios domínios e se conectar a entidades externas, como empresas de cartão de crédito. Mas essas fortalezas centralizadas violaram o Teorema de Coase, de alcance empresarial. Em um artigo famoso, o economista e ganhador do prêmio Nobel Ronald Coase calculou que uma empresa deveria internalizar transações apenas até o ponto em que os custos de encontrar e contratar entidades externas excedesse as ineficiências incorridas pela ausência de preços reais, mercados internos e economias de escala.[6] A concentração de dados em jardins murados aumenta o custo de segurança. A indústria buscou segurança na centralização. Mas a centralização não é segura.

A loja própria não foi um grande avanço do capitalismo durante a era dos chamados "barões usurpadores", e não melhorou muito nos dias de hoje, quando é espalhada pela nuvem, financiada por anúncios e combinada a uma troca espúria de bens gratuitos. O marxismo foi historicamente hiperbólico na primeira vez, e o novo marxismo é ilusório atualmente. É hora de uma nova arquitetura da informação para uma economia globalmente distribuída.

Felizmente, ela está a caminho.

Capítulo 2

O Sistema de Mundo do Google

Alphabet, como é chamada a holding do Google, é a segunda maior empresa do mundo atualmente. Com a capitalização de mercado como medida, a Apple é a primeira. Com a Amazon e a Microsoft, seguidas de perto pelo Facebook em sétimo lugar, as cinco formam um oligopólio global cada vez mais temido.

Esse crescente domínio global das empresas de informação dos EUA é inesperado. Há apenas uma década, as líderes da lista de empresas com as maiores capitalizações de mercado eram Exxon, Walmart, China National Petroleum e Industrial and Commercial Bank of China. Nenhuma empresa de internet estava entre as cinco primeiras. Hoje, quatro das cinco maiores são gigantes americanas de tecnologia da informação.

Por que então este livro não se chama *Içando o Carrinho da Apple*? Ou *Facebook e os Quatro Cavaleiros*?

Porque o Google, sozinho entre as cinco, é o protagonista de um novo e aparentemente bem-sucedido "sistema do mundo". Representado em todas as universidades e centrais de mídias mais prestigiadas dos EUA, está se espalhando rapidamente pela intelectualidade do mundo, de Mountain View a Tel Aviv e Beijing.

Esta frase, "sistema do mundo" — que peguei emprestado do romance de Neal Stephenson *The Baroque Cycle* ["O Ciclo Barroco", em tradução livre], sobre Isaac Newton e Gottfried Wilhelm Leibniz — representa um conjunto de ideias que permeiam a tecnologia e as instituições da sociedade e informa sua civilização.[1]

Em seu sistema do mundo do século XVIII, Newton reuniu dois temas. Com base em seus cálculos e física, uma revelação Newtoniana tornou o mundo físico previsível e mensurável. Outra, menos aclamada, foi seu papel-chave no estabelecimento de um padrão-ouro confiável, o qual tornou as avaliações econômicas tão calculáveis e sólidas quanto as dimensões físicas dos itens em negociação.

Desde Claude Shannon, em 1948, e Peter Drucker, nos anos 1950, todos falamos da economia da informação como se fosse uma ideia nova. Mas tanto a física de Newton quanto seu padrão-ouro eram sistemas de informação. Mais especificamente, o sistema Newtoniano é o que chamamos hoje de teoria da informação.

Os biógrafos de Newton costumam subestimar suas realizações no estabelecimento da teoria da informação do dinheiro em uma base sólida. Nas palavras de um deles:

> Supervisionar a cunhagem da moeda de um país, pegar algumas falsificações, aumentar ainda mais uma fortuna que já detinha tamanho respeitável, ser uma figura política e até mesmo liderar outros colegas cientistas [como presidente da Royal Society]; tudo isso deveria parecer uma ambição descabida e vaga uma vez que você tenha escrito a *Principia*.[2]

Mas construa uma roda do dinheiro melhor e o mundo construirá um caminho até a sua porta. Você pode rodar o mundo comprando o que quiser e transmitindo os valores daquilo que negocia. A pequena ilha da Grã-Bretanha governou um império maior e incomparavelmente mais rico do que o de Roma.

Muitos zombaram da preocupação de Newton com a alquimia, a tentativa de aplicar a engenharia reversa com o ouro de modo que ele pudesse ser sintetizado a partir de metais básicos como chumbo e mercúrio. "Todos conhecem Newton como um grande cientista, mas poucos se lembram que ele passou metade de sua vida atrapalhando-se com a alquimia, em busca da pedra filosofal, seu verdadeiro objeto de desejo."[3] Os críticos modernos de Newton não conseguem reconhecer como suas descobertas alquímicas resultaram em um conhecimento crucial para sua defesa do padrão libra-ouro.

Toda riqueza é produto do conhecimento. A matéria é conservada; o desenvolvimento consiste em aprender a usá-la.[4] O conhecimento de Newton, incorporado em seu sistema de mundo, foi o que diferenciou de forma mais evidente os longos milênios de marasmo econômico que o precederam dos 300 anos de crescimento miraculoso desde sua morte. O fracasso de suas alquimias concedeu a ele — e ao mundo — um conhecimento precioso que nenhum governo rival ou banco privado, ostentando a pedra filosofal que fosse, teria sucesso em ganhar mais dinheiro. Por 200 anos, começando com a indicação de Newton ao Royal Mint em 1696, a libra, com base na irreversibilidade química do ouro, era uma Polaris estável e confiável.[5]

Com o valor da libra lastreado em ouro a um preço fixo, os comerciantes ganharam confiança de que a moeda que recebiam por suas mercadorias e serviços sempre valeria seu valor designado. Eles podiam assumir compromissos de longo prazo — títulos, empréstimos, investimentos, hipotecas, apólices de seguro, contratos, viagens oceânicas, projetos de infraestrutura, novas tecnologias — sem temer que a inflação impulsionada por falsificações ou dinheiro fiduciário deteriorassem o valor dos pagamentos futuros. Durante séculos, todos os países com padrão-ouro podiam emitir títulos com juros próximos a 3%.[6] O regime de Newton tornou o dinheiro basicamente tão irreversível quanto o ouro e quanto o próprio tempo.

Sob o padrão-ouro de Newton, os horizontes da atividade econômica se expandiram. Milhares de quilômetros de linhas férreas se espalharam pela Grã-Bretanha e seu império, e o sol jamais se pôs sobre os crescentes círculos de confiança que fundamentam as finanças e o comércio britânicos. Talvez o resultado mais importante do livre comércio tenha sido o fim da escravidão. O dinheiro confiável e os mercados de trabalho livres e eficientes tornaram a propriedade de trabalhadores humanos desvantajosa. O comércio sobrepujou o poder físico.

Na era do Google, o sistema de mundo de Newton — um universo, um dinheiro, um Deus — está ofuscado. Seu fundamento unitário de física irreversível e seu dinheiro de ouro irrefutável deram caminho a infinitos universos paralelos e diversos papéis-moeda manipulados pelas autoridades. O dinheiro, como o cosmos, tornou-se arbitrariamente relativista e reversível de acordo com a vontade. Com o fim dos 300 anos de prosperidade Newtoniana, o novo multiverso parece incapaz de replicar o milagre da era de ouro do capitalismo. Hoje, é amplamente aceito que os cidadãos sejam basicamente propriedade do estado do qual dependem. A escravidão, em forma de servidão aos governos, está retornando conforme as transações monetárias se tornam menos confiáveis.

Felizmente, surgiu o lineamento de um novo sistema de mundo. Pode-se dizer que ele tenha nascido no início de setembro de 1930, quando a Reichsmark lastreada em ouro estava começando a dominar a tormenta da hiperinflação que vinha devastando a Alemanha desde meados da década de 1920.

O local de seu discreto nascimento foi Königsberg, a cidade histórica gótica com sete pontes no Báltico. O grande matemático Leonhard Euler havia provado no início do século XVIII que todas as sete pontes não podiam ser cruzadas sem que ao menos uma fosse percorrida duas vezes. Euler estava em busca de algo: a matemática em todas as suas formas, inclusive suas manifestações quintessenciais nos softwares de computadores, é mais traiçoeira do que parece.

Matemáticos se reuniram em Königsberg naquele setembro para uma conferência da Sociedade de Cientistas e Físicos Alemães a ser presidida por um dos gigantes de seu campo, David Hilbert. Sendo ele um filho de Königsberg e prestes a se aposentar da University of Göttingen, Hilbert era o reconhecido campeão da causa do estabelecimento da matemática no topo do pensamento humano.

Hilbert havia definido o desafio em 1900: reduzir toda ciência à lógica matemática, com base em princípios mecânicos determinísticos. Conforme ele explicou à sociedade, "o instrumento que intermedeia a teoria e a prática, o pensamento e a observação, é a matemática; ela constrói a ponte de ligação e a fortalece cada vez mais. Assim, ocorre que toda nossa cultura atual, na medida em que se baseia em uma visão intelectual e na exploração da natureza, se fundamenta na matemática".

E em que a matemática foi fundamentada? Em resposta à máxima em Latim *ignoramus et ignorabimus* ("ignoramos e ignoraremos"), Hilbert declarou: "Para nós [matemáticos] não existe *ignorabimus*, e em minha opinião nem na ciência natural. Em oposição ao tolo *ignorabimus* nosso slogan deve ser: 'Devemos saber, e saberemos'" — *Wir müssen wissen, wir werden wissen* — uma declaração que foi inscrita em sua lápide.[7]

Antes da conferência houve uma reunião menor, de três dias, sobre "Epistemologia das Ciências Exatas", presidida pelas estrelas matemáticas em ascensão Rudolf Carnap, um teórico dos conjuntos; Arend Heyting, um filósofo matemático; e John von Neumann, um prodígio polimático e assistente de Hilbert. Todos eram soldados na campanha epistemológica de Hilbert, e todos, assim como ele, esperavam que a pré-conferência fosse um aquecimento para a celebração triunfante da conferência principal.

Entretanto, após o fim da pré-conferência, todos podiam simplesmente ir para a casa. Um novo sistema de mundo, totalmente incompatível com a visão determinista de Hilbert, havia sido lançado. Seu desfile triunfante pelas pontes entre a matemática e os fenômenos naturais havia terminado. Os matemáticos e filósofos podiam continuar falando por décadas, sem perceber que haviam sido decapitados. Seus sucessores continuam falando ainda hoje. Mas os triunfos da teoria da informação e da tecnologia haviam posto um fim na ideia de um sistema determinista e totalmente matemático para o universo.

Na época, o principal defensor do programa de Hilbert era von Neumann. O equivalente do século XX a Euler e Gauss, von Neumann havia escrito sete grandes artigos sobre a causa. Em 1932, ele completaria seu trabalho de expandir o "espaço de Hilbert" em uma explicação matemática coerente da teoria quântica. Na época, a carreira de von Neumann parecia garantida como protegido e sucessor de Hilbert.

Encerrando a pré-conferência, houve uma mesa redonda com Carnap, von Neumann, Heyting e outros eruditos. Na periferia do grupo estava Kurt Gödel, um hipocondríaco baixinho e tímido, com olhos arregalados e 24 anos de idade. Como sua tese de doutorado na Universidade de Viena, escrita no ano anterior, trouxe provas da consistência dos cálculos funcionais, ele parecia ser um soldado leal no exército de Hilbert.

Entretanto, surgindo como o ceifador na festa do triunfalismo do século XX, Gödel provou que os objetivos matemáticos mais estimados de Hilbert, Carnap e von Neumann eram inalcançáveis. Gödel mostrou em seu artigo que não somente a matemática, mas todos os sistemas lógicos — mesmo o sistema canônico consagrado na *Principia Mathematica*, de Alfred North Whitehead e Bertrand Russell, e a teoria dos conjuntos, de Carnap e von Neumann —, estavam fadados à incompletude e insuficiência. Elas necessariamente abrigavam paradoxos e aporias. A mera consistência de um sistema formal não garantia que aquilo que ele provava estava correto. Todo sistema lógico depende necessariamente de proposições que não podem ser provadas dentro do sistema.

O argumento de Gödel era iconoclástico, mas seu método para prová-lo era providencial. Ele desenvolveu um conjunto de algoritmos no qual todos os símbolos e instruções eram números. Assim, ao refutar a filosofia determinista por trás da matemática de Newton e da lógica imperial de Hilbert, ele abriu caminho para uma nova matemática, a matemática da informação.[8] De sua diligência surgiu uma nova indústria de computadores e comunicações atualmente liderada pelo Google e informada por uma nova matemática de criatividade e surpresa.

A prova de Gödel parece um programa de software funcional em que todo axioma, toda instrução e toda variável é formulada em uma linguagem matemática adequada para a computação. Ao comprovar os limites da lógica, ele definiu os lineamentos das máquinas computacionais que serviriam a seus mestres humanos.

Ninguém da plateia demonstrou qualquer sinal de reconhecimento da prova de Gödel, exceto von Neumann, de quem poderiam esperar ressentimento deste ataque incisivo à matemática que ele amava. Mas sua reação foi condizente com o principal intelecto matemático do mundo. Ele incentivou Gödel a falar e o acompanhou posteriormente.

Apesar de a prova de Gödel ter frustrado muitos, von Neumann a considerou libertadora. Os limites da lógica — a futilidade da busca de Hilbert por uma teoria universal hermeticamente fechada — emancipariam os criadores humanos, os programadores de suas máquinas. Como observa o filósofo William Briggs, "Gödel provou que a axiomatização nunca para, que indução-intuição devem estar sempre presentes, que nem tudo pode ser provado apenas pela razão".[9] Esse reconhecimento libertaria o próprio von Neumann. Os homens não somente podiam descobrir os algoritmos, como podiam formulá-los. A nova visão por fim levou a uma nova teoria da informação da biologia, prevista a princípio por von Neumann e desenvolvida integralmente por Hubert Yockey,[10] na qual os seres humanos poderiam eventualmente reprogramar partes de seu próprio DNA.

De imediato, a prova de Gödel motivou a invenção de Alan Turing em 1936, a máquina de Turing — a arquitetura computacional universal com a qual ele mostrou que os programas de computador, assim como outras estruturas lógicas, não somente eram incompletos como não podiam sequer chegar a qualquer conclusão comprovadamente. Qualquer programa específico poderia fazê-lo se desviar para sempre. Esse era o "problema da parada". Os computadores exigiam o que Turing chamou de "oráculos" para lhes dar instruções e julgar seus resultados.[11]

Turing mostrou que, da mesma forma que as incertezas da física resultam do uso de elétrons e fótons para medir a si mesmas, as limitações dos computadores resultam de uma autorreferência recursiva.

Da mesma forma que a teoria quântica caiu em ciclos autorreferenciais de incerteza porque mediu átomos e elétrons utilizando instrumentos compostos de átomos e elétrons, a lógica computacional não pode escapar dos ciclos autorreferenciais já que suas próprias estruturas lógicas informavam seus próprios algoritmos.[12]

Os insights de Gödel levaram diretamente à teoria da informação de Claude Shannon, a qual fundamenta todos os computadores e redes atualmente. Ao conceber o bit como a unidade básica da computação digital, Shannon definiu a informação como bits surpresa — ou seja, bits não predeterminados pela máquina. A informação se tornou o conteúdo das mensagens oraculares de Turing — bits inesperados — não vinculadas à lógica hermética da própria máquina.

A equação canônica de Shannon traduziu a entropia analógica de Ludwig Boltzmann em termos digitais. A equação de Boltzmann, formulada em 1877, havia ampliado e aprofundado o significado de entropia como "informação faltante". Setenta anos e duas guerras mundiais depois, Shannon a estava ampliando e aprofundando novamente. A entropia de Boltzmann é a desordem termodinâmica; a entropia de Shannon é a desordem informacional, e as equações são iguais.

Utilizando o índice de surpresa de sua entropia como medidor da informação, Shannon demonstrou como calcular a largura de banda ou o poder de comunicação de qualquer canal ou conduíte e como medir o grau de redundância que poderia reduzir os erros a qualquer nível arbitrário. Assim os computadores poderiam chegar a pilotar aviões e dirigir carros. Essa ferramenta possibilitou o desenvolvimento de softwares confiáveis para inúmeros sistemas computacionais e redes como a internet.

A informação como entropia também vinculou a lógica à passagem irreversível do tempo, que também é garantida pela passagem de mão única da entropia termodinâmica.

O trabalho de Gödel, e de Turing, levou ao conceito de Gregory Chaitin da teoria da informação algorítmica, uma descoberta importante que testou a "complexidade" de uma mensagem pelo comprimento do programa de computador necessário para gerá-la. Chaitin provou, por exemplo, que somente as leis da física eram incapazes de explicar a química ou a biologia, pois as leis da física contêm muito menos informações do que os fenômenos químicos ou biológicos. O universo é uma hierarquia de camadas de informação, uma "pilha" universal governada de cima para baixo.

Chaitin acredita que o problema da ciência da computação reflete os mesmos sucessos da matemática moderna que começaram com Newton. Seu determinismo e rigor lhe concedem poder supremo na descrição de fenômenos previsíveis e repetíveis como máquinas e sistemas. Mas a "vida", como ele diz, "é plástica, criativa! Como podemos construí-la a partir de uma matemática perfeita, eterna e estática? Devemos utilizar a matemática pós-moderna, a matemática que procede Gödel, 1931, e Turing, 1936, uma matemática aberta, e não fechada, a matemática da criatividade...".[13] Essa é a matemática da teoria da informação, da qual Chaitin é o maior expoente vivo.

Separando toda informação está o grande abismo entre criatividade e determinismo; entre a entropia de surpresa da informação e a entropia de declínio previsível da termodinâmica; entre histórias que captam uma verdade específica e a estatística que revela uma generalidade estéril; entre hashes criptográficas que preservam informações e misturas matemáticas que a dissolvem; entre o efeito borboleta e a lei das médias; entre genética e a lei dos grandes números; entre singularidades e o big data — em uma palavra, o abismo intransponível entre a consciência e as máquinas.

Não surgiu apenas uma nova ciência, mas também uma nova economia com base em um novo sistema de mundo — a teoria da informação, articulada em 1948 por Shannon, sobre os princípios lançados pela primeira vez em uma sala em Königsberg em setembro de 1930.

Esse novo sistema de mundo foi consumado pela empresa que conhecemos como Google. O Google, apesar de ainda ser o segundo na corrida pela capitalização de mercado, é de longe a empresa paradigmática mais importante de nossa época. Ainda assim, acredito que o sistema de mundo do Google fracassará e será descartado ainda em nossa época (e tenho 78 anos!). Isso acontecerá porque suas maiores premissas falharão.

Tendo começado com o exaltado Newton, como podemos prosseguir em atribuir um "sistema de mundo" a alguns garotos imaturos, que começaram uma empresa de computadores em um laboratório universitário, inventaram um web crawler e uma ferramenta de buscas, e dominaram os anúncios online?

Um sistema de mundo associa obrigatoriamente ciência e comércio, religião e filosofia, economia e epistemologia. Ele não pode simplesmente descrever ou estudar a mudança; deve também incorporá-la e impulsioná-la. Em sua força intelectual, genialidade comercial e criatividade estratégica, o Google é um forte candidato a seguir Newton, Gödel e Shannon. É a primeira empresa da história a desenvolver e executar um sistema de mundo. Antecessoras como IBM e Intel eram comparáveis em suas motivações e conquistas tecnológicas, dos mainframes e memórias semicondutoras de Thomas Watson aos processadores de Bob Noyce e as curvas de aprendizado de Gordon Moore. Mas a Lei de Moore e o Big Blue não formam um sistema de mundo coerente.

Sob a liderança de Larry Page e Sergey Brin, o Google desenvolveu uma filosofia integrada que pretende, com crescente sucesso, formatar nossas vidas e destinos. O Google propôs uma teoria de conhecimento e uma teoria de mente para estimular uma visão para a tecnologia dominante do mundo; um novo conceito de dinheiro e, portanto, de sinais de preço; uma nova moralidade e uma nova ideia sobre o processo e o significado de progresso.

A teoria do conhecimento do Google, apelidada de "big data", é tão radical quanto a de Newton e tão intimidadora quanto a do matemático era libertadora. Newton propôs algumas leis relativamente simples pelas quais qualquer novo dado poderia ser interpretado; e o armazenamento de conhecimento, aumentado e ajustado. Em princípio, qualquer um é capaz de estudar a física e o cálculo, ou qualquer um dos campos de estudo derivados dessas áreas, com a ajuda de ferramentas que são acessíveis e estão disponíveis em qualquer universidade, em muitos colégios e em milhares de empresas em todo o mundo. Centenas de milhares de engenheiros estão neste momento aumentando o estoque de conhecimento humano, interpretando um dado de cada vez.

O "big data" segue a abordagem oposta. A ideia do big data é que a antiga busca por conhecimento realizada pelos cérebros humanos — lenta, confusa e feita passo a passo — pode ser substituída se duas condições forem cumpridas: todos os dados do mundo podem ser compilados em um único "lugar", e é possível escrever algoritmos suficientemente abrangentes para analisá-los.

Suportando essa teoria de conhecimento está uma teoria da mente derivada da busca pela inteligência artificial. Nesta visão, o cérebro também é fundamentalmente algorítmico, processando iterativamente os dados para chegar a conclusões. Em oposição a esse conceito de cérebro está o estudo dos cérebros reais, os quais estão muito mais próximos de processadores sensoriais do que máquinas lógicas. Porém, o direcionamento de pesquisa da IA é basicamente o mesmo. Como atores sistemáticos, a indústria da IA aceitou que seu papel é agir "como se" o cérebro fosse uma máquina lógica. Portanto, a maioria dos esforços para replicar a inteligência humana continua sendo: exercícios de processamentos cada vez mais rápidos, do tipo que computadores realizam facilmente. Por fim, os defensores da IA insistem que a mente humana será superada — não somente neste ou naquele procedimento específico, mas em todas as formas — por máquinas lógicas extremamente rápidas processando dados ilimitados.

A teoria do conhecimento e da mente do Google não são meros exercícios abstratos. Elas direcionam o modelo de negócios da empresa, o qual evoluiu de "buscar" para "satisfazer". O caminho para o sucesso financeiro do Google, do qual demonstra evidências consideráveis, é que, com dados e processadores suficientes, ele é capaz de saber melhor do que nós mesmos o que satisfará nossos desejos.

Da mesma forma que os sistemas de mundo anteriores foram incorporados e embasados em tecnologias cruciais, o sistema de mundo do Google é incorporado e embasado em uma visão tecnológica chamada computação em nuvem. Se a teoria do Google é de que o conhecimento universal é alcançado por meio do processamento iterativo de quantidades enormes de dados, então os dados precisam estar em algum lugar acessível aos processadores. Acessível neste caso se define pela velocidade da luz, cujo limite — 23 centímetros em um bilionésimo de segundo — exige a união dos processadores e da memória em algum lugar central, com energia disponível para acessar e processar os dados.

A "nuvem" é, então, um nome fantasia para a nova grande indústria pesada de nossos tempos: data centers gigantescos compostos de sistemas imensos de armazenamento e processamento de dados, interligados por milhões de quilômetros de linhas de fibra óptica e consumindo energia elétrica e emitindo calor em proporções que superam a maioria das indústrias da história.

As máquinas da época da Revolução Industrial eram tão dependentes das fontes de energia que a proximidade de uma fonte de energia — principal e especialmente, a água — costumava ser uma consideração mais importante na escolha de onde construir uma fábrica do que o fornecimento de matéria-prima ou mão de obra. Hoje, os data centers do Google enfrentam limitações semelhantes.

A ideia de progresso do Google advém de sua visão tecnológica. Newton e seus colegas, inspirados por seu mundo judaico-cristão, divulgaram uma teoria de progresso cujo centro era a criatividade humana e o livre-arbítrio. O Google deve discordar. Se o caminho para o conhecimento é o processamento rápido infinito de todos os dados, se a mente — aquele motor por meio do qual buscamos a verdade das coisas — é simplesmente uma máquina lógica, então a combinação de algoritmos e dados é capaz de gerar única e exclusivamente um resultado. Tal visão não é apenas determinista, mas fundamentalmente ditatorial. Se existe uma exigência moral para buscar a verdade, e esta verdade pode ser encontrada apenas por meio do processamento centralizado de todos os dados do mundo, então todos os dados do mundo devem, devido à ordem moral implícita, ser reunidos em um único rebanho com um único pastor. O Google pode falar bem sobre privacidade, mas os dados privados são o inimigo mortal de seu sistema de mundo.

Por fim, o Google propõe, e deve propor, um padrão econômico, uma teoria de dinheiro e valor, de transações e informação que transmitem, radicalmente o oposto do que Newton criou ao dar ao mundo um padrão ouro-libra confiável.

Da mesma forma que a imagem delicada da computação em nuvem, a teoria de dinheiro e preços do Google parece, a princípio, totalmente benigna e até mesmo profundamente Cristã em alguns pontos. Já que o Google ordena que, ao menos dentro do reino sob seu controle direto, não deve haver quaisquer preços. Com algumas pequenas (mas significativas) exceções, tudo o que o Google oferece a seus "clientes" é grátis. Buscas na internet: grátis. E-mail: grátis. Os vastos recursos dos data centers, cuja construção estima-se ter custado ao Google 30 bilhões de dólares, são fornecidos basicamente de graça.

A gratuidade não é acidental. Se seu plano de negócios é ter acesso aos dados de todo o mundo, então ser gratuito é imperativo. Ao menos para seus "produtos". Para seus anunciantes é outra questão. O que seus anunciantes estão comprando são as grandes quantidades de dados e os insights gerados por seu processamento, todos os quais são possibilitados pelo "grátis".

Então, começaram as cascatas de "grátis": mapas gratuitos com cobertura e resolução fenomenais, tornando o Google o gigante dos serviços móveis e locais; vídeos grátis no YouTube com ótima qualidade e enorme diversidade que estão se tornando também uma fonte preferencial de música na internet; e-mail grátis com uma simplicidade elegante, filtros de spam excepcionais, anexos fáceis e centenas de gigabytes de armazenamento; aplicativos Android gratuitos, jogos gratuitos e busca gratuita com máxima velocidade e eficiência; grátis, grátis, grátis; fotos das férias grátis; garotas nuas grátis; estímulo moral grátis ("Não faça o mal"); clássicos da literatura mundial grátis; e também respostas grátis, personalizadas conforme sua vontade pela deepmind do Google.

Então qual o problema do grátis? É sempre uma mentira, pois neste mundo, no fim das contas, nada é grátis. Você está trocando coisas incomensuráveis. Por lampejos de um vídeo curto que talvez queira ou não ver até o fim, você concorda em assistir um anúncio por tempo suficiente para fechá-lo. Em vez de pagar — e sinalizar — com a precisão fungível do dinheiro, você paga com a moeda enganosa da informação e da distração.

Se você não cobra por seus serviços de software — caso sejam de "código aberto" —, pode evitar a responsabilidade por "betas" bugados. É possível se esquivar da proteção de 17 anos do setor de patentes por mínimos avanços de softwares ou "processos comerciais" como a compra com um clique. Mas não finja ter clientes.

De todos os princípios fundamentais do Google, o preço zero é aparentemente o mais benigno. Porém ele se provará como sendo não somente seu princípio mais pernicioso, como a falha fatal que condenará o próprio Google. O Google provavelmente será uma empresa importante daqui a dez anos, porque a busca é um serviço valioso que a empresa continuará fornecendo. Com esse recurso ele pode prosperar, mesmo a preço zero. Mas o sistema de mundo insidioso do Google desaparecerá.

CAPÍTULO 3

As Raízes e Religiões do Google

Sob a liderança de Larry Page e Sergey Brin, o Google desenvolveu a filosofia integrada que, atualmente, estrutura nossas vidas e destinos, unindo uma teoria de conhecimento (apelidada de "big data"), uma visão tecnológica (computação em nuvem centralizada), um culto às generalizações (enraizada nos softwares de "código aberto"), um conceito de dinheiro e valor (baseado nos produtos gratuitos e na propaganda automatizada), uma teoria de moralidade como "presentes" em vez de lucros, e uma visão de progresso como inevitabilidade evolucionária e uma "pegada de carbono" cada vez menor.

Essa filosofia rege a vida econômica dos norte-americanos e, cada vez mais, em todo o mundo. Com seu desenvolvimento do "aprendizado profundo" das máquinas e a contratação do inventor-profeta Raymond Kurzweil em 2014, o Google aderiu a uma campanha quiliástica para misturar as cognições dos humanos e das máquinas. Kurzweil a chama de "singularidade", marcada pelo triunfo da computação sobre a inteligência humana. Pode-se dizer que as redes, nuvens e fazendas de servidores do Google já realizaram boa parte disso.

O Google nunca foi simplesmente uma empresa de computadores ou softwares. Desde seu começo, no final da década de 1990, quando seus fundadores eram alunos de Stanford, ele era o filho favorito do Departamento de Ciências da Computação de Stanford, unido ao financiamento da Sand Hill Road do outro lado da rua, e com ambições que ultrapassavam bastante os meros negócios.

Nascido nos laboratórios do recém-inaugurado (Bill) Gates Computer Science Building da universidade em 1996 e usufruindo do patrocínio de seu presidente, John Hennessy, a empresa desfrutou dos vastos recursos computacionais da escola. (Em 2018, Hennessy se tornaria presidente da Alphabet, a holding do Google.) Em seu estado embrionário, o Google tinha à sua disposição toda a banda larga da linha T-3 da universidade, que correspondia a maravilhosos 45 megabits por segundo na época, além de ter laços com titãs do capital de risco como John Doerr, Vinod Khosla, Mike Moritz e Don Valentine. Os teóricos da computação Terry Winograd e Hector Garcia Molina supervisionaram a tese de doutorado de seus fundadores.

Patinando pelos corredores do panteão das ciências da computação de Stanford no espírito frenético de Claude Shannon, os fundadores do Google associaram-se com gigantes acadêmicos como Donald Knuth, o rei conceitual dos softwares; Bill Dally, um pioneiro da computação paralela; e até mesmo John McCarthy, o pai fundador da inteligência artificial.

Em 1998, Brin e Page estavam lecionando o curso CS 349, "Data Mining, Search, and the World Wide Web". O fundador da Sun, Andy Bechtolsheim, e o da Amazon, Jeff Bezos, assim como o guru de redes da Cisco, Dave Cheriton, abençoaram o projeto do Google com investimentos substanciais. A própria Stanford recebeu 1,8 milhão de ações em troca do acesso do Google às patentes de Page detidas pela universidade. (Ações que foram vendidas pela universidade por US$336 milhões em 2005.)

Em 1999, o Google saiu de Stanford para Menlo Park, na garagem de Susan Wojcicki, uma gerente da Intel que logo se tornaria CEO do YouTube e irmã de Anne, a fundadora da startup genômica 23andMe. O casamento de Brin e Anne em 2007 simbolizou a abrangência procriativa do Vale do Silício, Sand Hill Road e Palo Alto. (Eles se divorciaram em 2015.) Em 2017, os próprios cientistas da computação do Google haviam escrito mais artigos citados mundialmente sobre o assunto do que os próprios docentes de Stanford.[1]

Os fundadores do Google sempre imaginaram seus projetos em termos proféticos. Um ilustre cientista da computação, Page tem dois doutorados no assunto, e ninguém discordaria, nem mesmo sua mãe, de que seu artigo "PageRank" por trás da pesquisa do Google é melhor do que qualquer doutorado.[2] Seu pai, Carl, era um defensor fervoroso da inteligência artificial no estado de Michigan e ao redor da mesa de jantar em East Lansing.

Brin viu a palavra "googol", que significa dez à centésima potência — um número incrivelmente grande —, como símbolo do alcance e ambição da empresa. Um proeminente matemático, cientista da computação e mestre do "big data" em Stanford, Brin supriu a mágica matemática que converteu o algoritmo de busca PageRank em um "crawler" escalável por meio de toda vastidão da internet e além.

Ao explorar as buscas — o que Page chamou de "a intersecção entre ciência da computação e metafísica" —, o Google mergulhava em questões profundas de filosofia e neurociência.[3] A busca implica um sistema de mundo: ela deve começar com um "mundo espelhado", como menciona o cientista da computação e filósofo de Yale, David Gelernter, um modelo autêntico do universo disponível.[4] Para pesquisar algo com um computador, é preciso traduzir seu corpus em uma forma digital: bits e bytes definidos por Shannon como unidades binárias de informação irredutíveis. Page e Brin decidiram renderizar o mundo, começando com seu simulacro, a World Wide Web, como um conjunto legível de arquivos digitais, um "corpus" de informações acessíveis, uma enorme *base de dados*.

Com o passar dos anos, o Google digitalizou quase todos os livros disponíveis no mundo (2005), todas as variações de línguas e traduções do mundo (2010), a topografia do planeta (Google Maps e Google Earth, 2007), até as superfícies e estruturas de cada rua (StreetView) e seu trânsito (Waze, 2016). Digitalizou até as fisionomias dos rostos do mundo em seu software de reconhecimento facial digital (2006, hoje massivamente atualizado e parte do Google Photos). Com a captação do YouTube em 2006, o Google passou a comandar uma rendição digital de boa parte das imagens, músicas e entrevistas do mundo, processo que estava em constante expansão.

Acessado por meio de um sistema de senhas chamado Gaia, em homenagem à deusa da Terra, esse mundo digital espelhado e suas interações incontáveis compreendiam um microcosmo dinâmico digno de um googolplex. Como Page disse, "nós nem sempre produzimos o que as pessoas querem; é muito difícil. Para isso, é preciso ser esperto — *você precisa entender tudo no mundo*. Na ciência da computação, chamamos isso de inteligência artificial".[5]

Homogeneizar o emaranhado analógico amorfo de superfícies, sons, imagens, contas, músicas, palestras, estradas, prédios, documentos, mensagens e narrativas do mundo em uma ferramenta digital planetária foi um feito de valor monetário exorbitante. Nenhuma outra empresa chegou perto de acompanhar o crescimento exponencial da internet, na qual o tráfego e o conteúdo duplicam todos os anos. Tecendo e armazenando cópias das URL's (universal resource locators) da internet em threads de computação automatizados, massivos e paralelos, a tecnologia Web crawler do Google tem sido um milagre. Ao tornar o tesouro de informações da internet facilmente acessível ao público, e ampliar seu alcance ao plano terrestre, o Google apresentou uma tecnologia fundamentalmente nova.

Uma empresa comum do sistema anterior poderia ter vendido acesso a essas informações ou arrecadado royalties sobre as licenças dos softwares necessários para acessá-las. Ao desenvolver sistemas transacionais eficientes e simples, otimizando seu processamento computacional, e diminuindo os custos conforme se expandia em escala, o Google poderia ter recolhido lucros imensos ao longo dos anos. O valor mínimo de 1 centavo por busca em seu motor de pesquisa e busca de 42 KHz (mil buscas por segundo) geraria cerca de US$13 bilhões em receitas ao ano, e a maior parte seria lucro. Mas, conforme os preços caíssem, as compras aumentariam e os lucros acumulados cresceriam no modelo de todo crescimento capitalista.

Entretanto, o Google não era uma empresa convencional. Ele tomou a decisão fatídica e audaciosa de disponibilizar todo seu conteúdo e informações *gratuitamente*: em termos econômicos, um *commons*, disponível para todos — no espírito do pioneiro da internet, Stewart Brand, cujo slogan era "a informação quer ser gratuita".

Brin e Page eram filhos da academia americana, em que o sucesso não é medido por dinheiro, mas por prestígio: verões de lazer agradável, pesquisas e, acima de tudo, *posses* (a resposta americana para obter um assento na Câmara dos Lordes). Os habitantes da academia cobiçam a garantia de que, ao se aventurarem além de seus salões sagrados, serão considerados "as pessoas mais inteligentes da sala". A cultura do Google é obcecada por notas acadêmicas, resultados de provas, graduações e outras credenciais.

A filosofia do Google cheira a desprezo pela sociedade burguesa mesquinha. Como diz o ex-diretor de engenharia, Alan Eustace, "vejo as pessoas aqui como missionárias, não mercenárias". O Google não se esforça para oferecer produtos e serviços por dinheiro e crédito, mas oferece informação, arte, conhecimento, cultura, esclarecimento, tudo sem cobranças.

Porém, como todos sabem, essa estratégia aparentemente sacrificial não impediu que o Google se tornasse uma das empresas mais valiosas do mundo. Até a redação deste livro, o primeiro lugar era da Apple, 20 anos mais velha, na crista da onda do mercado mundial com seus cobiçados iPhones, mas o Google está mirando o lugar mais alto com sua estratégia gratuita. Em 2006, comprou o Android, um sistema operacional de código aberto que está capacitando empresas em todo o mundo, inclusive a si mesma, a competirem com o iPhone.

A Apple é uma empresa antiquada, que cobra lindamente por tudo o que oferece. Lembre-se que seu CEO, Tim Cook, é autor da visão incisiva de que "se o serviço é 'gratuito', você não é o cliente, mas o produto". As lojas Apple ganham dez vezes mais por metro quadrado do que qualquer outro varejista. Se o mercado se voltar contra seus produtos, se a Samsung, ou a Xiaomi, ou a HTP, ou a LG, ou a Lenovo, ou a Techno, ou a Zopo, ou qualquer asiática que aparecer no mercado com imitações impulsionadas pelo Google a um preço incrivelmente baixo, a Apple pode escorregar rapidamente para baixo na lista.

O sucesso do Google parece excepcional. Sua nova holding, a Alphabet, vale quase US$800 bilhões, apenas cerca de US$100 bilhões menos do que a Apple. Como você enriquece dando as coisas de graça? O Google o faz por meio do esquema técnico mais engenhoso da história do comércio.

O principal insight de Page e Brin foi que o sistema publicitário existente, resumido pela Madison Avenue, era vinculado à antiga economia da informação, liderada pela televisão, a qual o Google derrotaria. A derrota da TV pelos computadores foi tema do meu livro *A Vida após a Televisão*. Se o Google conseguisse realizar seu plano de "organizar as informações do mundo" e disponibilizá-las, o regime publicitário existente poderia ser descartado.

Brin e Page começaram com a ideia de produzir um motor de buscas mantido por uma universidade sem fins lucrativos, operado além da corrupção do comércio. Eles explicaram sua visão da propaganda em seu artigo de 1998 apresentando seu motor de buscas:

> Atualmente, o modelo de negócios predominante para os motores de busca comerciais é a propaganda... Esperamos que os motores de busca comerciais sejam inerentemente enviesados na direção dos anunciantes e para longe das necessidades dos consumidores...

Em geral, seria possível argumentar do ponto de vista do consumidor que quanto melhor for a ferramenta de buscas, menos anúncios serão necessários para que o consumidor encontre o que quiser. Isso, é claro, desgasta o modelo de negócios baseado em anúncios dos motores de busca existentes. [Nós] acreditamos que a questão da propaganda gera tantos incentivos confusos que é crucial que exista um motor de busca competitivo que seja transparente e dentro do campo acadêmico.

O livro definitivo de Steven Levy sobre o Google descreve a situação sobre como a empresa desenvolveu sua estratégia de anúncios em 1999: "Na época, as formas dominantes de propaganda online eram invasivas, desagradáveis e às vezes ofensivas. O mais comum é o anúncio em banner, um retângulo colorido distrativo que geralmente piscava como uma marquise burlesca. Outros anúncios dominavam sua tela."[6]

A genialidade do Google foi inventar um modelo de publicidade em buscas que evita todos os problemas que atribui às práticas existentes e estabelece um novo modelo econômico para seu sistema de mundo. O Google entende que a publicidade, na maior parte do tempo, é *deduzida de valor*. Ou seja, para os espectadores, os anúncios são demasiadamente negativos, ou até mesmo armadilhas. O mundo digital respondeu à altura com bloqueadores e filtros de anúncios, silenciadores, Tivos, advoids e outros dispositivos para ajudar os espectadores a evitar as deduções de valor, nas cobranças escondidas, que pagam por seu conteúdo gratuito.

O Google levou o mundo a aceitar que esse modelo não é apenas insustentável como também desnecessário. Brin e Page viram que a informação concedida pelo padrão de buscas era exatamente a informação necessária para determinar quais anúncios possivelmente agradariam o espectador. A partir de seus resultados de busca, ele era capaz de produzir anúncios que o espectador *queria ver*. Desta forma, transformando para sempre o campo da publicidade.

Segundo Levy, o Google concluiu que "a publicidade não deveria ser uma transação de mão dupla entre o publicitário e o anunciante, mas uma transação de três mãos incluindo o usuário". Porém, na prática, seguindo sua regra "concentre-se no usuário e todo o resto acompanhará", o Google a tornou um apelo de mão única ao usuário.

O Google entendeu que o usuário deveria realmente desejar o anúncio, senão ele também não serviria ao anunciante e, então, ameaçaria também os intermediários publicitários. Em relação ao livro *A Vida após a Televisão*, a promessa da internet sob o plano do Google seria que "ninguém teria que ler ou ver quaisquer anúncios indesejados". Os anúncios seriam buscados, não evitados. Para atingir esse objetivo, o Google chamou seus anúncios de "links patrocinados" e cobrou apenas pelos apelos bem-sucedidos, mensurados pelos cliques. Eles utilizaram a mesma medida para calcular a eficácia de um anúncio e sua qualidade, obrigando os anunciantes a melhorar seus anúncios ao remover aqueles que não geravam cliques suficientes.

Levy conta a história reveladora do lançamento do Google Analytics, um "barômetro do mundo" para analisar todos os anúncios, sua taxa de cliques, compras associadas e qualidade. O Analytics utiliza um "painel", um tipo de Google Bloomberg Terminal, que monitora as consultas, os resultados, o número de anunciantes, o número de palavras-chave em que apostaram e o retorno sobre o investimento de cada anunciante.

O Google pretendia inicialmente cobrar US$500 ao mês pelo serviço, com um desconto para clientes do AdWords, mas, como a empresa percebeu, é difícil cobrar e receber. Questões de segurança e responsabilidade legal são levantadas e colocam o vendedor em um relacionamento menos do que amigável com os seus clientes. É, ao mesmo tempo, mais fácil e prático simplesmente fornecer as coisas gratuitamente. Uma fonte de estatísticas instantânea e fácil de usar em sites e para medir o desempenho publicitário pagaria por si mesma rapidamente. Ao mostrar a superioridade dos anúncios do Google e incentivar sua compra, o Google

Analytics foi oferecido gratuitamente, e logo gerou pelo menos US$10 bilhões ao ano em receitas de anúncio adicionais.

O novo modelo de economia gratuita do Google entrou até mesmo em seus refeitórios corporativos, porque a empresa fez a descoberta marcante de que uma cafeteria poderia ser muito mais eficiente se não se incomodasse em cobrar de seus clientes. A princípio, o Google instalou um sistema de terminais para coletar o dinheiro de seus funcionários pela comida. O próprio sistema custou dinheiro, e gerou filas de valiosos engenheiros do Google desperdiçando o tempo da empresa enquanto esperavam para pagar. Dar a comida era simplesmente mais barato, fácil e, ao mesmo tempo, engajado com o transcapitalismo. A empresa hoje serve mais de 100 mil refeições diárias sem cobrança. E assim continua, por todo o portfólio de produtos do Google.

Em 2009, o filósofo de Stanford, Fred Turner, publicou um artigo intitulado "Burning Man at Google: A cultural infrastructure for new media production" [Burning Man no Google: Uma infraestrutura cultural para a produção de novas mídias, em tradução livre], no qual revelou o movimento religioso por trás do sistema de mundo do Google.

Uma reunião anual de uma semana em Black Rock no deserto de Nevada, o clímax do Burning Man acontece como um tipo de potlatch[1]. Enquanto cerca de 30 mil nerds eufóricos, alguns seminus, dançam e gritam abaixo, sacerdotes tecnológicos incendeiam uma estátua de madeira de 10 metros sem gênero definido com um templo na areia cheio de testemunhos proféticos.

Como o Google, o Burning Man pode ser definido como um culto ao commons: um movimento religioso comunitário que celebra a doação — ofertas gratuitas sem expectativa de retorno — como o centro moral de uma economia ideal de missionários em vez de mercenários. Ela transmite a superioridade do Google "não seja mal", ao contrário

---

1 O potlatch é uma cerimônia praticada entre tribos indígenas da América do Norte.

do que o Vale do Silício considera como a história sinistra da Microsoft no Norte.

O site do Burning Man, como o do Google, apresenta um decálogo de princípios comunitários. Escritos pelo fundador Larry Harvey em 2004, os "Dez Princípios do Burning Man" pareceriam superficialmente incompatíveis com os princípios de uma empresa gigante em termos monetários e dirigida por dois dos homens mais ricos do mundo:

Inclusão Radical: sem pré-requisitos para participar.

Presentes: ofertas sem expectativa de retorno.

Descomodificação: troca não imediata por patrocínio comercial ou publicidade, que estão associadas ao que se chama de *exploração*.

Autoconfiança Radical: depende de recursos próprios.

Autoexpressão Radical: arte oferecida como presente.

Esforço Comunitário: empenho em produzir, promover e proteger as redes sociais, espaços públicos, obras de arte e métodos de comunicação que sustentam a comunidade humana.

Responsabilidade Cívica: valorizar a sociedade civil e obedecer às leis.

Não Deixar Rastros: a virtude ecológica que contrasta com a poluição e as marcas humanas.

Participação: uma ética radicalmente participativa; a mudança transformadora, no indivíduo e na sociedade, ocorre somente por meio da participação pessoal que abre o coração.

Imediatismo: nenhuma ideia pode substituir a experiência imediata... a participação na sociedade, e o contato com o mundo natural que excede os poderes humanos.

Mas Brin e Page não veem contradição entre os princípios do Burning Man e do Google. Eles costumam ir sempre ao Burning Man, como Eric Schmidt, cuja contratação foi supostamente facilitada pelo reconhecimento de que ele era um colega devoto. A matriz do Google, no endereço Building 43 em Mountain View, costuma ser decorada com fotografias dos rituais no deserto. A primeira logo do Google trazia um boneco palito do Burning Man.[7]

Visto que os fundadores do Google professam impulsos religiosos, essa reunião no deserto os resume. Um crítico poderia implicar com a afirmação de "arte oferecida como presente". (Isso justifica a parca compensação aos contribuintes do YouTube e autores de blogs e livros?) A celebração do esforço comunitário demonstra a crença do Google na superioridade dos softwares de código aberto, produzidos gratuitamente. O código aberto concede às plataformas do Google uma expansibilidade simples que ofusca os projetos dos potenciais rivais. Enquanto isso, o Google mantém segredo sobre onde sua propriedade intelectual e práticas estão concentradas. Talvez as liturgias do Burning Man simplesmente revelem a hipocrisia dos ateus do Vale do Silício em jogo.

Refletindo os Dez Princípios do Burning Man, temos a página corporativa do Google apresentando "Nossa Filosofia", um guia para seu sistema de mundo na forma de "dez coisas que sabemos ser reais". Esses dez princípios, como os do Burning Man, parecem normais, mas cada item abriga um subtexto subversivo.

Concentre-se no usuário e todo o resto acompanhará. (Os "presentes" do Google ao usuário trazem informações pessoais cedidas livremente, acumuladas à escala reveladora do Big Data.)

É melhor fazer uma coisa muito bem-feita. (Para dominar o mercado de informações, você deve ser um campeão mundial em "pesquisar e classificar" impulsionado pela inteligência artificial; você deve ser, no que diz respeito a seu domínio, quase onisciente.)

Rápido é melhor do que lento. (Rápido é melhor do que cuidadoso e livre de bugs.)

Democracia funciona na internet. (Mas o próprio Google é uma meritocracia rigorosa, impondo uma regra draconiana de QI e credencialismo.)

Você não precisa estar em sua mesa para precisar de uma resposta. (Putz, seria melhor comprarmos o AdMob, para anúncios de celular.)

Você pode ganhar dinheiro sem fazer o mal. (Presunção acadêmica que sugere que "a maioria das grandes riquezas se baseia em grandes crimes". Se rápido e gratuito cobrem múltiplos pecados, o Google se orgulha de compensá-los por operar seus data centers com uma pegada de carbono quase zero a partir de compensações solares e eólicas.)

Sempre existe mais informação lá fora. (Big Data não enfrenta diminuições em seus ganhos de escala.)

A necessidade de informação atravessa todas as fronteiras. (Somos cidadãos do mundo e o Google Tradutor nos concede vantagem mundial.)

Você pode ser sério sem um terno. (O disfarce e a negação do jeans à suprema riqueza e privilégio do Vale do Silício; nem venha engravatado.)

Ótimo não é bom o bastante. (Somos *casualmente* ótimos.)

Como Scott Cleland e Ira Brodsky apontam em sua diatribe aventureira e fervorosa contra o Google, *Busque & Destrua*, existe uma omissão suprema nessa lista de preocupações piedosas.[8] Não há em nenhum lugar qualquer menção à necessidade de *segurança*. Como eles apontam, o Google discute a segurança em uma página separada, e seu tom alegre de PR não é tranquilizador: "Aprendemos que, quando a segurança é bem-feita, é feita em comunidade. Isso inclui todos: as pessoas que usam os serviços do Google (obrigado a todos!), os desenvolvedores de softwares que criam nossos aplicativos e os amantes da segurança externos que nos mantêm alertas. Esses esforços combinados contribuem muito para tornar a internet mais segura e confiável."[9]

Em outras palavras, "é preciso uma aldeia". A segurança está no centro dos problemas da internet, e nesse caso o Google é uma fonte de problemas em vez de respostas.

Capítulo 4

O Fim do Mundo Livre

"Esses anúncios são péssimos"
— Larry Page, postado em um fórum do Google, 2002

O mundo do Google é um reino abundante e providencial. No entanto, ainda é baseado na mediação por meio de anúncios em um tempo em que muitas formas de publicidade estão em uma espiral de morte lenta, mas perceptível.

Como Jerry Bowyer escreveu na *Forbes*, "Se a publicidade morrer [como apoio às mídias], então o que chamamos de mídia morrerá também. Todo o sistema que começou com os jornais, seguiu para o rádio, depois para a TV, e então para diversas formas de blogues e streaming é basicamente o mesmo modelo de negócios: reunir pessoas que acreditam estar ali pelo mesmo motivo, mas que na verdade estão ali por outro".[1] É uma enganação, e ninguém gosta disto. Apesar de todos os seus avanços heroicos, o Google ainda arrecada nada menos do que 95% de sua receita a partir de anúncios vinculados à sua ferramenta de buscas.

Para acumular audiência e visualizações, não há nada melhor do que fornecer serviços "gratuitamente". Sergey Brin fez a pergunta crucial logo no início da história do Google: "Como a estratégia muda se o preço é zero?"[2] A resposta foi: "Nós ganhamos todo o mercado." Em 2014, o Google convocou Jeremy Rifkin para sua série de palestras a fim de resumir tudo. Ele anunciou uma "sociedade de custo marginal zero". Sob o novo regime, o preço de todos os produtos e serviços adicionais, de buscas a softwares, de notícias a energia, despencará em direção ao "gratuito" conforme todos os dispositivos e entidades do mundo forem integrados na Internet das Coisas (IoT), na qual os exponenciais efeitos de rede resultarão em uma nova economia de lazer e abundância.[3] Rifkin garantiu à sua plateia que esse é, de fato, um mundo Google.

Mas o "grátis" não apenas é uma mentira, conforme vimos, como também o preço zero significa um retorno ao sistema de escambo, um pântano de trocas desproporcionais que a raça humana deixou para trás na Idade da Pedra. Você não paga com dinheiro, mas com a sua atenção.

Acima de tudo, você paga com *tempo*. Tempo é o que o dinheiro mede e representa — o que continua escasso quando todo o resto se torna abundante na economia de "custo marginal zero". O dinheiro sinaliza as reais carências do mundo escondidas nas falsas infinitudes do gratuito.

O desejo ardente de Larry Page ao começar o Google, segundo Doug Edwards ("Empregado Número 59 do Google"), era "fazer o mundo parar de desperdiçar seu tempo".[4] Ele pode já ter conseguido, exceto pelas eventuais intimações de algum regulador oficial por aí. Mas, para o resto de nós, todas as coisas grátis levam a truques e armadilhas transacionais: ofertas de assinaturas raramente desejadas e que se renovam de forma automática, recompensas falsas, bônus e prêmios, com novos pop-ups ou riscos de pop-under em cada passo.

É o "Mundo Livre", e está indo além de sua carteira, desprezando seu dinheiro suado, para tomar seu tempo — que é, na verdade, sua vida.

De forma lenta, mas definitiva, o modelo de publicidade está definhando. Segundo um estudo de 2014 citado por Laura Martin, da Needham & Company, ao longo dos últimos 70 anos o uso diário das mídias dobrou de cinco para dez horas por pessoa. A pornografia gratuita é tanto um veículo quanto um símbolo das propriedades viciantes das coisas gratuitas. Ao mesmo tempo, os anúncios entregues por pessoa continuaram estáveis em cerca de 350 ao dia, e os vistos por hora de uso de mídia caíram pela metade, inclusive na mídia impressa. Em um mundo de dispositivos digitais, as pessoas estão aprendendo a cancelar, silenciar ou evitar publicidades que não queiram ver. Assim que a próxima geração de inovadores criar um novo modelo de pagamentos e segurança, essa tendência se intensificará.

Enquanto eu pesquisava os efeitos econômicos da preocupação do Google com os produtos "gratuitos", Jonathan Taplin revelou, em *Move Fast and Break Things* ["Seja Rápido e Quebre Coisas", em tradução livre], que o Google possui cinco das seis maiores plataformas de usuários online multibilionárias e 13 das 14 maiores funções comerciais da internet, e ainda assim recebe menos de 5% de suas receitas dos consumidores finais.[5]

Além de fornecedores de anúncios que ninguém quer ver, o principal papel do Google é de intermediador. Apesar de a lista de princípios empresariais do Google começar com "O cliente vem primeiro", a empresa tem poucos consumidores finais. Além dos compradores mimados de seus anúncios, sua base de clientes é pequena em comparação à da Amazon, a qual, ao contrário do Google, nunca teve vergonha de receber dinheiro.

Um blogueiro chamado Daniel Colin James me chamou a atenção por meio de uma mensagem em meu mural no Telecosm Lounge. Escrevendo em um blog chamado Hacker Noon — "onde os hackers começam suas tardes"[6] —, James documentou convincentemente as vulnerabilidades publicitárias do Google. Suas revelações começam com a decisão da Apple no final de 2015 de incluir um bloqueador de anúncios em seu iPhone. Isso foi um grande golpe contra a estratégia online de "reunir e anunciar", que era amplamente defendida como o caminho do Google ao quase monopólio permanente. Como o iPhone é fonte de cerca de 75% de todas as receitas com anúncios de celular do Google, a decisão da Apple atingiu o coração da estratégia móvel do Google. Além de sua plataforma Android gratuita, de código aberto e de "consumo colaborativo", a resposta do Google não chegou até um ano depois. E então decidiu, astutamente, copiar a Apple.

As ferramentas líderes de publicidade do setor do Google Analytics aparentemente revelaram que seus usuários gostaram da ideia de bloquear os anúncios. Como os clientes vêm primeiro, então o Google incluiu seu próprio bloqueador de anúncios no navegador Chrome. A visão da empresa era de que seu bloqueador de anúncios se aplicaria apenas a anúncios condenados pela Aliança para Anúncios Melhores. Em outras palavras, como os anúncios do Google eram sabidamente discretos e camuflados, a empresa anunciou que bloquearia os anúncios de rivais ofensivos, berrantes ou abobados. James questiona se essa ação não seria ilegal em uma ferramenta de buscas.

Conforme James reconhece, no setor de anúncios online indesejados, o bloqueio de anúncios é praticamente suicida. Entre 2015 e 2016, relatou ele, o bloqueio de anúncios cresceu 102%, com 16% dos usuários de smartphones em todo o mundo utilizando a tecnologia. Nos EUA — fonte de 47% das receitas do Google —, 25% dos usuários de desktops e notebooks deletavam os comerciais automaticamente. Conduzindo este movimento estavam grupos juvenis cobiçados por anunciantes. Como James observa com certo prazer, apenas 0,06% dos anúncios de smartphone receberam cliques. Como mais de 50% dos cliques foram por engano, segundo as pesquisas, a taxa de resposta intencional foi de 0,03%.[7] Aceitável principalmente para spammers, este resultado não pode fazer parte do plano do Google.

Ao mesmo tempo em que o Google cedia cuidadosamente ao sentimento antianúncios, estava oferecendo a seus usuários do YouTube uma experiência sem anúncios, apelidada de YouTubeRed. Usuário devoto do YouTubeRed, posso afirmar que é uma maravilha — uma oferta realmente generosa de *Vida após a Televisão* por US$9,95 ao mês. Sou viciado, e gostaria que o Google recompensasse adequadamente seus fornecedores de conteúdo. Mas não o faz. Maior site de streaming de música do mundo, com uma participação de 52%, o YouTube paga apenas 13% de todos os royalties por streaming de música. O Google enfrenta uma concorrência intensa de dezenas de fornecedores de streaming de vídeo pagos. Neste campo, a empresa é apenas outro jogador, sentindo na pele a descoberta do preço real.

O segundo ponto-chave de James é que, mesmo que a simples busca por informações ainda seja dominada pelo Google, a busca comercial — pesquisas internacionais por produtos para compra — está se voltando em peso para a Amazon. Até 2017, a Amazon tinha 52% do mercado de buscas por produtos, e sua vantagem está em aceleração; o Google amargava em 26%. Os espectadores que queriam comprar algo começavam suas buscas com a Amazon. A gigante de Seattle realmente conseguia se vender para eles — com um clique, e nada menos — em vez de levá-los ao produto com um anúncio seguido de um emaranhado de senhas, nomes de usuário, captchas, licenças e formulários de cartão de crédito. As avaliações da Amazon, por mais artificiais que algumas pareçam ser, são simplesmente mais confiáveis do que os anúncios e intermediações pagos do Google. Por que não?

A este sucesso seguiu o golpe da Amazon nos serviços de nuvem. Apesar de o Google comandar em todos os aspectos a principal operação em nuvem do mundo, de alguma forma a Amazon o derrotou na comercialização dos serviços de nuvem em 57% contra 16% em 2017. Esse avanço na arrecadação de dinheiro de clientes reais deve ter sido desconcertante para o Google. Ele reagiu, como normalmente o faz, com uma série de depoimentos no YouTube e apresentações demonstrando a superioridade das ofertas de nuvem do Google, sua busca SQL global, suas interfaces de usuário simples, suas respostas instantâneas, seus grandes sistemas de base de dados MapReduce, Hadoop e "Spanner", suas enormes implantações de fibras e data centers espalhados pelo mundo, seu idealismo, suas brilhantes conferências tecnológicas. Mas, por algum motivo, quando as pessoas tinham que escolher um serviço de nuvem, estavam se voltando para a Amazon Web Services e não para o Google. Quem imaginaria isto?

O Google, entretanto, sob o comando de seu novo CEO, Sundar Pichai, se distanciou de seu tão divulgado mantra "móvel primeiro", que havia levado à aquisição do Android e do Ad Mob, na direção de "IA primeiro". O Google era o líder intelectual consagrado do setor, e sua ostentação da IA era muito prestigiada. De fato, recrutaram a maioria das celebridades da IA do mundo, inclusive os líderes da façanha do "aprendizado profunda", de Geoffrey Hinton e Andrew Ng a Jeff Dean, o ameaçador Anthony Levandowski e Demis Hassabis, da DeepMind.

Se o Google tivesse sido uma universidade, teria ofuscado completamente todas as outras em talentos de IA. Logo, deve ter sido desanimador descobrir que a Amazon havia capturado astutamente boa parte do mercado de serviços de IA com seus projetos de 2014 Alexa e Echo. Ela lançou hardwares para levar a IA para os lares de todos na forma de dispositivos com design elegante que respondiam perguntas e encomendavam produtos ao passo em que evitavam os anúncios.

Novamente, a vantagem da Amazon estava no fato de a empresa não ter medo de seus consumidores. O Google havia aplicado suas ferramentas de IA na retaguarda não vista, onde mirava em anúncios e analisava as respostas a eles, e levou dois anos para responder com dispositivos domésticos que copiavam os da Amazon. Mas havia um problema maior. Tanto a primeira estratégia de móvel do Google quanto a Alexa da Amazon direcionaram a indústria no sentido da IA acessada por voz, o que anula o domínio de anúncios em pesquisa do Google. Gritar anúncios falados em meio a uma pesquisa difere radicalmente de inserir textos pontuais em meio a milhares de respostas a um pedido de busca textual. Essa foi uma estratégia retrógrada que remexeu o mundo do rádio em seu espiral de morte. Aqui cada vez mais anúncios eram necessários para suportar o fornecimento escasso de conteúdo, e os principais ganhadores eram locutores carismáticos opostos ao Google, como Rush Limbaugh.

Hoje, o Google Assistente está ganhando aplausos como o melhor entre os reconhecedores de fala, e a LG o recrutou para todos os seus 90 aparelhos domésticos. Inovando com voz na Internet das Coisas, o Google e a LG preveem as pessoas confiando suas identidades e desejos interiores às suas lava-roupas, fornos, refrigeradores, fogões, sistemas de aquecimento e ar-condicionado, lava-louças e painéis de iluminação. O

Google não se restringirá mais aos dados sobre compras online. Quando o Whole Foods da Amazon abastecer o refrigerador, o Google saberá. Ele espera utilizar esses dados para potencializar seus sistemas de publicidade e evitar os problemas dos anúncios por voz no fluxo do Google Assistente. Mas, se as pessoas não querem anúncios em seus resultados de busca, vídeos do YouTube e fluxo de notícias, elas também não os querem em suas lava-louças.

O efeito mais importante do gratuito, porém, não é evitar responsabilidades com clientes reais, mas livrar-se dos desafios de segurança. Quem quer roubar produtos gratuitos? Se a grande maioria dos seus produtos online é gratuita, você evita muitas das demandas em tempo real de prevenção de hacks e roubos. Dificilmente precisa estabelecer um estado fundamental e defendê-lo. Na verdade, em um fluxo de produtos gratuitos, o maior hacker é o Google em sua mágica traiçoeira de inserir anúncios. O Google pode publicar garantias arrogantes em seus sites que colocam o fardo da segurança em seus clientes. "Se vir algo, diga algo", sugere o Google, repetindo a estratégia de bem-estar da TSA, criada principalmente para jogar a responsabilidade nos "consumidores".

Essa mesma falta de preocupação com a segurança, porém, será a ruína do Google. Para a maioria dos outros atuantes na internet, a falta de segurança é a ameaça mais relevante a seu modelo de negócios atual. O problema será resolvido. Alguns milhares de empresas das quais você nunca ouviu falar estão investindo bilhões nessa questão neste exato momento. Em conjunto, elas criarão uma nova rede cujo imperativo arquitetônico mais poderoso será a segurança das transações como propriedade do sistema em vez de uma reflexão posterior. A segurança será tão fundamental a esse novo sistema que seu próprio nome derivará dela. Será o criptocosmos.

Capítulo 5

Dez Leis do Criptocosmos

As deficiências de segurança do Google, seu modelo de "agregar e anunciar", sua aversão a sinais de preço, seus silos verticais de dados de consumidores e suas visões de mente de máquina dificilmente sobreviverão à revolução da tecnologia peer-to-peer distribuída, a qual chamo de "criptocosmos".

Hoje, por todo o lado, dezenas de milhares de engenheiros e empreendedores estão idealizando um novo sistema de mundo que transcende os limites e ilusões do domínio do Google.

Na era do Google, a principal regra da internet é "comunicação primeiro". O que significa que tudo é livre para ser copiado, movido e transformado. Embora a maioria de nós receba o "gratuito" na ideia de que signifique "sem custos", o que realmente queremos é receber o que encomendamos em vez do que a autoridade escolhe entregar. Na prática, "grátis" significa inseguro, amorfo, travado e modificável a partir do topo.

Esse princípio de comunicação primeiro nos serviu bem por muitos anos. A internet é um replicador assíncrono gigante que se comunica por meio de cópias. Regulamentando todos os direitos de propriedade na economia da informação estão os maiores reis das cópias, especialmente no Google.

Nesse sistema, a segurança é uma função da rede, aplicada de cima para baixo, e não uma propriedade do dispositivo e seu dono. Então, tudo se eleva ao topo, o Googleplex, que atinge sua velocidade e eficiência ao ameaçar seus usuários como se eles fizessem escolhas aleatórias. Essa é a essência do modelo matemático por trás da ferramenta de buscas. Você é uma função aleatória do Google.

Mas você não é aleatório; você é uma entidade genética única que não pode ser revertida a um óvulo e um espermatozoide. Está indestrutivelmente criptografado pela biologia. Esses códigos naturais assimétricos são o modelo e metáfora dominantes para uma segurança perene. Você começa definindo não a meta, mas o estado fundamental. Antes de construir a função ou a estrutura, se constrói a fundação. É a realidade não aleatória suprema. Você é o estado fundamental.

A lei do criptocosmos é completamente diferente da regra "comunicação primeiro" do Google. A *primeira regra* é a lei da porta de correr: "Segurança primeiro." A segurança não é um procedimento ou um mecanismo; é uma arquitetura. Suas chaves e portas, muros e canais, telhados e janelas definem a propriedade no nível do dispositivo. Elas determinam quem pode ir aonde e fazer o quê. A segurança não pode ser reajustada, remendada ou improvisada de cima para baixo.

Para você, segurança não significa um grau médio de vigilância no nível da rede, mas a segurança de sua própria identidade, seu próprio dispositivo e sua propriedade. Você ocupa e controla um tempo e espaço específicos, não pode ser misturado ou adaptado. Da mesma forma que faz parte de um registro biológico, inscrito no tempo em códigos de DNA e irreversível por forças externas, suas propriedades e transações compõem um registro imutável. Como você é integrado ao tempo, todos os lançamentos no registro criptocósmico são marcados com data e hora.

A *segunda regra* do criptocosmos deriva da primeira: "A centralização não é segura." As posições seguras são aquelas descentralizadas, da mesma forma que a mente humana e o código de DNA são descentralizados.

O erro de Darwin, e do Google hoje, foi imaginar que a identidade é uma mistura e não um código — que as máquinas podem ser uma singularidade, mas os seres humanos são resultados aleatórios.

A centralização diz aos ladrões quais ativos digitais são mais valiosos e onde eles estão. O que resolve seus problemas mais difíceis. A menos que o poder e a informação sejam distribuídos por meio de um sistema peer-to-peer, eles são vulneráveis a manipulação e roubo por parte dos infiltrados no topo.

A *terceira regra* é: "Segurança por último."[1] A menos que a arquitetura atinja seus objetivos desejados, proteção e segurança são irrelevantes. A segurança é um ativo crucial de um sistema funcional. Exigir que o sistema seja seguro em cada passo da construção gera uma gambiarra: uma máquina complexa demais para ser utilizada.

A *quarta regra* é: "Nada é grátis." Essa regra é fundamental para a dignidade e o valor humanos. O capitalismo exige que as empresas sirvam a seus clientes e aceitem sua *prova de trabalho*, que é o dinheiro. Ao banir o dinheiro, as empresas desvalorizam seus consumidores.

A *quinta regra* é: "Tempo é a medida final de custo." Tempo é o que continua escasso quando todo o resto se torna abundante: a velocidade da luz e a expectativa de vida. A escassez de tempo triunfa sobre uma abundância de dinheiro.

A *sexta regra* é: "Dinheiro estável confere aos humanos dignidade e controle." O dinheiro estável reflete a escassez do tempo. Sem isso, uma economia é governada apenas por tempo e poder.

A *sétima regra* é: "Lei da assimetria". Reproduzindo a assimetria biológica. Uma mensagem codificada por uma chave pública pode ser decifrada apenas pela chave particular, mas a chave particular não pode ser obtida a partir da chave pública. Códigos assimétricos que são proibitivamente difíceis de decifrar, mas fáceis de verificar, concedem poder às pessoas. Em contrapartida, a criptografia simétrica concede poder aos proprietários dos computadores mais caros.

A *oitava regra* é: "Chaves particulares comandam." Elas são seguras. Não podem ser misturadas ou alteradas de cima para baixo da mesma forma que seu DNA não pode ser alterado ou misturado de cima para baixo.

A *nona regra* é: "Chaves particulares são propriedade de seres humanos, e não de governos ou do Google." Chaves particulares reforçam direitos de propriedade e identidades. Em uma interação de resposta a desafios, o desafiante pega a chave pública e criptografa uma mensagem. O correspondente prova sua identidade descriptografando, retificando e retornando a mensagem criptografada novamente com sua chave particular. Esse processo é uma *assinatura digital*. Ao decodificar a nova mensagem com a chave pública, o destinatário final tem certeza de que o remetente é quem diz ser. O documento foi digitalmente assinado.

A propriedade de chaves particulares distribui poder. O proprietário de uma chave particular (ID) pode sempre responder a um desafio provando a propriedade da identidade de um endereço público e o conteúdo de um registro público. Assim, em resposta a reivindicações e cobranças governamentais, o proprietário da chave particular pode comprovar seu trabalho e seus registros. Ao assinar com uma chave particular, o proprietário pode sempre comprovar o título de propriedade definido por uma chave pública em um registro digital.

A *décima regra* é: "Por trás de toda chave particular e sua chave pública está o intérprete humano." A concentração em seres humanos gera uma segurança significativa.

Como sua experiência do mundo mudará quando essas dez regras definirem o novo sistema?

O Google é hierárquico. A Vida após o Google será heterárquica. O Google é de cima para baixo. A Vida após o Google será de baixo para cima. O Google comanda por meio da insegurança de todas as camadas inferiores da pilha. Uma pilha porosa permite que o dinheiro e o poder sejam sugados para o topo. Na Vida após o Google, um estado fundamental seguro no ser humano, registrado e marcado com data e hora em um registro digital, evitará essa sucção de poder hierárquico.

Embora o Google atualmente controle suas informações e as use gratuitamente, você será dono de suas próprias informações e cobrará por elas livremente. Veja o Brave Browser de Brendan Eich, ex-Mozilla e autor do JavaScript. Ele lhe concede poder sobre seus dados e permite que você cobre por eles.

Ainda que o Google preveja uma era de domínio das máquinas por meio da inteligência artificial, você comandará suas máquinas e elas o servirão como escravas inteligentes e dispostas. Você será o "oráculo" que programa sua vida e dá ordens às suas ferramentas.

Enquanto o "mundo grátis" do Google tenta escapar das leis da escassez e das teias do preço, você viverá em um mundo repleto de informações sobre os custos reais e disponibilidades mais eficientes daquilo que quer e precisa. A prova de seu trabalho triunfará sobre as reivindicações de cima para baixo por velocidade e poder hierárquico. Os imperativos brutos do "grátis" darão caminho às trocas voluntárias equilibradas dos mercados livres e micropagamentos.

Enquanto o mundo do Google o filtra pelas peneiras da diversidade e o passa pelos liquidificadores da conformidade, o novo mundo subsistirá sobre as realidades fundamentais das singularidades e escolhas individuais. Ainda que o mundo do Google esteja sufocando o acesso dos empreendedores aos mercados públicos por meio de ofertas públicas, as quais caíram 90% em duas décadas, o novo mundo oferecerá uma gama de novos caminhos para empreender. De ofertas iniciais de moedas e emissões de tokens a projetos por crowdfunding, novos dispositivos de financiamento já estão dando poder a uma nova geração de empreendedores. A fila de "unicórnios" abjetos — startups privadas que valem um bilhão de dólares ou mais — na porta dos escritórios de fusões e aquisições do Google e seus rivais se dispersará e será substituída por manadas de "gazelas" finalmente orientadas aos mercados públicos.[2]

Embora o Google tente captar sua atenção com anúncios onipresentes, você verá anúncios conforme sua vontade, quando os quiser, e será pago por seu tempo e atenção. Novamente, o Brave é o líder deste movimento.

O dinheiro não é uma varinha mágica, e sim uma régua, não a riqueza e sim seu medidor. Enquanto o dinheiro na era do Google é bobagem em um mercado cambial de cinco trilhões de dólares por dia — que corresponde a 75 vezes a quantidade mundial de comércio de bens e serviços —, você comandará um dinheiro não intermediado que mede o valor em vez de manipulá-lo. Enquanto o mundo do Google é composto de camadas de intermediários e terceiros confiáveis, você lidará diretamente com os outros em todo o mundo com poucas taxas ou atrasos.

Está emergindo uma multidão peer-to-peer de novas formas de transações diretas além das fronteiras nacionais e novas formas de Uber e Airbnb que fogem dos moldes corporativos. Enquanto o mundo do Google o confina a um lugar, um tempo e uma vida, o novo mundo abrirá novas dimensões e opções de vida e experiências nas quais o único juiz supremo é você.

A promessa de que a dignidade humana retomará seu lugar na internet e que os seres humanos serão mestres do criptocosmos parece boa demais para ser verdade?

Se esses princípios são enigmáticos hoje, para explicar suas fontes e por fim seu sucesso, devemos, como Carver Mead da Caltech nos diz, "ouvir a tecnologia e descobrir o que ela está nos dizendo".

CAPÍTULO 6

O Golpe do Data Center do Google

O caminho pela rodovia Interestadual 84, ao longo da verdejante e anfiteátrica rota da Garganta do Rio Columbia até a pitoresca cidade de The Dalles, em Oregon, parece uma viagem a um fascinante passado norte-americano. Por uma filigrana de abetos de Douglas pode-se ver antigos penhascos feridos por cachoeiras cintilantes. Sinais o direcionam para museus indígenas norte-americanos, cheios de relíquias tribais de plumas e couro. Existem fazendas e pesqueiros, vinhedos nas encostas, e águias cortando os céus.

No horizonte, a apenas meia hora de distância de carro, está o radiante pico coberto de neve do Mount Hood, lar de sete geleiras, abriga nascentes de meia dúzia de rios e onde se pode esquiar nas quatro estações. "Eu moraria aqui", digo a mim mesmo dando uma olhada para trás na estrada que vai sentido à Portland urbana. Em comparação ao corredor repleto de outdoors entre o Vale do Silício e São Francisco, o vale de Columbia brilha como um sonho florestal.

Então, conforme a rodovia chega ao fim, a ruína cinza de uma fábrica de alumínio abandonada se ergue de uma encosta estéril. Seus pórticos góticos e fundições cavernosas se erguem vazios e abandonados, um testemunho comovente da fugacidade do poder industrial.[1]

O nome The Dalles vem da gíria dos viajantes do século XVIII para as perigosas corredeiras do Rio Columbia — na época em que a indústria local envolvia transportar peles de castor de canoa. Hoje, os castores estão em paz e as fábricas de alumínio em sua maioria estão abandonadas, mas The Dalles está prosperando. Aqui, junto ao rio, a 10 quilômetros da represa, o Google comprou 30 hectares em 2005 para o primeiro data center próprio e operado pela empresa. The Dalles estava se tornando o primeiro passo de seu novo sistema de mundo.

Em nove anos, esse campus teve seu tamanho mais do que triplicado, quando o Google (com o nome de "Moraine Industries") comprou mais 74 hectares em 2014 da problemática Northwest Aluminum Company. Seu investimento total nesta cidadezinha chegou a quase US$2 bilhões (dos quase US$29 bilhões investidos em suas plantas mundiais). Com seu disfarce por trás de advogados durante as negociações e suas extravagantes doações depois, o Google conseguiu até isentar seus data centers de impostos prediais.

O próprio data center é envolto em sigilo, com portões que mantêm afastados funcionários que não têm as permissões corretas e scanners corporais de aeroportos com ondas milimétricas para todos que entram no núcleo no galpão. Para tratar a enxurrada de bits e bytes, atualmente cada um dos três galpões de 10 mil quilômetros quadrados com paredes de vidro da fortaleza Dalles do Google abriga 75 mil servidores, interligados por linhas de fibra óptica e dispostos em racks empilhados.[2] Esses servidores, espremidos o mais próximos possível para minimizar atrasos da velocidade da luz, se parecem com livros brilhantes colocados na horizontal nas prateleiras de uma enorme biblioteca futurista.

Apesar de os labirintos verdejantes, as montanhas majestosas e o esqui sempre presente contribuírem, duas conveniências específicas tornaram este local propício para um data center proeminente. A primeira é o hub de fibra óptica ligado a Harbour Pointe, Washington, 320 quilômetro a nordeste de The Dalles, do outro lado do Mount Rainier. Essa é a plataforma de chegada dos enormes cabos de PC-1. Chamado de Pacific Crossing 1 por seu construtor, o malfadado Global Crossing de Gary Winnick, esse gânglio de rede é uma artéria de fibra óptica construída em 2001 para transmitir 640 gigabits por segundo (bilhões de bits por segundo). Atualizado 12 vezes para 8,4 terabits (trilhões de bits por segundo) uma década depois, ele conecta a Ásia aos EUA por 9.500 quilômetros do Pacífico.

Um fio extenso e transparente serpenteia pelos maiores prédios da cidade, mergulhando na grande internet apesar da NoaNet, um nó do antigo conjunto vanguardista de padrões chamado Internet2. Sob o indomável Urs Hölzle, a "nuvem" do Google deu uma guinada com dez novos data centers em 2017 sob um regime ainda mais avançado chamado "Internet3".

A outra conveniência é a Barragem de Dalles e sua estação de energia de 1,8-gigawatt. Construída em 1957 entre Klickitat, Washington e Wasco, Oregon, pelo Army Corps of Engineers for Bonneville Power, a barragem de 800 metros transforma as corredeiras de The Dalles em energia elétrica subsidiada e barata. Antes essencial para a fundição de alumínio, ela é hoje uma vantagem estratégica para a computação. O fato é que o Google não é o único titã do Vale do Silício a depender do Rio Columbia, o qual fornece energia a cerca de um quinto do custo energético na área da Baia de São Francisco.

Essa condensação do big data com o vasto poder computacional na "nuvem" é inédito na história da computação. As máquinas adquirem controle de seu ambiente ao superar todas as outras na velocidade e densidade de suas computações e transações e no tamanho de seus armazéns de dados.[3] Tais servidores estão por trás de novos centros de dominância em setores tão diversos quanto varejo e finanças, seguros e imóveis. Mas o do Google é o mais dominante de todos (salvo, talvez, pela medida de lucratividade, um rival financeiro no Leste).

A Lei de Moore, que descreve o crescimento em capacidade de circuitos integrados, tem uma consequência nomeada em homenagem a Gordon Bell, o lendário engenheiro por trás da inovadora linha vax de minicomputadores da década de 1980 e hoje principal pesquisador da Microsoft.[4] Segundo a Lei de Bell, a cada década uma queda de 100 vezes no preço do poder de processamento gera uma nova arquitetura computacional.

No século passado — você lembra bem, a partir do abismo de duas quebras econômicas — o PC era rei. Estava deposto e falecido o nobre computador mainframe, que havia sustentado o domínio da IBM na tecnologia da informação na década de 1970 e dos minicomputadores Digital Equipment e Data General e seus sistemas de cliente-servidor da década de 1980.[5]

A nuvem do Google define o regime atual da Lei de Bell. Mas recentemente, no final da década de 1990, Larry Page e Sergey Brin eram crianções não lucrativos trabalhando no Gates Center na Stanford e buscando pesquisar seu índice de 150-gigabyte da internet. Na época, quando eu quis chocar as massas com meu extraordinário senso de futuro, falei em escala *tera* (10 elevado à duodécima potência), descrevendo uma internet com um total inimaginavelmente enorme de 15 *trilhões* de bytes de conteúdo.

O depósito mundial do Google surge desse outrora futurista paradigma do terabyte, mas seu ambiente operacional é hoje a escala *peta* — petabytes, petaops, petaflops. "Peta" significa 1 quadrilhão (ou seja, 10 à décima quinta potência, 1 milhão de bilhões), mas, também, por uma feliz coincidência, lembra *petere*, o verbo "pesquisar" em Latim. Hoje, o Google domina uma base de dados de milhares de petabytes, chamados de *exa*-bytes, dilatados a cada 24 horas por dezenas de terabytes de Gmails, páginas do Facebook, feeds do Twitter presidencial e vídeos — uma marcha implacável de deltas diários, cada um maior que toda a internet de uma década atrás. O Google gerencia um bilhão de vídeos do YouTube, 3,5 bilhões de pesquisas ao dia e 1,5 trilhão de pesquisas por ano. Dobrando anualmente, sua largura de banda interna cresceu 50 vezes em 6 anos até 2014 e espera-se que cresça mais 10 vezes até 2018. Segundo o chefe de operações do Google, Hölzle, esse número acarretará outro crescimento de 10 vezes dentro de mais 2 anos.[6]

Reproduzida em todo o mundo, essa máquina da Lei de Bell em The Dalles está no centro da hegemonia do Google. É o golpe no Columbia que fundamenta a supremacia do Google.

No ano de 1993, em um e-mail noturno enviado a mim de seu escritório, Eric Schmidt, então CTO da Sun Microsystems, descreveu o futuro: "Quando a rede se torna tão rápida quanto o processador, o computador se esvazia e se espalha através da rede." A Sun divulgou esta ideia em uma frase compacta: "A rede é o computador." Mas os poderosos do hardware da Sun não conseguiram absorver a frase de efeito do CEO em ação, Schmidt. Em qual direção fluiriam os lucros daquela transformação? "Não na das empresas que fazem os processadores mais rápidos ou os melhores sistemas operacionais." Na época, essa teria sido a Sun com suas SPARCstations, seu RISC (reduced instruction set computer — computador com um conjunto reduzido de instruções), suas máquinas virtuais Java, seu SO Solaris — todos competindo com o crescente leviatã Microsoft e a ainda ascendente IBM. Não, escreveu Schmidt em seu e-mail noturno, os lucros fluiriam para "as empresas com as melhores redes e os melhores algoritmos de pesquisa e ordenação".[7]

A partir dessa visão, criei a Lei de Schmidt. Ele não era apenas um escritor de e-mails noturnos. Logo saiu da Sun e, após um período como CEO da Novell tentando construir as melhores redes e ferramentas de busca em Utah, se juntou ao Google e rapidamente se tornou CEO. Ali ele se viu envolto pelo futuro que havia previsto. Enquanto concorrentes como Excite, Inktomi, AltaVista (DEC) e Yahoo estavam construindo suas redes com SPARCstations e mainframes IBM, o Google projetou e montou seus próprios servidores a partir de componentes baratos e comuns feitos pela estrela dos microprocessadores, a Intel, e pela rainha do hard-drive, a Seagate.

Em um artigo técnico de 2005, o chefe de operações do Google, Hölzle, explicou o por quê: "O preço dos processadores de ponta sobe de forma não linear conforme o [seu] desempenho." Ou seja, os microprocessadores de ponta da Intel custam cada vez mais do que valem em termos de resultados incrementais. Os chips atingem o que se pode chamar de Muro de Mundie. Quando era diretor técnico da Microsoft, Craig Mundie disse:

> Hoje, atingimos um muro de tijolos. O que a computação rápida nos trouxe foi o aumento da frequência de relógio da CPU [sua velocidade por ciclo computacional medida em hertz ou ciclos por segundo]. Um relógio mais rápido aumentava o consumo de energia. Só conseguimos aumentar a frequência de relógio sem consumir mais energia porque pudemos diminuir a voltagem. Mas não podemos mais fazer isso pois estamos operando em elétron-volts, em que a incerteza quântica domina. Se não é possível diminuir a voltagem, é impossível aumentar a frequência de relógio sem utilizar muito mais energia.

É mais difícil acelerar a frequência de relógio e reduzir a emissão de calor do que multiplicar os bits de armazenamento dos transistores em chips de memória. Conforme a memória cresce mais rapidamente do que as operações de microprocessamento, microprocessadores mais rápidos tendem a empacar nos acessos às memórias. A solução de Hölzle, orientada por Larry Page, era promissora: reunir inúmeros processadores baratos paralelamente e interligá-los com linhas de fibra óptica na velocidade da luz. Novos softwares engenhosos os fizeram funcionar juntos. Este era ao menos o caminho teórico para um sistema escalável no qual a eficiência não diminuiria conforme o sistema crescesse.

Atualmente, a arquitetura de Hölzle, incorporando a visão de Schmidt, foi comprovada, conferindo ao Google seu domínio mundial. Schmidt costuma ser visto nos circuitos da elite de Aspen a Davos e Cannes, exibindo o sorriso bobo de um nerd que se tornou dono do universo.

O primeiro passo essencial nesse golpe, a planta em The Dalles, foi produto do que Schmidt chama de "um pouco do melhor da ciência da computação jamais realizada". Ao construir sua própria infraestrutura em vez de confiar em data centers comerciais, o Google conseguiu uma "tremenda vantagem competitiva", disse Schmidt a analistas na época.

Em todas as eras, as empresas vencedoras são aquelas que esbanjam o que é abundante — conforme sinalizado pela queda vertiginosa dos preços — para economizar o que é escasso. O Google tem esbanjado excesso de armazenamento de dados e largura de banda de suporte. Por outro lado, tem sido parcimonioso com o mais precioso dos recursos, a paciência do usuário frente a atrasos — quanto tempo você espera por um site ou resultado de busca.

A explosão contínua de capacidade de armazenamento de disco rígido faz a Lei de Moore parecer uma corrida de baratas. Em 1981, um drive de um gigabyte custava US$500 mil e um processador Intel 286 funcionava a seis megahertz e custava US$360. Em 2018, um gigabyte custava menos de 2 centavos de dólar e um processador de 3 gigahertz não chegava a US$300. Em dólares estáveis, o preço do processamento caiu cerca de 500 vezes, enquanto o preço do disco rígido caiu 250 mil vezes. Por essa métrica bruta, a eficiência de custo dos discos rígidos cresceu 500 vezes mais rápido do que a dos processadores.

Você pode imaginar que a equipe do Google, preocupada com os custos, teria enchido seus armazéns com discos rígidos. Mas o avanço miraculoso do armazenamento em disco escondia um problema: quanto maior e mais denso cada disco rígido, maior a demora para varrê-lo em busca de informações. O pequeno braço que lê os discos não consegue se movimentar rápido o bastante para acompanhar o processador.

A solução do Google foi utilizar quantidades enormes de chips de memória de acesso aleatório rápido. Por byte, a memória ram é cerca de 100 vezes mais cara do que o armazenamento em disco. Os engenheiros, em geral, a economizam obsessivamente, utilizando todo tipo de truque para enganar os processadores e fazê-los tratar os drives de disco como se fossem ram. Mas o Google entende que o recurso mais precioso não é dinheiro, e sim tempo. Acontece que os usuários de buscas são incrivelmente impacientes. Pesquisas mostram que eles se satisfazem com resultados que sejam entregues dentro de um vigésimo de segundo. A ram pode ser acessada cerca de 10 mil vezes mais rápido que os discos. Avaliada por tempo de acesso, então, a ram é 100 vezes mais barata do que o armazenamento em disco. Portanto, o Google há muito tempo lidera o mundo no uso da ram.

Não é suficiente alcançar os usuários rapidamente. O Google precisa alcançá-los onde quer que estejam. Isso requer acesso ao alicerce da Net, as longas linhas de fibra óptica que circundam o globo. O Google interconecta suas centenas de milhares de processadores com linhas de Ethernet de 100 gigabits por segundo, agora se elevando a 400 gigabits. Posicionar data centers gigantes próximos aos maiores nós de fibra óptica vale muito o investimento.

Esbanjando o que é abundante para conservar o que é escasso, os homens-G tornaram-se os empreendedores supremos do novo milênio. É a era do Google. Mas pairando sobre o computador em escala peta massivamente paralela e altamente produtiva, como uma emanação ao meio dia sobre o Vale da Morte, está uma bruma cintilante de calor.

Os sistemas de ar-condicionado serão os responsáveis pelos principais custos e dilemas da era da escala peta. Após assumir seu posto no Google em 1999, Hölzle notou as altas contas de energia. A 15 centavos de dólar por quilowatt-hora, a energia dominou seus cálculos de custo. "Uma empresa de energia poderia doar computadores e obter um lucro significativo vendendo energia", disse ele. Em The Dalles, as enormes protuberâncias no telhado não são drives de disco gigantes, mas sim torres de resfriamento. Tubos pintados com as cores características do Google serpenteiam os galpões abaixo deles, resfriando o ar por arrefecimento.

A energia hidrelétrica é um recurso limitado e localizado, enquanto a energia nuclear promete séculos de energia quase ilimitada que pode ser produzida em praticamente qualquer lugar. A China planeja construir cerca de 40 plantas nucleares inovadoras; a próxima onda de data centers pode muito bem ser em Shenzhen.

Por enquanto, porém, o Google conquistou um dos santos graais da ciência da computação: uma arquitetura massivamente paralela e escalável que é capaz de acomodar diferentes softwares enquanto vasculha petabytes de big data. Com sua máquina de pesquisa em escala peta instalada, o Google então vislumbrou a questão: o que mais poderia ser feito? A resposta: praticamente qualquer coisa. E assim se expandiu o portfólio de serviços online da empresa: entregar anúncios (AdSense, AdWords), mapas (Google Maps), vídeos (YouTube), agendamento (Google Calendar), documentos (Google Docs), transações (Google Checkout), traduções (Google Tradutor), e-mail (Gmail) e software de produtividade (Writely), para dizer alguns. Os outros pesos-pesados tentaram seguir seus passos.

Nossas CPUs — aquelas em nossos PCs, amplificadas por bilhões de smartphones — são proporcionalmente mais poderosas e menos utilizadas do que nunca. O Google e outras empresas englobaram cada vez mais tarefas antes delegadas à CPU em suas próprias nuvens. Redes ópticas, as quais movem os dados através de longas distâncias sem degradação, permitem que a computação migre para qualquer lugar onde a energia seja mais barata. A nova arquitetura computacional se espalha, assim, pela superfície da Terra. Conforme escrevo em 2018, a chamada "largura de banda transversal" das redes internas que abrangem os data centers do Google atingiu petabytes por segundo — um múltiplo da largura de banda total de toda a internet que o Google pesquisa e ordena, minera e monetiza. E nunca será o suficiente.

O Googleplex no centro da esfera logo fará a própria internet parecer pequena. Apresentando o líder de tecnologia de rede do Google, Amin Vahdat, em outubro de 2015, a revista da Association for Computing Machinery declarou: "Tudo sobre o Google está em escala, é claro — uma capitalização de mercado de proporções lendárias, uma gama de talentos inigualável, propriedades intelectuais suficientes para bancar exércitos de advogados vestindo Gucci para o resto da vida, e — ah, sim — uma Wide Area Network (WAN) particular maior do que você pode imaginar, e que por acaso também cresce mais rápido que a internet."

Adotando uma visão onipresente do cenário, Andy Bechtolsheim, o principal empreendedor de hardwares de rede do Vale, vende equipamentos para o Google e seus rivais. Ele está agora construindo Ethernets de 400 gigabits em sua ascendente empresa de rede, Arista. Se as CPUs não ficam muito mais frias, argumenta ele, talvez o restante do computador possa ser reprojetado para minimizar o consumo de energia. Esse é seu objetivo. Alguns veteranos do setor acreditam que Bechtolsheim não conta muito na era da computação em nuvem. Ele contou, porém, em 1998, quando forneceu o primeiro capital externo para Brin e Page. Antes disso, ele havia ganhado sucessivas fortunas como fundador da Sun Microsystems, como o maior investidor inicial na Microsoft, e como progenitor da Granite Systems, uma inventora dos interruptores Ethernet gigabit por fim adquirida pela Cisco. Como um dos fundadores da hoje esquecida Frox, ele ajudou a lançar muitas das maiores invenções em vídeo digital. Atualmente, ele é o líder técnico da Arista, a ascendente empresa de roteadores e interruptores da era do data center. Com Cisco, Google, Microsoft, Sun e Arista como seu royal flush, ele é o empreendedor-investidor supremo na história do Vale do Silício.

Falando em double-data-rate com sotaque Alemão, Bechtolsheim acredita que a mudança de pesquisa para serviços mais ambiciosos confere vantagem ao Google. "Entregar vídeos, mapas e todo o resto rapidamente, otimizando conforme necessidades específicas dos clientes, para extrair os benefícios máximos para o anunciante — exige imensos hardwares, armazenamento e memória. É preciso centenas de computadores livres para cada usuário final. O próximo nível abaixo não tem recursos financeiros suficientes para construir essas coisas."

Pergunto: "Então o jogo acabou?" Bechtolsheim responde: "Somente se ninguém mudar o jogo."

Recostando-se em sua cadeira, Bechtolsheim observa: "Os últimos anos foram decepcionantes para as pessoas que desejam acelerar o progresso tecnológico. Mas hoje o mundo está indo mais rápido novamente."[8]

A próxima onda de inovação compactará as atuais soluções paralelas em uma convergência evolucionária de eletrônica e ótica: células de memória 3D e até mesmo holográfica; lasers inseridos sobre chips; substituição de pinos de cobre por fluxos de fótons; e redes totalmente ópticas em que milhares de cores de luz viajam através de uma única fibra. Conforme esses avanços encontrarem caminho em uma variedade cada vez maior de dispositivos, o computador em escala peta encolherá de um dinossauro para um teleputer — o sucessor dos handhelds de hoje — em seu ouvido ou em seu caminho de sinal. Ele acessará uma variedade infinita de sensores, buscadores e servidores.

Essas inovações permitirão a participação em metaversos que parecem fazer frente à força da nuvem do Google, a qual se ligará a trilhões de sensores em todo o mundo. (O iPhone 8 tem 16 sistemas diferentes de sensores, desde uma gama de dispositivos de radiofrequência a giroscópios, acelerômetros, barômetros e milhares de imagens.) Um sistema sensor planetário conferirá ao Google um conhecimento constante do estado físico do mundo, de condições de tráfego aos trabalhos de sua própria biomáquina.

Jaron Lanier, inventor da realidade virtual, chama os triunfantes, espaçosos e eficientes data centers do Google de "Servidores Sereia", em alusão às mulheres-pássaro da mitologia grega que, com suas músicas irresistíveis, seduziam os marinheiros para a morte nas rochas. Os marinheiros na metáfora de Lanier não são canoístas no Rio Columbia, mas sim mestres da indústria que possuem os servidores. Os Servidores Sereia outorgam ao Google suas endorfinas de dominância temporárias, as quais serão seguidas, na visão cáustica de Lanier, pelo naufrágio em meios às rochas e ondas de um novo paradigma.

Tendo isso em mente, vamos recordar a Lei de Bell. Como pagamos um bilionésimo de centavo por byte de armazenamento e um centavo por gigabit por segundo de largura de banda, que tipo de máquina trabalha para existir? Afinal, os dez anos de Bell estão acabando. Poderão os Servidores Sereia oferecer uma nova máquina de crescimento econômico e progresso, acumulação de investimento e capital e dominância econômica contínua? Ou o The Dalles seria um monumento a uma estratégia empresarial decadente? A centralização está com os dias contados?

CAPÍTULO 7

O Paradigma Paralelo de Dally

Esta é a *Vida após o Google* ou não?
    Bill Dally está prestes a me levar à estação da Caltrain de Palo Alto em seu carro autônomo Tesla Model S.[1]

Na garagem da Nvidia em Santa Clara, embarco no elegante míssil cinza de aço de boro e titânio, observando o peso futurista de 540 quilos de sua bateria de íon de lítio, que deveria ser suficiente para me levar à estação. Completamente carregada, a bateria é capaz de substituir quase 27 quilos de gasolina no tanque de um motor de combustão interna. Isso pode não parecer muito, mas na matemática da era do Google pode salvar o mundo.

Ao calcular os orçamentos de energia de seus data centers, o Google, como o resto do Vale do Silício, é tão rigoroso quanto um maratonista queniano. Mas seria melhor conferir seus números novamente ao começar a lançar carros brilhando sob o sol dos subsídios solares. Eles podem custar muito mais do que dizem.

Porém, esse é um Tesla, e suas aspirações autônomas vêm do inovador sistema Drive PX da Nvidia. Para colocar o cinto de segurança no banco do passageiro, precisei afastar um flyer da conferência anual Hot Chips na cidade vizinha Cupertino. Enquanto eu analisava semicondutores para Ben Rosen e Esther Dyson há cerca de três décadas, quando os chips ainda estavam na moda, eu costumava ir às conferências Hot

Chips para me atualizar. O silício, tal como hoje, era o alicerce, a camada física que estrutura todo o edifício da tecnologia da informação. Estou seguro de que a Hot Chips continua viva apesar de o Google e os outros afirmarem que o "software devora tudo".

Nick Tredennick, o designer de um "hot chip" favorito de outrora, o microprocessador Motorola 68.000 por trás do computador Macintosh de Steve Jobs, costumava dizer que a indústria procura explorar as "inovadoras pontas do iceberg". Três focos simultâneos de designs convergiram neste fértil campo do design de chips: *zero atraso* (hot chips rápidos), *zero energia* (dispositivos cool de baixo consumo de energia) e *zero custo* (transistores saindo por bilionésimos de centavo).[2] Entre a década de 1980 e 2017, os chips têm migrado da ponta hot e rápida em direção à ponta cool e barata, uma tendência liderada por Dally.

No banco da frente do Tesla, vejo uma tela de 60cm que exibe mapas verde claros e estriados do Google. Dally salienta que veículos autônomos "não se importam onde estão as ruas. Eles navegam com base em mapas, registram seu lugar neles. Se estão em uma rua vazia, pegam a faixa do meio, como se estivessem em uma ferrovia. Apenas a presença de objetos em movimento, como pedestres e outros carros, exige que eles utilizem todas as suas capacidades de detecção de movimento".

Enquanto os mapas vêm do Google, o processamento vem das GPUs da Nvidia. Esses chips computam a resposta do carro a sinais de lidar, radar, ultrassom e câmera que permitem que o míssil desça do espaço sideral de Elon Musk e entre no mundo dinâmico de alta entropia além do Google Maps.

Dally ladra seu comando: "Navegue até a estação do Caltrain da avenida Califórnia", e o carro responde na hora. Dally comenta: "Nos últimos anos, o reconhecimento de fala se tornou radicalmente melhor. Trinta por cento melhor. Há dois anos ele não era capaz de entender direito. Mas hoje, com o aprendizado de máquina de nossos chips Tegra, ele entende direito todas as vezes." Isso beneficia todos os usuários da Alexa, da Amazon; da Siri, da Apple; da Cortana, da Microsoft; e do Go, do Google.

Dally está agora com as mãos no volante enquanto fala sobre os pormenores. "É somente uma autonomia de nível 2", explica ele, utilizando a classificação da Sociedade de Engenheiros Automotivos, que varia do nível 1, simples assistência ao motorista, ao nível 5, autonomia completa. Musk promete levar a Tesla ao nível 5 em dois anos. Esse é o Elon para você, mas por ora Dally mantém os olhos na estrada enquanto o Tesla segue seu caminho, com diversos surtos de alta voltagem, subindo a rampa até a 101. Hoje, o modo autônomo da Tesla lhe permite virar e me mostrar seu vídeo sobre o recente eclipse solar — uma série de imagens nítidas de alto contraste do raro acontecimento.

O aprendizado de máquina, aponta Dally, é realizado principalmente pelos chips de processamento gráfico da Nvidia. Alguns avanços na inteligência artificial resultam de melhorias nos algoritmos, mas a real fonte dessas capacidades é a evolução explosiva na velocidade computacional, atingida por meio de uma combinação da Lei de Moore e do processamento paralelo. Os processadores gráficos da Nvidia são o clímax da longa carreira de Dally como profeta do processamento paralelo, o qual começou há 30 anos na Virginia Tech, onde ele estudou as vantagens de múltiplos processadores funcionando juntos.

Em uma conferência Hot Chips na Stanford em agosto de 1991, Dally e Norm Jouppi surgiram a princípio como antagonistas no desenvolvimento das futuras filosofias da computação. Dally apresentou sua revolucionária máquina J massivamente paralela, e Jouppi, hoje no Google, na época na Digital Equipment, alardeou a promessa de incrementar os pipelines de processadores a "cinco instruções por ciclo de clock".[3]

Esses dois artigos de 1991 polarizam toda a ciência da computação: você faz processadores seriais von Neumann serem mais rápidos buscando atraso zero, instruções de stepping e fetching e dados de memórias remotas muito rápidas? Ou dissipa a memória e o processamento por toda a máquina? Em uma distribuição massivamente paralela como a Máquina J de Dally, a memória sempre fica próxima ao processador.

Vinte e seis anos depois, Dally e Jouppi ainda estão nessa. Na Hot Chips de agosto de 2017 em Cupertino, todos os grandões estavam se gabando de seus próprios chips pelo que chamavam de "aprendizado profundo", o termo da moda no Vale do Silício para a aceleração massiva de reconhecimento, correlação e correção de padrões multiníveis unidos para retornar tais resultados em um desempenho de ganhos cumulativos. O que eles chamam de "aprendizado" originou-se em iniciativas anteriores em IA. *Supor, mensurar o erro, ajustar a resposta e retorná-la* são os passos padrão seguidos nos data centers do Google, favorecendo aplicações como Google Tradutor, Google Soundwriter, Google Maps, Google Assistente, Waymo cars, buscas, Google Now, e assim por diante, em tempo real.[4]

Recentemente, em 2012, o Google ainda tinha problemas com a diferença entre cachorros e gatos. O YouTube era famoso por seus vídeos de gatos, mas era incapaz de ensinar suas máquinas a reconhecer os gatos de forma eficiente. Elas podiam contá-los; os cachorros do data center sabiam dançar; mas foram necessários 16 mil microprocessadores e 600 kilowatts.[5] E ainda havia um cachorro, com taxa de erro de 5% — um presságio não muito bom para o projeto de reconhecimento facial humano do Google ou para os sistemas de visão automotiva que precisam identificar perfeitamente objetos remotos em tempo real.

Como Claude Shannon mostrou, essas taxas de sucesso de 95%, ou até mesmo 99,999%, são enganosas, pois é impossível dizer quais casos são os erros.[6] A grande maioria dos empréstimos imobiliários na crise hipotecária eram bons, mas como ninguém era capaz de saber quais não eram, todas as garantias quebraram. Não queremos esse problema com carros autônomos.

Em uma aparição conjunta em 2012 em Aspen, Peter Thiel censurou Eric Schmidt: "Você não tem a menor ideia do que está fazendo." Ele apontou que a empresa havia acumulado cerca de US$50 bilhões em dinheiro na época e estava deixando no banco a juros quase zero enquanto seus enormes data centers ainda eram incapazes de identificar gatos tão bem quanto uma criança de três anos.[7]

Thiel é o principal crítico da filosofia prevalente do Vale do Silício de inovação "inevitável". Page, por outro lado, é um maximalista do aprendizado de máquina que acredita que o silício logo superará os seres humanos, seja como for que queira definir a diferença. Se a máquina de Turing aleatória da evolução foi capaz de produzir cérebros humanos, imagine só o que poderia ser realizado pela constelação de acadêmicos eminentes do Google, dedicando totalmente data centers inteiros cheios de silício de multi-gigahertz a treinar máquinas em petabytes de dados. Em 2012, porém, os resultados pareciam abaixo do esperado.

Simultaneamente à crise dos cachorros e gatos em 2012, o líder da equipe de pesquisa do Google Brain, Jeff Dean, elevou as apostas ao dizer a Urs Hölzle, o dínamo dos data centers do Google, que "precisamos de outro Google". Dean quis dizer que o Google precisaria dobrar a capacidade de seus data centers apenas para acomodar a nova demanda para seus serviços de reconhecimento de fala do Google Now em smartphones Android.

Mais tarde naquele ano, Bill Dally deu uma resposta. Durante um café da manhã no café favorito de Dally em Palo Alto, seu colega de Stanford, Andrew Ng, que trabalhou com Dean no Google Brain, estava reclamando sobre a marcação dos gatos. Dezesseis mil microprocessadores caros pareciam ineficientes. Dally sugeriu que as GPUs da Nvidia poderiam ajudar. Os processadores gráficos especializam-se na multiplicação de matriz e nas operações matemáticas de pontos flutuantes que ensinam as máquinas a reconhecer padrões. Uma imagem gráfica é um conjunto de valores prontamente mapeados em uma matriz matemática. Passando imagens por até 12 níveis de matrizes, o aprendizado de máquina pode ser visto como outra forma de processamento gráfico iterativo.

Prove, disse Ng a Dally, e o Google comprará seus chips.

O homem que construiu o primeiro processador de gráficos brutos, o precursor de todas as redes neurais dos data centers do Google, foi Frank Rosenblatt, um professor de psicologia da Cornell. Em 1958, ele descreveu seu "perceptron" à revista *New Yorker* da seguinte forma: "Se um triângulo for colocado em frente ao olho do perceptron [fotosensor], as unidades de associação conectadas ao olho captam a imagem do triângulo e a transmitem ao longo de uma sucessão aleatória de linhas para as unidades de resposta [hoje chamadas de neurons], onde a imagem é registrada... [Todas] as conexões que levam àquela resposta são reforçadas [ou seja, seus pesos são aumentados], e se um triângulo de um tamanho e forma diferente for colocado em frente ao perceptron, sua imagem será passada ao longo da trilha que o primeiro triângulo percorreu. Se um *quadrado* for apresentado, entretanto, um novo conjunto de linhas aleatórias será convocado... *Quanto mais imagens o perceptron puder escanear, mais hábeis serão suas generalizações...* ele é capaz de diferenciar entre um cachorro e um gato."[8]

Quatro anos depois, Ray Kurzweil, na época com 16 anos, visitou Rosenblatt após seu mentor no MIT, Marvin Minsky, expor as limitações do perceptron de um nível que Rosenblatt havia construído. Rosenblatt disse a Kurzweil que ele poderia superar essas limitações empilhando perceptrons uns sobre os outros em camadas. "O desempenho melhora drasticamente", disse ele. Rosenblatt morreu em um acidente náutico oito anos depois, sem jamais ter construído uma máquina multicamadas.

Hoje, no Google, essa omissão estava sendo remediada. Dally alocou o guru do software da Nvidia, Frank Canizaro, para trabalhar com Ng na atualização do software próprio da Nvidia chamado cuda (Compute Unified Device Architecture) para uso em sua biblioteca cuda Deep Neural Network (cuDNN). A equipe Stanford-Google-Nvidia resolveu o problema de cachorros e gatos com meros 12 GPUs queimando apenas quatro quilowatts, tudo somente por 33 mil dólares.

Dally estava orgulhoso dessa conquista. A máquina Nvidia era aproximadamente 150 vezes mais econômica do que o arranjo anterior do Google, isso sem considerar a enorme vantagem em eficiência energética das GPUs. Os processadores Nvidia logo permearam os data centers do Google, concedendo um desempenho inédito nas multiplicações e acumulações matriciais no núcleo do aprendizado de máquina.

Atualmente, o Google utiliza redes neurais de 10 a 12 níveis, gerando 30 exaflops de capacidade computacional matemática de pontos flutuantes — e inúmeras multiplicações matriciais. Segundo a previsão de Rosenblatt de que "quanto mais imagens o perceptron puder escanear, mas hábeis serão suas generalizações", a máquina do Google classifica dezenas de milhões de imagens de acordo com cerca de um bilhão de parâmetros. Ela geralmente leva o Google Brain a alegar estar "superando os humanos". *Nossa, um bilhão de parâmetros, me pegou!* No Vale do Silício, onde os seres humanos programam essas máquinas, considera-se desagradável questionar a alegação de poderes "sobre-humanos".

Nada disso intimidaria Dally, exceto por uma mudança crucial no Google. Na conferência Hot Chips de 2017, a empresa, em um clima faça-você-mesmo, indicou que dali em diante substituiria os dispositivos da Nvidia por seus próprios silícios específicos. Jeff Dean celebrou o "Tensor" "multiplicador matricial" de Jouppi, o qual evitava gráficos e pontos flutuantes, concentrando-se apenas nas funções de aprendizado de máquina. É um multiplicador matricial ASIC (application-specific integrated circuit). Sem a sua unidade processadora Tensor, diz o pessoal do Google, eles precisariam dobrar o tamanho de seus data centers.

Dally ressalta que é sempre possível conseguir enormes ganhos temporários colocando sistemas inteiros em slivers individuais de silício ASIC, chips específicos cabeados para realizar uma função complexa. Como Dally me diz, ao realizar operações paralelas, os processadores gráficos são 10 vezes mais econômicos do que unidades de processamento central polivalentes (CPUs), e ASICs são de 10 a 100 vezes mais econômicos do que GPUs comuns. Mas, com os ASICs, seu mercado se reduz somente a seus propósitos definidos, e seus data centers não são mais máquinas de Turing polivalentes. Eles estão se calcificando em fábricas específicas, como as fábricas de alumínio que sucederam em The Dalles.

O Google pode se dar ao luxo de fazer seus próprios ASICs personalizados para slots específicos em seus data centers, mas a Nvidia está dominando todo o campo do processamento massivamente paralelo.

No terceiro trimestre de 2017, após os "contratempos" da Hot Chips, a Nvidia anunciou um aumento de 109% nas receitas de vendas de computação em nuvem, para US$830 milhões, elevando o valor de mercado da empresa a quase US$130 bilhões.

Hoje, a Nvidia é uma força potente fornecendo processadores paralelos em toda a indústria global e oferecendo novas plataformas para a vida após o Google. Será que tudo isso terá um fim com a nova façanha do Google em fazer hardwares tão bem quanto softwares, contratando titãs do setor de hardware como Dave Patterson e Norm Jouppi para idealizar arquiteturas de chip mundialmente inovadoras?

Eu estava visitando Dally para descobrir. Um engenheiro de 57 anos, com cabelos castanhos, usando chapéu preto, mochila e botas de trilha, e vestido ao estilo montanhista do Vale do Silício para me levar a uma aventura em grande altitude entre microchips e softwares, ideias e especulações, Google Maps e os "campos de distorção da realidade" de Elon Musk ao longo da Route 101 às cinco horas da tarde de uma sexta-feira no fim de agosto.

Não é bem uma viagem como a do Dr. Brown em *De Volta para o Futuro* a bordo do DeLorean, mas será suficiente para conhecer a história da computação.

Desde que escreveu sua tese acadêmica no final da década de 1970, Dally rebelou-se contra o regime de computação seriada passo-a-passo conhecido como arquitetura von Neumann. Após trabalhar no "Cosmic Cube" com Chuck Seitz para seu doutorado na Caltech (1983), Dally liderou o projeto de máquinas paralelas no MIT (a máquina J e a máquina M), introduziu o paralelismo massivo nos supercomputadores Cray (o T-3d e o 3E), e foi pioneiro dos gráficos paralelos em Stanford (o projeto Imagine, um dispositivo de streaming paralelo incorporando "shaders" programáveis, atualmente onipresentes nos processadores gráficos da indústria da Nvidia e outras).

Em todos esses projetos, Dally lutava contra a arquitetura computacional convencional de processamento *serial* passo-a-passo — associada a um problema de memória chamado de "gargalo de von Neumann".

Você vive no mundo real, certo? O mundo real oferece problemas intrinsecamente paralelos, como imagens que enchem os olhos de forma simultânea, quer você esteja dirigindo um carro na neve ou convocando um metaverso com gráficos gerados por computador ou combinando padrões em frotas de "aprendizado de máquina" pelos mares do big data.

O gargalo de von Neumann foi reconhecido pelo próprio von Neumann. Em resposta, ele propôs uma arquitetura massivamente paralela chamada autômato celular, tema do último livro que escreveu antes de morrer, aos 57 anos. Em *O Computador e o Cérebro*, ele previu uma solução paralela chamada redes neurais, as quais se baseavam em uma ideia primitiva de como bilhões de neurônios poderiam funcionar juntos no sistema neural humano.

Von Neumann concluiu que o cérebro é uma máquina *non-von de* nove ordens de magnitude *mais lenta* que o gigahertz que ele profetizou para os computadores em 1957. Surpreendentemente, von Neumann previu a aceleração de muitos milhões de vezes da "Lei de Moore" que experimentamos. Mas ele estimou que o cérebro é nove ordens de magnitude (um bilhão de vezes) mais energeticamente eficiente do que um computador. Isso é um delta maior até do que aquele alegado pelos caras do Google Brain para seu chip Tensor. Na era do Big Blue e Watson na IBM, a comparação continua relevante. Quando um supercomputador derrota um homem em um jogo de xadrez ou Go, o homem utiliza talvez cerca de 14 watts de energia, enquanto o computador e suas redes estão acessando as nuvens de gigawatt no Columbia.

Na era do Big Data, o gargalo de von Neumann possui implicações filosóficas. Quanto mais conhecimento se coloca em uma máquina von Neumann, maior e mais povoada sua memória, mais longe seu endereço médio de dados e mais lento seu funcionamento. Danny Hillis, da antiga Thinking Machines, escreveu que "essa ineficiência continua, independentemente do quão rápido tornemos o processador, pois o comprimento da computação fica dominado pelo tempo necessário para mover os dados entre o processador e a memória". Esse intervalo, trilhado em todos os passos da computação, é governado pela velocidade da luz, a qual em um chip é de cerca de 22cm em um nanosegundo — uma demora significativa em chips que hoje portam até 96 *quilômetros* de fios minúsculos.

O que Dally viu foi que o computador serial havia chegado ao fim da linha. A maioria dos computadores (smartphones, tablets, notebooks e até mesmo carros autônomos) já não fica mais ligada à tomada. Até mesmo os supercomputadores e data centers sofrem com restrições de energia, manifestadas em problemas de resfriamento de máquinas, seja por ventiladores gigantes e aparelhos de ar-condicionado ou por locais próximos a rios ou geleiras. Como comenta Hölzle, "pelas definições clássicas, há pouco 'trabalho' produzido por um data center, já que a maior parte da energia é convertida em calor".

Atingindo a parede de energia e a barreira da velocidade da luz, a arquitetura do chip se fragmentará necessariamente em módulos separados e assíncronos e mais estruturas paralelas. Podemos chamar esses processadores de "moluscos" — palavra usada por Einstein para entidades em uma arquitetura de mundo relativista — de tempo-espaço. Definir o tamanho da célula de circuitos integrados será uma medida comparável no microcosmo a anos-luz no cosmos. Isso reforçará a distribuição de capacidades computacionais análogas à distribuição da inteligência humana.

Consequentemente, diz Dally, remetendo a Tredennick, o desempenho de computadores de ponta não deve, agora, ser mensurado pelas métricas convencionais de operações por segundo ou área de silício, mas sim por operações por watt. Com base no paralelismo natural das imagens chegando ao olho simultaneamente, os processadores gráficos não só são tão onipresentes quanto a visão como são supremamente paralelos. Assim, muitos dos "cool chips" atualmente tendem a ser feitos pela Nvidia.

Ainda assim, em operações por watt, o maior campeão não é feito de silício, mas de carbono. É a rede neural original, o cérebro humano e seus 14 watts, os quais não são suficientes para iluminar a lâmpada sobre a cabeça de um personagem de tirinha de cartoon. No futuro, os computadores buscarão a ergonomia energética dos cérebros em vez dos milhões de watts do Big Blue, ou até mesmo as vastidões climatizadas dos data centers. Todos os computadores deverão utilizar as técnicas de economia de energia que foram desenvolvidas na indústria de smartphones alimentados por baterias e, então, prosseguir na exploração de economias energéticas dos verdadeiros cérebros de carbono.

Existe uma diferença gritante entre máquinas programáveis e programadores. As máquinas são deterministas e os programadores são criativos.

Isso significa que o movimento de IA, longe de substituir os cérebros humanos, se verá em posição de imitá-los. O cérebro demonstra a superioridade das bordas em vez do centro: não é aglomerado em alguns nós climatizados, mas sim amplamente disperso, interconectado por uma infinidade de canais sensoriais e de comunicação. O teste dos novos gânglios globais de computadores e cabos, teias mundiais de vidro, luz e ar, é como eles tiram vantagem imediata de contribuições inesperadas de mentes humanas livres em toda sua criatividade e diversidade, as quais não podem sequer ser mensuradas pelas métricas da ciência da computação.

Como a lenda do Vale do Silício, Carver Mead, da Caltech, mostrou suas décadas de experimentos em computação neuromórfica, qualquer inteligência artificial verdadeira provavelmente terá que usar materiais à base de carbono, e não substratos de silício. Com cerca de 200 mil compostos, o carbono é mais adaptável e quimicamente complexo do que o silício em ordens de magnitude. Os últimos anos mostraram o surgimento de novos materiais de carbono, como diodos emissores de luz e fotodetectores ganhando lentamente o mercado de telas. O mais promissor é o grafeno, uma folha de carbono transparente de um átomo de profundidade que pode ser enrolada em nanotubos de carbono, sobreposta em blocos de grafite, ou projetada em "Fulerenos" C-60.

O grafeno tem muitas vantagens. Sua resistência à tensão é 60 vezes a do aço, e sua condutividade é 200 vezes a do cobre. Não há banda proibida que possa retardá-lo, e isso confere um percurso livre médio relativamente grande de 60 microns para os elétrons. Como o expoente da nanotecnologia, James Tour, da Rice University, demonstrou em seu laboratório, o grafeno, as espirais de nanotubos de carbono e seus compostos possibilitam uma série de nano-máquinas, veículos e motores. Eles apresentam ainda a promessa remota de novas arquiteturas computacionais, como computadores quânticos que são realmente capazes de modelar a realidade física e, assim, podem finalmente gerar alguma inteligência real.

A geração atual no Vale do Silício ainda precisa se reconciliar com as descobertas de von Neumann e Gödel no início do último século ou com os avanços na teoria da informação de Claude Shannon, Gregory Chaitin, Anton Kolmogorov e John R. Pierce. Em uma série de argumentos poderosos, Chaitin, o inventor da teoria da informação algorítmica, traduziu Gödel em termos modernos. Quando os teóricos da IA do Vale do Silício levam sua lógica a extremos explosivos, eles desafiam as descobertas mais cruciais da matemática do século XXI e da ciência da computação. Todos os esquemas lógicos são incompletos e dependem de suposições que não podem provar. Levando qualquer argumento matemático ou lógico ao extremo — sejam infinidades "renormalizadas" ou multiplicidades de universos paralelos — os cientistas os empurram dos penhascos da incompletude Göedeliana.

A "matemática da criatividade" de Chaitin sugere que, a fim de impulsionar a tecnologia adiante, será necessário transcender a lógica matemática determinista que permeia os computadores existentes. Qualquer coisa determinista impede as mesmas surpresas que definem a informação e refletem a real criação. Gödel dita uma matemática de criatividade.

Essa matemática vai primeiro encontrar um grande obstáculo nos deslumbrantes êxitos do sistema de mundo predominante não somente no Vale do silício, mas também nas finanças.

Capítulo 8

Markov e Midas

Uma das ideias mais influentes do século XXI é a cadeia de Markov. Apresentada pelo matemático e teórico da informação russo Andrey Markov em 1913, ela se tornou um conjunto de ferramentas estatísticas para predição do futuro a partir do presente. Vigorosamente estendida nos chamados "modelos ocultos de Markov", a técnica pode revelar realidades não percebidas por trás de uma série de observações, como imagens de gatos e cachorros no Google, padrões climáticos ao longo do tempo e até mesmo mentes humanas.[1]

Um ateu de barba preta, mestre no xadrez e ativista político, Markov foi apelidado de "Andrey, o Furioso". Esse gênio intratável estava alinhado com a esquerda nos últimos anos do regime Czarista, sem prever a virada totalitarista que este faria após o triunfo dos Bolcheviques. Apesar de ter atingido certa eminência como matemático em sua vida, sua real influência não seria percebida por cerca de um século, quando seu trabalho se mostrou essencial à fundamentação do sistema de mundo da era do Google.

Da física à economia, a ciência por muito tempo teve problemas em se entender com o *tempo*. Até Markov, a teoria da probabilidade, assim como a teoria da física, evitava com frequência as considerações temporais. Como escreveram Amy Langville e Philipp von Hilgers em um artigo renomado, os conceitos dominantes de probabilidade foram incapazes de distinguir entre processos seriais e paralelos, entre "mil lançamentos de um único dado e mil dados lançados um de cada vez".[2] Abordando as dependências temporais entre os eventos, como uma coisa leva à outra, as cadeias de Markov rastreiam as transições probabilísticas de um estado ou condição para outro, passo a passo ao longo do tempo.

Markov seguiu os passos dos gigantes intelectuais do século XIX James Clerk Maxwell e Ludwig Boltzmann, que foram pioneiros desse modo estatístico de pensamento na física. Eles inventaram ferramentas probabilísticas para descrever fenômenos físicos, como o comportamento oculto dos átomos e moléculas, ondas e partículas, os quais não podiam ser vistos ou mensurados pelos instrumentos científicos de sua época. Suas leis estatísticas de termodinâmica ofereceram à física teórica uma flecha de tempo muito necessária derivada do conceito de entropia.

Surpreendentemente, o primeiro homem a explicar e utilizar essas ferramentas estatísticas, muitos anos antes de elas serem publicamente formuladas por Markov, foi Albert Einstein. Em 1905, ao calcular o comportamento oculto das moléculas no movimento browniano, ele mostrou que elas ocupavam uma cadeia de estados que se agitavam em uma frequência de cerca de dois gigahertz seguindo um "percurso aleatório", como no conceito de Markov. Ao mostrar os movimentos dos átomos sem vê-los ou mensurá-los, Einstein traduziu, do que hoje é chamada sequência de Markov de estados observáveis do gás, para sua prova do então ainda oculto movimento browniano das moléculas.

Markov evitou aparecer durante a Revolução Russa enquanto trabalhava em sua teoria. Até sua morte, em 1922, ele havia transformado as improvisações de seus precursores em um sistema pleno. As técnicas markovianas que permeiam a teoria da ciência da informação estão por trás dos avanços predominantes da era do Google, desde o big data e da computação em nuvem ao reconhecimento de fala e o aprendizado de máquina.

Em um triunfo precoce, ao realizar um estudo estatístico do poema de Pushkin, *Eugene Onegin*, Markov mostrou que as propriedades linguísticas poderiam ser matematicamente compreendidas e previstas sem o conhecimento da linguagem específica. Ao concentrar-se em padrões de vogais e consoantes, Markov chegou perto de prever a métrica informacional de Claude Shannon. A teoria de Shannon tratou todos os transmissores ao longo dos canais de comunicação como processos de Markov.[3]

Markov e Midas

Havia uma série de pensadores revolucionários refinando e estendendo as descobertas de Markov durante o século XX e até nossa própria era. Alguns, como Shannon, foram amplamente celebrados. Andrew Viterbi é mais conhecido como cofundador da Qualcomm, mas talvez seu maior feito tenha sido desenvolver um algoritmo recursivo para computar cadeias complexas com eficiência, superando os custos computacionais que cresceram exponencialmente, com o tamanho da cadeia.

A estrela precoce do MIT, Norbert Wiener, autor de *Cibernética* (1948), estendeu as sequências de Markov de fenômenos discretos para contínuos e contribuiu com a ideia de reduzir resultados improváveis.[4] Esse avanço colaborou com os cálculos de trajetórias de foguetes ou aeronaves durante a Segunda Guerra Mundial, utilizando a matemática de Markov para prever a localização futura de objetos em movimento ao observar suas posições atuais.

Levando as cadeias de Markov para o big data, o matemátcio Leonard E. Baum, do Institute for Defense Analyses (IDA), demonstrou como uma cadeia suficientemente longa de observações pode ser iterada até que a probabilidade de uma explicação subjacente seja maximizada. Essas probabilidades maximizadas definem a estrutura original da fonte e permitem previsões subsequentes, seja de palavras ou de preços financeiros. Facilitando o trabalho de Baum estava o prestigiado mas pouco conhecido contribuinte de Markov, Lee Neuwirth, o diretor de longa data do IDA, que chamou o uso preditivo das cadeias de "modelos ocultos de Markov" em uma conferência em Princeton em 1980.

Para todos os efeitos, a cadeia de Markov mais difundida, imensa e influente hoje é o algoritmo fundamental do Google, o PageRank, que engloba as extensões de petabyte de toda a World Wide Web. Tratar a internet como uma cadeia de Markov permite que a ferramenta de busca do Google estime a probabilidade de que uma página específica da internet possa satisfazer sua busca.[5]

Para construir sua excepcional ferramenta de buscas, Larry Page começou paradoxalmente com a suposição markoviana de que ninguém está realmente buscando nada. Seu conceito de "navegador aleatório" torna Markov imprescindível para a era do Google.

O PageRank trata o usuário de internet como se ele estivesse passeando aleatoriamente pela Web, o que nós usuários sabemos que não é verdade. Já que a tendência de um navegador aleatório seria a de visitar os sites melhor conectados com mais frequência, seu itinerário hipotético define a importância e a autoridade dos sites. Como o PageRank é um modelo de gerenciamento simples que não exige conhecimento sobre navegadores ou sites, ele permite que a matemática de Markov calcule rápida e constantemente suas classificações ao longo da topografia galáctica da internet.

Além das páginas online, os modelos de Markov tratam o mundo como uma sequência de "estados" — fenômenos, palavras, condições climáticas, escolhas dos consumidores, transações, preços de seguro, dados de sensores, bases de DNA, resultados de esportes, índices de saúde, níveis de CO^2, trajetórias de bombas, passos da máquina de Turing, posições de xadrez, perspectivas de apostas, desempenho computacional, mercados de commodities, relatórios de trânsito (você escolhe) — ligados a outros estados por "probabilidades de transição". Tirei três reis do baralho, qual a probabilidade de tirar o quarto? Nevou hoje; qual a probabilidade de que chova amanhã? O preço de abertura de uma ação da Amazon é de US$1.421 às 9h; qual será o preço às 9h01? As probabilidades de transição podem ser calculadas a partir de dados anteriores e atualizados com novas observações. O mundo markoviano de passeios aleatórios entre os estados é governado pelos pesos de probabilidade.

Essa abordagem libertou os analistas do fardo de adivinhar as intenções ou planos das pessoas ou de desenvolver conexões lógicas entre os eventos. É necessário apenas um registro dos estados e das probabilidades entre eles. Todo o resto pode ser considerado aleatório. Em suas contribuições ao Teorema do Limite Central na probabilidade, Markov mostrou que todos os eventos ou dados aleatórios, independentes ou não, por fim adaptam-se às distribuições normais. Cadeias com dependências ao longo do tempo são uma parte tratável do universo matemático. Isso é coerente com o que sabemos a respeito de estatística: ela prevê o comportamento do grupo sem considerar as decisões individuais e o livre-arbítrio.

Uma característica definitiva da cadeia de Markov é a de não possuir memória. Considera-se que o histórico é sintetizado pelo estado atual e não por qualquer histórico da cadeia. Essa característica simplifica muito o processo computacional. Seguindo um modelo de Markov, um navegador segue uma "caminhada aleatória" de transições de uma posição a outra, saltando de "estados reflexivos" (sites indesejados), passando por "estados transitórios" (Utah, Nevada) e parando em "estados absorventes" (matriz do Google em Mountain View!), tudo sem a necessidade de incluir a intencionalidade ou o planejamento.

Modelos *hierárquicos* ocultos de Markov permitem múltiplos níveis de abstração, desde fonemas até uma árvore de redes neurais, palavras, frases, significados e modelos de realidade. Ray Kurzweil, um vice-presidente do Google e entusiasta de Markov, acredita que, ao reconhecer padrões tanto de fala quanto de outros tipos, os modelos hierárquicos ocultos de Markov são um guia para a mente: "Basicamente computando o que está acontecendo no neocortex do emissor — apesar de não termos acesso direto ao seu cérebro. Poderíamos imaginar: se olhássemos dentro do neocortex do emissor, será que veríamos conexões e pesos correspondentes ao modelo hierárquico oculto de Markov computado pelo software?" Em seu livro *Como Criar uma Mente*, ele conclui que "deve haver uma equivalência matemática essencial a um alto grau de precisão entre a real biologia [do cérebro] e nossa tentativa de imitá-lo; ou então esses sistemas não funcionariam tão bem quanto funcionam".[6]

Da mesma forma que Einstein calculava os movimentos brownianos de moléculas invisíveis, Kurzweil utilizava um processo de pensamento de Markov intuitivo para mostrar que o cérebro é basicamente um processo de pensamento markoviano. Talvez, agora, o cérebro de Ray tenha sido treinado e ponderado para tornar-se um.

Assim como tantas das conquistas dos computadores modernos, o alcance dos algoritmos de Markov depende da velocidade de sua computação. Acelere o processamento de dados, expanda-os e poderá utilizar Markov para prever e explorar uma gama ainda maior de eventos futuros antes que qualquer um possa reagir. Servidores Sereia em arranjos enormes na nuvem aumentaram bastante a quantidade de dados que podem ser processados e, assim, o número de sequências que podem ser previstas.

Todos os titãs da nuvem, da Amazon ao Facebook, fizeram uso heurístico dos modelos de Markov para decidir o que os clientes dizem e para prever o que farão depois. Mas os mais impressionantes guerreiros de Markov e dos Servidores Sereia não estão no Google, na Amazon ou no Facebook. Eles residem em uma empresa pouco conhecida, mas surpreendentemente bem-sucedida, que está transformando o mundo das finanças. Os verdadeiros mestres markovianos do universo dirigem um empreendimento em Setauket, Long Island, chamado Renaissance Technologies, o titã das finanças e investimentos na era do Google.

Lembra-se de Leonard Baum, do Institute for Defense Analyses? O eminente matemático do IDA, James Simons, é o fundador da Renaissance, que explora o big data segundo a visão markoviana de Baum. O autor da fórmula Chern-Simons na teoria das cordas, um executor de cerebrações secretas para o IDA e o gênio por trás desse gigante dos fundos especulativos, Simons realizou uma demonstração de nível mundial de matemática prática, poder computacional massivo e empreendedorismo.

Surgindo a partir do IDA, a Renaissance começou em 1978 como "Monemetrics" e dedicava-se principalmente a negociar moedas com os modelos ocultos de Markov de Baum, modelando técnicas ainda em formação no IDA. Essa primeira versão foi modestamente bem-sucedida. Os maiores avanços vieram quando Simons contratou Robert Mercer e Peter Brown do grupo de reconhecimento de fala da IBM em 1993 e os liberou para criarem um enorme Servidor Sereia projetado para gerar dinheiro a partir de algoritmos de Markov e derivativos.

Todo o movimento do big data tem raízes na pesquisa daquele grupo líder da indústria na IBM, que tirou vantagem da vasta coleção de exemplos de fala — e poder computacional de primeira — da empresa para reconhecer a linguagem humana melhor do que qualquer um. Aplicando as ferramentas de Markov em dinheiro e investimentos, a equipe da Renaissance viu que, se é possível prever a próxima palavra de uma frase, é possível também prever o possível próximo preço de ações, commodities ou moedas. Com aglomerados de supercomputadores funcionando a uma velocidade suficiente, seria possível superar qualquer mercado de curto prazo que pudesse ser acessado e mensurado. Em 2009, Simons se aposentou e nomeou Mercer e Brown co-CEOs de sua empresa.

O chefe de Mercer na IBM, Fred Jelinek, era um protegido do teórico da informação do MIT, Robert Fano, e aluno de Claude Shannon. Ele viu o reconhecimento de fala como um problema da teoria da informação — um sinal acústico e um canal ruidoso. Citando o conceito de conteúdo neutro por trás de seus sucessos no reconhecimento de fala, Jelinek declarou orgulhosamente: "Toda vez que demito um linguista, o desempenho melhora." Semelhantemente, a abordagem da Renaissance despreza quaisquer pitacos diretos de analistas fundamentais ou qualquer um que saiba qualquer coisa especial sobre empresas específicas.

Confiando em seu complemento inovador de matemáticos e físicos, a Renaissance "evita contratar qualquer um que tenha o menor ar de autenticidade de Wall Street", comenta James Owen Weatherall em *A Física de Wall Street*. Em vez disso, ela assimila coletâneas enormes de informações de relatórios analíticos e governamentais, e matérias e artigos de jornal, além de preços e negociações em que puderem encontrá-los. Todo esse material, produzido por esforço humano e energia cerebral, permite que o sistema markoviano ignore as intenções e propósitos humanos.

Quando escrevi meu livro *Microcosmo* em 1989, havia reconhecido as maravilhosas conquistas da equipe da IBM.[7] Mas foi apenas em 2016 que consegui um convite para entrevistar Mercer. Minha meta era descobrir se ele havia encontrado o segredo de Midas ou simplesmente aprendido a infeliz "lição" do rei, que, tendo realizado o desejo de transformar tudo o que tocasse em ouro, cometeu o erro de abraçar sua amada filha.

Dirigindo por Long Island e procurando a casa de Mercer em Head of the Harbor, encontrei um desvio na 25A que me levou por uma longa rua de terra com areia por todos os lados sob uma pérgula verde. Virando à esquerda e à direita por um parque estadual, e tentando evitar pedestres e ciclistas em meio às rajadas de poeira, dirigi por 15 minutos antes de chegar ao portão de Mercer. Ali me apresentei por meio de um microfone em um poste. "Entre pelo portão", me disseram, "e então dirija — *bem devagar* — até a entrada da casa".

Fiz o que mandaram e estacionei próximo a uma estrutura de três andares com design clássico e vista para o Stony Brook Harbor de Long Island Sound. Isso em termos de Markov é um "estado absorvente" (sem mais curvas). *Você chegou*. Em minha investigação de computadores, teoria da informação, Markov e dinheiro, imaginei que havia penetrado no coração secreto do regime intelectual do Google por meio do continente no Vale do Silício.

Fui conduzido a uma sala de estar decorada com retratos de corpo inteiro das filhas de Mercer: Heather Sue, Rebekah e Jenji. Matemática e líder intelectual, Rebekah representa Mercer nos conselhos de bancos com ideias conservadoras como a Heritage Foundation e o Manhattan Institute.

Os retratos prenderam minha atenção facilmente até que Mercer chegou, um homem bonito e discreto vestindo um terno cinza e com o cabelo grisalho cortado curto. Ele foi direto. Após cerca de um minuto de cortesias, entramos em um debate sobre sua estratégia de investimento, começando com uma pergunta sobre a velocidade das transações e dos supercomputadores da Renaissance.

"Velocidade", Mercer me disse, "não é necessariamente positiva. Ela pode ser criada por transações que claramente não beneficiam a economia de forma alguma. Por exemplo, eu poderia comprar um carro de alguém por mil dólares e então vendê-lo de volta à pessoa pelos mesmos mil dólares. Para os econometristas, isso pareceria como se dois carros tivessem sido comprados quando, na verdade, nada mudou...". E, por favor, me chame de Bob.

Concentrando minha mente na contribuição da velocidade ao enigma de Midas, havia o trabalho de Jaron Lanier, o desgrenhado sábio que inventou a realidade virtual e identificou o Servidor Sereia. Lanier escreve que "Servidores Sereia costumam ser instalações gigantes, localizadas em locais obscuros onde possuem suas próprias usinas de energia e alguma conexão especial com a natureza, como um rio afastado que lhe ajude a resfriar uma quantidade fantástica de calor residual".[8] Não pareceu se aplicar ao data center da Renaissance em Long Island, mas pensei imediatamente na instalação do Google de Urs Hölzle em The Dalles, próxima ao Rio Columbia.

"Essa nova classe de computadores ultrainfluentes aparece em muitos disfarces", escreve Lanier. "Alguns gerenciam esquemas financeiros, como a negociação de alta frequência, e outros operam empresas de seguros. Alguns gerenciam eleições, e outros gigantes, lojas online. Alguns administram redes sociais ou serviços de busca, enquanto outros executam serviços de inteligência nacional. As diferenças são superficiais."[9]

"Um Servidor Sereia é um poderoso recurso computacional que excede a computação de todos os outros na rede e parece, a princípio, conferir a seus proprietários um caminho garantido para o sucesso ilimitado" — por isso seu apelo de sereia. "Mas os benefícios são ilusórios", avisa Lanier, "e em breve levam a grandes fracassos."[10]

Imaginei que o Google em algum momento chegaria a esse destino, mas aparentemente Mercer e seus colegas na Renaissance Technologies haviam evitado o destino de Midas. Não havia sinal de ninguém faminto sobre uma pilha de ouro em meio a uma terra abandonada.

Sob a direção da equipe de cibernética cerebral de Mercer e Brown, o Medallion Fund da Renaissance teve supostamente um rendimento médio de 40% todos os anos, em meio a mercados de alta e baixa, por quase 20 anos. Mercer e seu grupo de estrelas acadêmicas superaram, *mutatis mutandis*, todos os outros na história das finanças. Apesar de Mercer ser famoso por seu papel político financiando republicanos (Simons e Brown financiam democratas), ele e seus sócios continuam obstinadamente obscuros em suas realizações únicas, cadeias ocultas de Markov de ouro.

Diferentemente do Google, seu equivalente da costa Oeste, o grupo Renaissance escapou totalmente dos perigos da Grande Recessão, que abateram muitos fundos de investimento e grandes bancos. Durante a quebra de 2008, após obter as maiores taxas do setor — vertiginosos 5% sobre dinheiro em custódia e 44% dos lucros — acredita-se que o Medallion Fund tenha crescido 80%. Outros fundos de investimento tiveram queda de em média 17%, e o S&P caiu 40%.

No ano seguinte, o Medallion obteve lucros de mais de um bilhão de dólares e ficou em primeiro lugar entre todos os fundos de investimento. Mercer aponta que meus números são inconsistentes. Concordo com ele. Considero-os como estimativas grosseiras, inventadas por jornalistas financeiros frente a um setor obsessivamente sigiloso. Eles mal contam a história de uma empresa em uma corrida markoviana de dimensões incríveis.

Com mais de US$65 bilhões ainda sob gestão, a equipe de Mercer confia em racks de estações de trabalho da Renaissance interligadas para formarem supercomputadores. Eles analisam imensas cadeias de Markov de dados ordenados para encontrar filigranas "fantasmas" de correlações negociáveis. Como o PageRank do Google e seus sucessos de aprendizado profundo com tradução de línguas e jogos, como as primeiras conquistas de reconhecimento de fala da IBM, e como o "Watson", o supercomputador mestre do Jeopardy e das estratégias de xadrez da IBM, está fundamentado em processamentos cada vez mais rápidos de estatísticas puras de bases de dados cada vez maiores.

Como James Simons explicou em uma palestra em 1999, "a hipótese de mercado eficiente é correta no fato de não haver ineficiências brutas. Mas olhamos para anormalidades que podem ser pequenas em tamanho e breves em tempo... Estamos sempre dentro e fora e fora e dentro. Então, dependemos de atividade [intensa] para ganhar dinheiro".[11] Sua estratégia se baseia em processamento contínuo de terabytes de dados sobre pesquisas de correlações que geram oportunidades de lucro. "Alguns dos sinais que temos negociado continuamente há 15 anos não fazem 'sentido'. Ou então alguma outra pessoa os teria encontrado", reconhece Mercer. "Mas não há dúvidas de que, de um ponto de vista estatístico, eles funcionam."

Como disse a Mercer, já expressei muito meu descaso com essa abordagem como um escândalo de "outsider trading". Se os investidores não entendem o porquê de seu sucesso, ou oferecem análises originais significativas, eles não aumentam o conhecimento que fundamenta todo investimento produtivo em capitalismo.

O método Renaissance parece violar o princípio Turing-Gödel de que todos os sistemas lógicos precisam de "oráculos", fontes e suposições fora de si mesmos. Um esquema lógico ou programa de computador que meramente encontre padrões em grandes bateladas de dados acabará sendo governado por seu meio ambiente, do qual é uma criatura. Prevendo o futuro, ele fica preso na entropia de seu passado — a cadeia de observáveis e seus derivativos ocultos. Ele não pode prever a criatividade humana que impulsiona todo o progresso.

Como Carver Mead, da Caltech, disse: "O único modelo adequado de galáxia é a galáxia." A base de dados pode crescer galaticamente, mas não pode substituir a aquisição paciente de informações específicas e singulares sobre planos de negócios, invenções e tecnologias que estão mais fundos nas empresas.

Mercer responde: "O fato é que nós *somos* o oráculo no que diz respeito aos problemas envolvendo a seguinte questão: 'O que a história das reações de mercado passadas na presença de informações então conhecidas sobre o então conhecido estado atual do mercado nos dizem sobre o futuro do mercado?' Atingimos esse status [de oráculo] colocando mais poder cerebral e computacional naquilo do que qualquer outra pessoa."

Assumindo posições compradas (long) e vendidas (short) concomitantemente, os fundos são neutros frente ao mercado. Sem entender a situação real, as ferramentas markovianas podem obter sucesso caso o mercado exploda ou quebre. Por isso o desempenho incrível em 2007 e 2008. Sem fiar-se na alavancagem exagerada que despencou outros fundos, a Renaissance prospera processando mais dados, construindo cadeias de Markov maiores, detectando mais correlações e probabilidades e executando mais transações do que qualquer um.

Um capitalista de risco na Sand Hill Road em Palo Alto investindo em um Google embriônico após adquirir um conhecimento íntimo de sua tecnologia pode obter retornos mil vezes maiores ao longo de cinco a sete anos. Uma empresa como a Renaissance pode fazer mil transações em um dia extraindo as menores anomalias. Com uma alavancagem modesta e negociações incessantes 24 horas por dia em todo o mundo, o Medallion poderia ganhar muito mais dinheiro do que um capitalista de risco sem saber quaisquer detalhes sobre as tecnologias ou planos de negócios por trás dos títulos, moedas ou garantias negociados. Esse é o equivalente financeiro dos modelos de Markov no Google traduzindo línguas sem qualquer conhecimento a respeito delas.

Acreditando como eu na centralidade do conhecimento e aprendizado no capitalismo, achei esse fato de vida e alavancagem absurdo. Se não foi gerado qualquer conhecimento, nenhuma riqueza real foi criada. Como disse Peter Drucker, "é menos importante fazer as coisas de modo certo do que fazer as coisas certas". Eficácia é mais importante do que eficiência. A melhoria da Renaissance na eficiência de mercado é pequena em comparação à rentabilidade. Consequentemente, muito capital americano está migrando para os Servidores Sereia e evitando investimentos criativos "Zero a Um". Fundos de índice computadorizados que "compram o mercado" prosperam enquanto as IPOs definham. Não se cria riqueza líquida, mas o dinheiro é arbitrariamente deslocado e redistribuído em um jogo de soma zero.

Destaquei que a abordagem "neutra" da Renaissance se beneficiava da futilidade contraprodutiva das regras de insider trading e cláusulas de divulgação claras, as quais travam os rivais que estão utilizando seus cérebros humanos em tempo real. Mercer concordou calmamente. Mantendo-se tolamente obcecada pela em geral inócua vantagem ganha pelas pessoas que investigam com afinco o interior das empresas, a Comissão de Valores Mobiliários levou a grande maioria das transações a formas puramente algorítmicas. Você não pode indiciar um computador. Mas também não pode fazer um investimento criativo com um.

Prefiro acreditar que um modelo não markoviano vencerá. Por quê? A visão de Newton de que "a luz branca é uma mistura, mas os feixes coloridos são puros" inspirou Jean-Baptiste Joseph Fourier, um século depois, a utilizar a série matemática infinita de Newton para descrever o efeito dos prismas.[12] A "transformação de Fourier" não pode ser utilizada apenas em raios de luz, como também em qualquer sinal baseado em tempo — ondas de som, por exemplo — que queiramos desmembrar em seus ciclos constituintes. Com uma fórmula que hoje permeia a telefonia sem fio, a acústica e a ótica, Fourier mostrou que qualquer onda complexa — de ondas de calor a solos de ópera, sinais de Wi-Fi e ciclos econômicos ou monetários — poderia ser expressa como uma série superposta de ondas sinusoidais como sons ou cores puras.

Em finanças, um modelo de Fourier passaria do *domínio do tempo* do registro de transações, uma após a outra em uma cadeia de Markov, para o *domínio de frequência,* representando os componentes da frequência pura do padrão de transação. Convertendo a partir do domínio de tempo de todas as transações do Medallion, por exemplo, poderíamos descobrir um conjunto subjacente de frequências puras que combinam informações sobre a amplitude e o poder de cada investimento.

Como o poder de uma onda cresce com a multiplicação de sua amplitude, investimentos grandes e longos seriam exponencialmente mais significativos do que uma série de pequenas transações. Ondaletas seriam exponencialmente menos potentes do que tsunamis. "É por isso que 'Flash Boys' acabam não ganhando muito dinheiro", aponta Mercer. O grande empreendimento da Renaissance, selecionando e coletando dados e refinando algoritmos de descoberta, sugere ele, vai muito além da mera negociação em alta velocidade.

Meu modelo acrescenta lucros aos dados de frequência, a manifestação econômica da *entropia* — a dimensão inesperada de retornos além da taxa de juros, a qual corresponde a rendimentos médios e previsíveis. Derivada da teoria da informação de Claude Shannon, a entropia em meu modelo é a surpresa. Anomalias pequenas e temporárias não são inesperadas e têm baixa entropia.

Corrigindo para a alavancagem, afirmo que os lucros que meramente reflitam o empréstimo de poder não costumam contribuir com o processo de aprendizado. Eles revelam a disponibilidade em aceitar um nível de risco calculável em vez das singularidades do aprendizado criativo. Tais lucros são previsíveis e, assim, de baixa entropia.

A busca do Servidor Sereia por correlações monetárias entra no âmbito da crítica do físico Nobel da Stanford, Robert Laughlin, sobre a ciência das mudanças de fase superficiais. Observar a ebulição caótica da água conforme levanta fervura, por exemplo, é uma tarefa boba chamada "teoria do caos".

Desde seus primeiros dias (quando se chamava Monemetrics), a Renaissance já era ativa em mercados de câmbio estrangeiro. Sendo a essência da superficialidade nos mercados mundiais, a negociação de moedas é basicamente 100 vezes maior do que todas as transações do mercado acionário do mundo e 26 vezes mais volumosa do que o Produto Mundial Bruto. Os mercados de câmbio oceânicos são repletos de superficialidade de Laughlin a ser analisada por computadores em busca de anomalias de curto prazo. Mesmo no modesto nível de alavancagem da Renaissance — divulgado como sendo de 5 para 1 —, essas negociações podem gerar lucros massivos. Mas os lucros não contribuem com os processos de aprendizado entrópico que constituem todo o crescimento econômico em uma economia de conhecimento.

Em sua defesa, Mercer recorre ao papel vital dos mercados monetários e agregação de riqueza disponível dos bancos na ascensão do Império Britânico, citando *Lombard Street* (1873) de Walter Bagehot. Existe uma diferença entre a Londres do século XIX e a de hoje.

A Inglaterra de Bagehot operava sob o padrão ouro e o sistema de mundo de Newton. As moedas que os bancos centrais gerenciam atualmente não possuem lastro em ouro e, por isso, sofrem com a circularidade autorreferencial de todos os sistemas lógicos não ancorados a realidades fora de si mesmos. Nos EUA, o dinheiro markoviano não ancorado pode ser manipulado à vontade pela Reserva Federal conforme os interesses dos patrocinadores do governo e seus camaradas pseudoprivados.

Dinheiro não lastreado muda a cultura do capitalismo. Os bancos de Wall Street adoram moedas voláteis, com suas desvantagens protegidas pelo governo. A Main Street e o Vale do Silício querem dinheiro estável para investimentos em longo prazo, com o lado bom garantido pela lei. Os governos do mundo, com seu dinheiro não lastreado, favorecem o financeiro antes de as empresas, diminuindo os horizontes de tempo da atividade econômica. Entre os fast traders o ritmo é reduzido a segundos e a economia sofre uma hipertrofia de finanças de curto prazo.

As duas carreiras de Mercer ilustram a diferença entre criatividade empreendedora e estratégias financeiras de "mercado neutro". A negociação de mercado neutro é um toque de Midas no sistema financeiro. Ela é composta principalmente de manobras de soma zero e possui pouco comprometimento com a saga do progresso humano criativo. Ela melhora a eficiência e a liquidez dos mercados ao custo da criação de Servidores Sereia que atraem os desavisados aos campos estéreis das finanças algorítmicas.

Na IBM, por outro lado, Mercer e seus colegas, a mando de Jelinek, conseguiram um avanço permanente nos campos da ciência da computação, teoria da informação e reconhecimento de fala. Suas descobertas estão por trás do sistema Siri do seu iPhone, das chamadas de mãos livres no seu carro e do crescente sucesso da tradução de máquina. Eles permitiam a responsividade cada vez melhor das interfaces de voz às tecnologias de computação em nuvem na nova geração de progresso da internet.

Durante o processo, Mercer e sua equipe foram pioneiros no campo do big data, o qual domina o atual paradigma da computação. Competindo com Kurzweil e outros pioneiros dos sistemas baseados em IA na tentativa de reproduzir especialistas humanos — de xadrez a tradução —, a equipe da IBM enfrentou a possibilidade de refutação e fracasso. Seus avanços, portanto, demonstraram o poder popperiano do conhecimento falsificável, a fonte de toda a nova riqueza sob o capitalismo.

Hoje, o big data se tornou o sistema de mundo da era do Google, mas Lanier fez uma advertência importante. "Sua capacidade superior de cálculo lhe permite escolher as opções menos arriscadas para si mesmo, deixando opções mais arriscadas para todos os outros..."[13] Ele observa que "as finanças interligadas continuaram fingindo ser capazes de ejetar o risco para a economia a fora, como um computador irradiando calor residual com um ventilador, mas isso ficou tão grande quanto o sistema. [Em 2008 e 2009, o] computador derreteu".[14]

Saí de Head of the Harbor grato pelo tempo de Mercer e admirado por suas conquistas, as quais acredito que sejam tão impressionantes quanto as do Google. Mas concluí que esse sistema de mundo está obsoleto, porque é baseado em big data, campo que enfrentará rendimentos decrescentes. Está fundamentado em frequências de negociação que não conseguem corresponder a nenhuma atividade econômica real. Alimenta-se da matemática da aleatoriedade que obscurece as diferenças entre a criação de valor e a geração de ruído. Sua origem em processos de

Markov sem memória trará, no fim das contas, o modelo de volta aos fracassos inevitáveis da ruína do apostador.

As moléculas brownianas descobertas por Einstein supostamente não planejam ou tencionam seus caminhos; os emissores e navegadores, sim. Captando ambos em suas estatísticas Olímpicas, Markov é uma ferramenta excelente, mas que não deveria ser elevada a sistema de mundo.

O atual sistema de mundo da era do Google vê aleatoriedade em tudo, em um passeio aleatório em Wall Street, na Main Street ou na Vegas Strip com a ruína do apostador envolta em cadeias de Markov; durante o tempo geológico na evolução; na história da invenção "inevitável"; por meio dos desperdícios e riquezas da World Wide Web. Acaso e história parecem iguais. O sinal é estatisticamente semelhante ao ruído. Tudo parece aleatório, da luz branca ao ruído branco.

A hipótese de trabalho do sistema de mundo prevalecente é a de que o que parece aleatório é aleatório. Como Shannon sabia, entretanto, *em princípio* um padrão criativo de pontos de dados, correspondendo a longas e propositais preparações e invenções do mundo real da imaginação e do desejo, é indistinguível de um padrão aleatório. Ambos são de alta entropia, e inesperados. A análise de padrões aleatórios para correlações transitórias é incapaz de gerar conhecimento novo. É impossível estudar o mercado significativamente com um osciloscópio registrando as girações de domínio de tempo. É necessário utilizar um microscópio para olhar dentro das células de cada empresa e encontrar tons puros de reais avanços tecnológicos.

Desde que Einstein usou o conceito para calcular os gigahertz espontâneos de agitação das moléculas, as cadeias de Markov aceleradas a frequências de gigahertz permitiram aos cientistas dominar uma economia mundial regida pela criação caótica de dinheiro dos bancos centrais. Hoje, no sistema de mundo do Google, tecnólogos imaginam que a velocidade computacional condiz com a inteligência computacional, e se os elétrons forem misturados rápido o bastante, poderão conceder consciência e criatividade a máquinas burras.

Porém, a ideia de que os cérebros humanos — os sistemas pensantes mais compactos e eficazes do mundo — são na verdade máquinas aleatórias, não é muito inteligente. Os modelos de Markov funcionam excluindo a inteligência e o conhecimento humanos. Seja analisando falas sem saber a língua (Shannon e Baum), estimando a importância de páginas da internet sem conhecimento sobre as páginas ou avaliadores (Page e Brin), mensurando o desempenho de máquinas computacionais enquanto ignora 99% dos detalhes do sistema (A. L. Scherr), investindo em ações e títulos sem saber quais empresas os emitiram (Renaissance), ou identificando autores sem saber o que escreveram ou em qual língua escrevem (o próprio Markov), esses procedimentos são marcados e possibilitados por sua completa falta de inteligência. Utiliza-se estatística de big data e modelos de probabilidade de Markov quando não se sabe exatamente o que está acontecendo. Os modelos de Markov são sábios idiotas capazes de prever um padrão aleatório ou um processo planejado sem a menor compreensão acerca de nenhum deles. No futuro, o setor precisa ir além deles.

Em certo ponto durante minha entrevista, Mercer questionou o regime predominante de reservas bancárias fracionadas. Citando o economista libertário Murray Rothbard, ele sugeriu que as maturidades dos ativos e passivos seriam compatíveis em um sistema ideal.

Essa é a visão de um operador externo, governado pelo presente markoviano. As maturidades não são compatíveis em quase nenhum sistema bancário por causa da divergência entre as motivações dos poupadores e as fontes de valor das poupanças. Poupadores tentam preservar sua riqueza enquanto a mantém disponível de forma líquida, onde possam acessá-la à vontade. Mas essa mesma riqueza da poupança, por sua perpetuação e expansão, é dependente de investimentos de longo prazo em processos arriscados de aprendizado — investimentos reais em empresas e projetos que possam fracassar e falir a qualquer momento.

O papel das finanças é transformar a busca dos poupadores por segurança e liquidez na inevitável iliquidez e aceitação de risco em longo prazo dos empreendedores. Se bancos e outras instituições não realizarem este papel, o crescimento econômico desfalece e a estagnação se instala.

Toda riqueza é, no fim das contas, um produto de investimentos em longo prazo baseados em conhecimento e descoberta. Não há meio de escapar do conflito inexorável entre poupadores que querem liquidez e investidores que constantemente destroem-na com investimentos permanentes.

Essas são a sístole e a diástole do coração da poupança e do investimento capitalistas quando o dinheiro é uma régua em vez de uma varinha mágica para os governos. Intimidada pela ameaça de inspeções computacionais do governo em seus padrões de negociação, os quais criminalizaram investimentos internos reais, a nova indústria dos fundos especulativos está distorcendo este relacionamento. Ela agora opera por meio da regra: "Não invista em nada que conheça." Com o aprendizado proibido, os algoritmos atuais quase não fazem investimentos e não geram riqueza permanente. Em vez disso, acelerando as transações nos oceanos de moedas e seguros de curto prazo — a dívida mundial de US$280 trilhões —, os fundos especulativos contribuem com a liquidez e se alimentam de sua turbulência.

Levado aos limites da velocidade, Markov produz apenas "ouro" como riqueza, em vez de ouro verdadeiro como medida de riqueza. Mas era o ouro de verdade a régua da riqueza em vez de o próprio toque de Midas, que serviu como um oráculo externo de valor durante a ascensão do capitalismo.

Operando em mercados mundiais caóticos sem o lastro do ouro, a Renaissance se orgulha de não possuir subsídios ou ajuda especial do governo. Mas, ao computar mais rapidamente e em maior volume que seus rivais, a Renaissance é a arbitragista suprema das distorções de mercado constantes causadas por governos instáveis.

O Google, por outro lado, foge da irracionalidade do mercado e da descoberta de preço por meio de sua estratégia de dar a maioria de seus produtos gratuitamente. Tanto o Google quanto a Renaissance encontraram meios de escapar da revelação implacável da verdade, e da expansão de conhecimento dos mercados reais e dos investimentos em longo prazo. Ambas as estratégias fracassarão no final das contas, pois são suscetíveis à lição de Midas.

O erro de Midas foi confundir o ouro, a medida monetária da riqueza, com riqueza em si. Mas a riqueza não é uma coisa ou uma sequência aleatória, ela está intrinsecamente enraizada em conhecimento conquistado com muito esforço ao longo de muito tempo.

Capítulo 9

Vida 3.0

Entre pinheiros e dunas na orla de uma península com vista para Monterey Bay ficam os prédios históricos de pedra de Asilomar. Outrora um acampamento da YWCA, e ainda sem televisões ou linhas telefônicas em seus quartos, esse retiro está a 130km de distância do Vale do Silício. Aqui, no início de janeiro de 2017, muitos dos principais pesquisadores e eruditos da era da informação se reuniram secretamente sob o patrocínio da Foundational Questions Institute, dirigida pelo físico do MIT Max Tegmark e apoiada por dezenas de milhões de dólares de Elon Musk e do cofundador do Skype, Jaan Tallinn.

Os participantes mais ilustres foram as mentes brilhantes do Google: Larry Page, Eric Schmidt, Ray Kurzweil, Demis Hassabis e Peter Norvig, com o ex-Googler Andrew Ng, depois do Baidu e Stanford. Também estava lá Yann LeCun do Facebook, um inovador do aprendizado profundo e protegido de Geoffrey Hinton do Google. Um grupo titular era composto do tecnólogo Stuart Russell; do filósofo David Chalmers; do teórico da catástrofe Nick Bostrom; do profeta da nanotecnologia Eric Drexler; do cosmologista Lawrence Krauss; do economista Erik Brynjolfsson; e do "Singularitariano" Vernor Vinge, com dezenas de outros cientistas célebres.[1]

Eles se reuniram em Asilomar em preparação para alertar o mundo acerca da grave ameaça imposta por... bem, por *eles mesmos* — o Vale do Silício. Sua tecnologia da computação, IA avançada e aprendizado de máquina — aclamados em centenas de boletins de imprensa como a principal atividade e esperança de futuro do Vale, com nomes como TensorFlow, DeepMind, aprendizado de máquina, Google Brain e a Singularity — haviam ganhado tal poder e ritmo que agora eram considerados como nada menos do que uma ameaça à raça humana.

Em 1965, I. J. Good, a quem Turing ensinou a jogar Go em Bletchley Park enquanto trabalhavam na solução do Enigma, redigiu a primeira (e ainda mais incisiva) advertência:

> Permita que uma máquina ultrainteligente seja definida como uma máquina capaz de superar, e muito, todas as atividades intelectuais de qualquer homem, não importa sua inteligência. Como o projeto das máquinas é uma daquelas atividades intelectuais, uma máquina ultrainteligente poderia projetar máquinas ainda melhores. Haveria, então, inquestionavelmente uma "explosão de inteligência" e a inteligência do homem ficaria muito para trás.[2]

"Assim", declarou Good, "a primeira máquina ultrainteligente é a última invenção que o homem jamais precisará criar, dado que seja dócil o suficiente para nos dizer como mantê-la sob controle".[3] A mensagem dos especialistas de Asilomar foi a de que mantê-las sob controle ainda era um problema sem solução. Quando uma nova inteligência suprema surgir, será difícil enxergar como uma inteligência humana inferior poderá governá-la. Como colocou Musk, "é potencialmente mais perigoso do que armas nucleares".[4] Stephen Hawking pronunciou-se: "O desenvolvimento de inteligências totalmente artificiais poderia significar o fim da raça humana."[5]

Tegmark explica por que um "surto", em que as máquinas tomariam os altos comandos da sociedade e da economia, é quase inevitável. Quando o *Homo sapiens* surgiu, afinal, os Neandertais sofreram e praticamente todos os animais foram subjugados. Os sortudos se tornaram pets, e os azarados, almoço.

Asilomar estava inaugurando um campo de atuação, e buscava alcançar uma nova posição em relação à segunda metade da anedota do tabuleiro de xadrez exponencial de Kurzweil.[6] Todos devem ter cuidado. Novos reis robóticos surgiriam por todo o tabuleiro. "Para qualquer processo cujo poder cresça em uma taxa proporcional a seu poder atual", explicou Tegmark, "seu poder continuará duplicando em intervalos regulares, e em última instância em explosões exponenciais".[7] Para os intelectuais do Googleplex, a matemática é basicamente uma máquina do apocalipse.

Outra possibilidade é a de que uma tagarelice dessas, que revela a grande tolice dos "gênios" contemporâneos, poderia descreditar o sistema de mundo predominante.

Cínicos — e há alguns às margens dos santuários da IA — podem considerar essa reunião secreta uma campanha publicitária engenhosa para os produtos mais promovidos do Vale do Silício. Foi certamente um lançamento esplêndido para o volume de Tegmark, *Life 3.0: Being human in the age of artificial intelligence* ["Vida 3.0: Sendo humano na era da inteligência artificial", em tradução livre], e uma inauguração empolgante para seu Future of Life Institute. Reuniões secretas, especialmente quando repletas de centenas de celebridades eloquentes, tendem a gerar muito mais atenção do que as públicas, e essa cúpula não foi exceção.

Qual tributo ao brilhantismo transformador de alguém poderia ser mais empolgante do que alertar que suas invenções ameaçam criar consciência e reduzir os seres humanos a pets padronizados? A Declaração de Princípios Asilomar de IA, assinada por 8 mil cientistas, representando um consenso de 97% — incluindo uma porção de ganhadores do Nobel e Hawking —, repercutiu as afirmações turbulentas dos próprios princípios do Google de "Não Fazer o Mal" e a declaração de princípios do Burning Man. "A superinteligência deveria ser desenvolvida apenas a serviço de ideias éticas amplamente compartilhadas, e em benefício de toda a humanidade em vez de um estado ou organização... Uma corrida armamentista por armas letais autônomas deve ser evitada." Pergunto-me o que os 3% de dissidentes teriam a dizer.

Em suma, entretanto, a declaração foi um resumo brando do novo sistema de mundo do Vale do Silício, no qual os seres humanos já não são a inteligência suprema ou os inventores significativos. Segundo Tegmark, até mesmo novas leis da física precisarão vir da IA. "Uma vez que um computador superinteligente tem o potencial de superar dramaticamente a compreensão humana da segurança computacional, até mesmo ao ponto de descobrir mais leis da física fundamentais do que conhecemos hoje, é provável que, caso aconteça, não tenhamos a menor ideia de como aconteceu. Em vez disso, parecerá um número de desaparecimento de Harry Houdini, indistinguível da mágica pura."[8]

Os defensores da super-IA acreditam que é possível propagar a inteligência humana no cosmos na forma de dispositivos digitais de silício, extrapolando os limites da exploração espacial por seres humanos vulneráveis baseados em carbono. No fim das contas, o aparecimento se espalhará pela galáxia, com as máquinas inteligentes forjando foguetes ainda mais potentes e suportando mentes ainda mais miraculosas e corpos biônicos. Tegmark imagina como isso seria: "Após passar bilhões de anos como uma perturbação quase insignificante em um cosmos sem vida e indiferente, a vida repentinamente estoura na arena do cosmos como uma onda de explosão esférica expandindo-se quase à velocidade da luz, sem nunca desacelerar, e acendendo tudo em seu caminho com a fagulha da vida."[9] Na nova história da criação de Tegmark, as máquinas digitais se tornam a forma de vida dominante.

Face a essa nova revelação do Vale do Silício, decidi consultar o participante mais experiente e sofisticado de Asilomar, Ray Kurzweil, diretor de engenharia do Google ao longo dos últimos cinco anos. Apesar de sua fama como uma das figuras mais extremistas no movimento, eu sabia que ele era um mestre da tecnologia constante e motivado. Quando perguntei sobre Tegmark, ele pareceu um tanto desconfortável, como se soubesse que essa linha de pensamento de sua alma mater, MIT, não estava se desenrolando como ele desejara.

Kurzweil tem estudado e modelado formas de inteligência artificial desde seus 14 anos, quando já era o prodígio protegido de Marvin

Minsky do MIT, uma carreira que engloba toda a história do campo. No final de 2017, Kurzweil confidenciou que estava consultando seu mentor acerca de novos insights sobre a tecnologia em rápido desenvolvimento. Com um brilho malicioso em seu olhar, ele se disse surpreso em descobrir que Minsky se tornou mais articulado e responsivo nos últimos tempos — surpreendente talvez em vista da inconveniência de sua morte dois anos atrás.

Conduzindo o que ele chama de "busca semântica" de todos os dez livros concisos de Minsky — ou seja, buscando significados associativos específicos em vez de "palavras-chave" perdidas —, Kurzweil foi capaz de obter respostas instantâneas da falecida lenda da IA. Kurzweil utilizou o mesmo programa para explorar seus próprios trabalhos e redescobrir insights que haviam escapado com o tempo, possivelmente substituídos na memória pelos conceitos mais recentes de seu programa semântico. Se você tem o Gmail em seu smartphone, já viu frutos das descobertas semânticas de Kurzweil nas três respostas propostas sob cada novo e-mail que recebeu.

Para os membros mais intoxicados de Asilomar, a busca semântica é uma capacidade "super-humana", excedendo uma busca por sequência de palavras, a qual pode falhar caso os termos não sejam lembrados com exatidão. Interpretando cada palavra como um aglomerado de sinônimos e associações em sequências mais longas até uma hierarquia de significados, a "busca semântica" de Kurzweil opera a grande aceleração computacional da morosa leitura humana de uma pilha de textos.

Como Kurzweil reconhece, a busca semântica é uma "extensão da inteligência humana" em vez de sua substituição. Um ser humano reforçado por uma prótese de IA é menos suscetível, e não mais suscetível, à emboscada de uma máquina digital usurpadora. A busca semântica posterga o fim dos tempos do aprendizado de máquina.

Também no Google no fim de outubro de 2017, o programa DeepMind lançou mais uma iteração do AlphaGo, que, você deve se lembrar, derrotou diversas vezes Lee Sedol, o pentacampeão mundial de Go. A árvore de busca no AlphaGo avaliou posições e selecionou movimentos utilizando redes neurais profundas treinadas por imersão em registros de movimentos de especialistas humanos e pelo reforço do próprio jogo. O blog Kurzweil.ai relata agora uma nova iteração do AlphaGo baseada puramente no aprendizado de reforço, sem entradas humanas diretas além das regras do jogo e da estrutura de recompensas do programa.

Em uma forma de "programa adversário genérico", o AlphaGo joga contra si mesmo e se torna seu próprio professor. "Começando *tabula rasa*", conclui o artigo do Google, "nosso novo programa AlphaGo Zero atingiu desempenho super-humano, ganhando de 100 a 0 contra o vencedor anteriormente publicado do AlphaGo".[10]

A alegação de "desempenho sobre-humano" me pareceu um tanto exagerada. Superar humanos desamparados é o que as máquinas — de uma impressora 3D a um arado — devem fazer. Ou então não os teríamos construído. Um problema determinístico com algumas limitações — um campo galático para arar —, o Go é perfeitamente adequado para um computador super-rápido. Funcionando a milhões de iterações por segundo, a máquina logo reduz todos os jogos humanos de Go já jogados a um conjunto infinitesimal de sua própria experiência. Pode-se dizer que tenha "descoberto" milhões de soluções além do alcance humano, da mesma forma que uma sonda espacial pode "descobrir" regiões do espaço além da compreensão humana.

Como o Go é um jogo de estratégia pura sem peças diferenciadas como o xadrez, um computador pode esgotar as soluções de forma mais eficiente do que no xadrez, com um espaço de solução menor. Os escatólogos de Asilomar não percebem a diferença entre velocidade computacional e inteligência, entre máquinas programáveis e programadores.

Tegmark defende da melhor forma possível que as realizações dos programas de IA — "Watson", o ganhador de programas de perguntas e respostas, e eventualmente um melhor diagnosticador de doenças; Big Blue, o vencedor do xadrez; os jogadores de DeepMind do Google, que aprenderam do zero a superar os jogadores humanos em dezenas de jogos eletrônicos; os reconhecedores de face; os tradutores de línguas naturais; os programas de carros autônomos — pressagiam uma *superinteligência* que será tão superior à mente humana que não seremos capazes de compreender sua profundidade, assim como um cão não é capaz de entender o significado de nossas próprias cerebrações. É apenas uma questão de tempo. Apesar de rejeitar as interpretações distópicas, Kurzweil audaciosamente sugere uma data: 2049. Tegmark gosta de citar Edward Robert Harrison: "O hidrogênio, com tempo suficiente, torna-se uma pessoa." Presume-se que as pessoas, com tempo suficiente, tornem-se máquinas de Turing, e máquinas de Turing são basicamente o que as pessoas chamavam de "Deus". Ele não se envergonha dos poderes divinos que essa super-IA terá: "Seja qual for a forma da matéria, a tecnologia avançada pode rearranjá-la em quaisquer substâncias ou objetos desejados, inclusive usinas de energia, computadores e formas de vida avançadas."

Life 3.0 e Asilomar são declarações de princípios para uma era pós-humana. A conclusão é de que os últimos seres humanos significativos são os inventores da IA superinteligente. Pessoas como Hassabis, Norvig, LeCun e Page. Homenageie-as enquanto pode e espere que sejam clementes caso você se aliste em seu movimento. A vida 3.0 é baseada em silício e gerada por máquinas.

Como todos no movimento, de Page a Kurzweil, Tegmark é um sofisticado homem moderno que reconhece que há muitas imponderabilidades. Em seu livro ele imagina inclusive que algumas pessoas poderão optar por sair de um regime de IA relativamente benevolente e configurar zonas exclusivas para humanos.

No espírito condescendente comum no meio, ele escreve: "A pequena fração de humanos que optaram por viver nessas zonas, efetivamente existem em um plano mais baixo e mais limitado de conscientização do que todos os outros, e possuem uma compreensão limitada daquilo que as mentes mais inteligentes a seu redor estão fazendo nas outras zonas. Entretanto, muitos estão bem felizes com suas vidas."

O problema não é a própria IA, que é uma tecnologia impressionante com uma grande promessa de melhorar a vida humana. O que transforma a "super-IA" de uma tecnologia em um culto religioso é a suposição de que a mente humana é basicamente um computador, uma máquina material.

Essa suposição advém de uma crença na evolução como um processo aleatório que produziu cérebros humanos subótimos, computadores "wetware" relativamente brutos, que podem ser superados pelo silício com o tempo.

Essa suposição leva a uma preocupação com a possível existência de seres extraterrestres. Apesar de tanto Kurzweil quanto Tegmark serem inteligentes e astutos o bastante para descartar a existência de mentes extraterrestres, a maior parte do movimento está intoxicada com a ideia de que *não estamos sozinhos*. A conclusão usual é a de que vida inteligente em outros planetas é tão fácil, tão determinada por forças materiais, que é "inevitável". Expressando essa certeza temos o SETI, "search for extraterrestrial intelligence" [busca por inteligência extraterrestre, em tradução livre], um esforço coletivo conduzido em centenas de milhares de computadores em todo o mundo buscando, em meio a resíduos eletromagnéticos, por um resquício de mente em outro lugar do universo. Não apareceu nada em cerca de 35 anos, mas Yuri Milner, o grande investidor físico russo, investiu mais US$100 milhões na causa em seu projeto chamado"Breakthrough Listen".

Todas essas buscas refletem uma queda na inteligência terrestre. Os intelectuais desta era são simplesmente cegos para a realidade da *consciência*. A consciência é quem nós somos, como pensamos e como sabemos. Isso repercute com intuições religiosas e identidade psicológica. É a essência da mente em oposição à máquina. É a fonte de criatividade e de livre-arbítrio. Se você não entende isso, pode ser que tenha uma teoria de computadores, mas não tem uma noção de inteligência.

Todos os cenários de IA assumem a premissa de uma superinteligência de IA com consciência, desejos, sentimentos, imaginação, criatividade e independência antropomórficos. Mas, na apresentação de todas as visões sem sentido que puderam imaginar, Tegmark e os outros campeões da IA jamais chegaram perto de demonstrar que voltagens, portais de transistor, capacitores de memória e flip-flops podem de alguma forma saber ou aprender qualquer coisa, que dirá tornar-se consciente ou independente de seus programadores humanos.

A resposta do ponto de debate dos proponentes da super-IA é de que a mente humana consiste em componentes elétricos e químicos que não são inteligentes em si mesmos. Mas aqui encontramos a dificuldade de Gödel-Turing de autorreferência. Referindo-se a seus próprios cérebros, os quais eles não entendiam bem, os cientistas da IA mergulham diretamente na perplexidade autorreferencial de Gödel. Ao utilizar suas próprias mentes e consciências para negar a significância da consciência nas mentes, eles negam a si mesmos.

Como concluiu Turing, eles precisam de um "oráculo" — uma fonte de inteligência fora do próprio sistema — e tudo o que ele foi capaz de dizer sobre o oráculo é que ele "não poderia ser uma máquina". Turing percebeu que os computadores repetem as incertezas da física que resultam da autorreferência recursiva. Da mesma forma que a física naufraga ao tentar utilizar instrumentos feitos de elétrons e fótons para mensurar elétrons e fótons, a inteligência artificial naufraga quando computadores utilizam computadores para explicar a si mesmos.

A consciência e o livre-arbítrio são autorreferência sem determinismo. Os especialistas da IA querem negar isso, mas até que aceitem a consciência não poderão explicar a mente. Kurzweil parece acreditar que a consciência possa ser deixada de lado. Seu livro *Como Criar uma Mente* é a explosão mais sistemática da IA e, como sua obra-prima, *A Singularidade Está Próxima*, cheia de insights originais. Mas na questão de consciência os dois livros mergulham na circularidade, afirmando simplesmente que, quando uma máquina for totalmente inteligente, será reconhecida como consciente. Gödel sorriu.

Uma máquina de símbolos não sabe nada. Os símbolos dos softwares representam fenômenos que foram percebidos conscientemente — conhecidos — pelo oráculo externo de Turing, o programador. Isso "não pode ser uma máquina", pois supre as suposições, axiomas e procedimentos dos quais a máquina lógica do computador depende.

O ponto cego da IA é que a consciência não *emerge* do pensamento; ela é sua fonte. Como Leibnitz, imaginando um computador ampliado até o tamanho de um prédio, observou no século XVII, dentro da máquina (o esquema determinista), encontram-se peças e engrenagens, mas nenhuma cognição. O programado oráculo deve estar fora. Como um programador de software pode perder a essência de sua própria arte é um mistério, porém Chesterton entendeu a miopia do especialista:

> O... argumento do especialista, de que o homem que é treinado, deveria ser o homem que é confiável, seria absolutamente incontestável se fosse realmente verdade que o homem que estudou uma coisa e a praticou todos os dias continuou vendo cada vez mais sua significância. Mas ele não a vê. Ele continua vendo cada vez menos sua significância.[11]

A superstição materialista é um crescimento estranho em uma era de informação. Escrevendo de sua casa, que ele chamou de "Casa da Entropia", Shannon mostrou que a própria informação é mensurada por bits inesperados — por sua *surpresa*. Essa é uma forma de desordem repercutindo a desordem da entropia termodinâmica. A informação é uma surpresa. Uma máquina determinista é por definição livre de surpresa. As respostas estão sempre implícitas nas perguntas. Não existe *entropia*, nada é inesperado.

Esse ponto escapa de muitas das grandes mentes da era, que imaginam que a informação é *ordem*, ou, como eles às vezes dizem, revelando sua incompreensão, *negentropia*. Tanto na termodinâmica quanto na teoria da informação, a entropia é *desordem*, e não ordem. A ordem define os bits esperados, a redundância. A entropia mede aqueles que são inesperados e afere a informação, mensurada pelos graus de liberdade na mensagem.

Aferida pela deformação inesperada de uma regularidade, a informação não é totalmente determinada nem totalmente aleatória. Como Shannon coloca, a informação é *estocástica*, adaptando uma palavra grega que significa "apontar a". Ela combina probabilidades com habilidades, e aleatoriedade com estrutura. A informação é maximizada em uma mensagem de alta entropia suportada por um portador de baixa entropia, como a luz condutora de códigos em uma linha de fibra óptica.

Depois de von Neumann, Shannon foi a figura mais importante no estabelecimento do sistema de mundo que o Google hoje incorpora. Gostaria de dizer que ele mostrou a saída, mas o próprio Shannon acabou enredado na mesma superstição materialista que aflige a era do Google. "Creio que o homem seja uma máquina de modelo muito complexo", escreveu ele, "diferente de um computador em questão de organização, mas que poderia ser reproduzido facilmente — possui cerca de 10 bilhões de células nervosas... E caso cada uma delas seja modelada com equipamentos eletrônicos, elas atuarão como um cérebro humano. Se você pegasse a cabeça do [mestre de xadrez Bobby] Fischer e fizesse um modelo dela, ela jogaria como Fischer".

Shannon expressa aqui o destino materialista. O cérebro é composto de 10 bilhões de neurônios regidos por impulsos elétricos e possivelmente por reações químicas. Para um devoto do materialismo, essa visão é convincentemente real; afinal, na teoria do universo plano não há nada presente exceto os elementos químicos e físicos.

Para um observador mais atento, como entende Shannon ou Kurzweil, existe algo mais: o padrão, o design, a forma, a configuração — no geral a *informação*. Mas, caso você desafie a suposição ascendente da suficiência da física e da química para explicar tudo, ele poderia dizer, "mais dimensões — não preciso desta hipótese". Ofuscando a consciência, a liberdade de escolha e a surpresa, esse destino no fim das contas desafia a própria teoria da informação. A informação depende da extensão da liberdade de escolha e da surpresa que pode ser percebida apenas por um ser consciente.

Essa superstição materialista evita que toda a geração Google compreenda mente e criação. A consciência depende da fé — da capacidade de agir sem total conhecimento e, portanto, a capacidade de ser surpreendido e surpreender. Uma máquina por definição não tem consciência, ela é parte de uma ordem determinista. Desprovida de surpresa, ou da capacidade de ser surpreendida, ela é autocontrolada e determinada.

Um corpo inconsciente é apenas um sistema hermeticamente lógico, que tanto Gödel quanto Turing provaram ser necessariamente incompletos e dependentes de um "oráculo". O conhecimento dessa incompletude *é* a condição humana sentida intuitivamente e manifestada em consciência. O "I" surge no domínio do acaso além das máquinas de lógica.

A verdadeira ciência mostra que o universo é uma *singularidade* e, portanto, uma criação. A criação é um produto entrópico de uma consciência superior reproduzida pela consciência humana. Essa consciência superior, que ao longo da história humana descobrimos ser convenientemente chamada de Deus, confere aos criadores humanos o espaço para originar coisas surpreendentes.

Essa é a sala espelhada do pensamento cósmico, a inteligência refletiva. A consciência precede a criação, a palavra precede a carne.

"O principal erro da cultura digital recente", escreve Jaron Lanier, "é cortar uma rede de indivíduos em pedaços tão pequenos que você acaba com uma papa. Você então começa a preocupar-se com a abstração da rede mais do que com as pessoas reais que estão nela, apesar de a própria rede ser insignificante. Apenas as pessoas eram significativas".[12]

A IA é incapaz de competir com a inteligência humana que conecta símbolos e objetos. Ela não pode existir sem as mentes humanas que fornecem-na sistemas de símbolos e línguas; a programam; estruturam a informação que ela absorve em treinamento, sejam padrões de palavras ou pixels; fornecem e formulam o big data no qual ela encontra correlações numéricas; e definem as metas e esquemas de recompensas e sequências-alvo que lhe permitem iterar, otimizar e convergir em uma solução. Composta de entradas em cascata por meio de conjuntos complexos de algoritmos para produzir resultados, a IA é totalmente incapaz de *pensar*.

Pensar é consciente, intencional, imaginativo e criativo. Um computador operando em velocidade de gigahertz e jogando um jogo determinista como xadrez ou Go é apenas uma máquina. A ideia de que seja um super-humano só faz sentido se o ábaco ou a calculadora também forem super-humanos. Inteligência artificial refere-se à saída de algoritmos de computador compostos de elementos eletrônicos engenhosamente configurados — correntes, voltagens, indutâncias e capacitâncias — que obtém seu significado de esquemas lógicos booleanos, estruturas-árvore e "redes neurais". Eles conquistam sua utilidade a partir da linguagem humana e outros sistemas simbólicos, incluindo as linguagens computacionais e o raciocínio matemático que os programam.

O maior filósofo da América, Charles Sanders Peirce, expôs essa realidade subjacente quando desenvolveu sua teoria de sinais e símbolos, objetos e intérpretes. Apesar de tê-la escrito há cerca de 150 anos, os insights de Peirce continuam relevantes aos mais recentes pacotes de softwares e alegações de aprendizado de máquina. Em palavras que Turing reiteraria na descrição de seu "oráculo", Peirce mostrou que símbolos e objetos são estéreis sem "intérpretes" que abram os símbolos para o alcance da imaginação. A "relação dos sinais" de Peirce une objeto, sinal e intérprete em uma tríade irredutível. É fundamental a qualquer teoria da informação coerente que todo símbolo seja interligado inexoravelmente a seu objeto por um intérprete, uma mente humana. Um símbolo não interpretado é insignificante por definição, e qualquer filosofia que opere em tais vacuidades certamente sucumbirá às suposições ocultas e julgamentos interpretativos.[13]

Em uma indústria baseada em informações independentes de substratos, o erro básico do materialismo de banir o intérprete é mortal para o desenvolvimento de novas tecnologias. É impossível compreender as complexidades da ciência da computação com um modelo de mundo composto de partículas flutuantes, da mesma forma que um modelo de partículas flutuantes é incapaz de elucidar o cérebro. O conhecimento de todos os quarks e elétrons em um computador não diz praticamente nada sobre o que ele está fazendo. Para descobrir, é preciso analisar o código-fonte, que é o estado fundamental no qual a interpretação humana é expressa.

A conferência de Asilomar de 2017 relembrou outra que havia sido realizada no mesmo lugar em fevereiro de 1975, na qual cientistas alertaram sobre o futuro da tecnologia — naquele caso, a engenharia genética. Eles temiam que os experimentos que permitiam aos biólogos moleculares mesclar o DNA de dois organismos diferentes, produzindo novas moléculas e quimeras de DNA, ameaçaria toda a vida humana. Dentro de uma década, profetizaram os participantes, "os cientistas serão capazes de criar novas espécies e realizar o equivalente a 10 bilhões de anos de evolução em um ano".

Mais de 40 anos depois, as esperanças e medos da conferência de Asilomar de 1975 não estão nem perto de se concretizar. As raízes de quase 50 anos de frustração remontam à reunião de Königsberg em 1930, na qual von Neumann conheceu Gödel e lançou a era do computador ao mostrar que a matemática determinista não poderia produzir consciência criativa. Von Neumann deu um passo à frente para tornar-se o oráculo da era que vivemos agora.

Refletindo sobre a conferência de 1975, o ilustre biólogo químico Michael Denton conclui que "as reais conquistas da engenharia genética são ainda mais mundanas... remendos relativamente triviais em vez de engenharia genuína, semelhante a ajustar o motor de um carro em vez de reprojetá-lo, uma exploração do potencial de variação já existente que está embutido em todos os sistemas vivos...". Milhares de plantas transgênicas foram desenvolvidas com resultados "muito distantes da criação ou da reconstrução radical de organismos vivos".[14] Tudo o que a primeira conferência de Asilomar conseguiu foi gerar uma paranoia descabida acerca de "organismos geneticamente modificados", que dificulta o progresso da agricultora em todo o mundo.

Esse risco de políticas paranoicas é o principal perigo que os entusiastas do aprendizado profundo da nova Asilomar deveriam ter percebido.

Entre os adeptos do aprendizado profundo e cérebros do Google da Asilomar IA estava Vitalik Buterin, um ex-universitário de 23 anos com o mesmo visual de garoto gênio pálido e com orelhas de abano que caracterizou Gödel e Turing. Os mestres do universo da alta tecnologia devem tê-lo entendido tão bem quanto os matemáticos em Königsberg entenderam o Gödel de 24 anos em 1930, porém a plateia de Asilomar teve um aviso prévio sobre a importância do trabalho de Buterin.

Buterin descreveu brevemente sua empresa, Ethereum, lançada em julho de 2015, como uma "plataforma de aplicativo de blockchain". O blockchain é um registro aberto, distribuído e não hackeável desenvolvido em 2008 pela pessoa desconhecida (ou talvez grupo) chamada de "Satoshi Nakamoto" para sustentar sua criptomoeda, o bitcoin. A ascensão meteórica de Buterin foi tão grande que logo após a conferência de Asilomar o banco central de Singapura anunciou que estava avançando com uma moeda lastreada em Ethereum, e outros bancos centrais, incluindo do Canadá e da Rússia, estão analisando seu potencial como um novo fundamento para transações monetárias e contratos inteligentes.

Mas a visão de Buterin sobre o blockchain há muito é mais ampla do que a criptomoeda. A contribuição da Ethereum, prevê seu cofundador Joe Lubin, será uma internet sem "uma entidade individual poderosa que controle o sistema ou o gatekeeping dentro do sistema".[15] A revista *Wired* especulou em 2014 que os contratos inteligentes, da forma como Buterin projetou o Ethereum para facilitar, "poderiam levar à criação de corporações autônomas — empresas inteiras geridas por bots em vez de humanos".[16] Se você convocasse uma reunião de tecnólogos futuristas em 2017, seria difícil não convidar o protagonista profético da Ethereum.

Talvez Buterin, que lançou a *Bitcoin Magazine* enquanto trabalhava como assistente de pesquisa do criptógrafo Ian Goldberg, seja o mais verdadeiro legatário da visão de Shannon. Como Shannon, ele consegue transitar facilmente entre os lados claro e escuro da informação, entre a comunicação e a criptografia. A teoria da informação de Shannon, como a visão computacional de Turing, começou com uma compreensão dos códigos. Seu primeiro grande artigo, "A Mathematical Theory of Cryptography" [Uma Teoria Matemática da Ciptografia, em tradução livre] (1945) provou que um bloco único perfeitamente aleatorizado compõe um código inquebrável, uma singularidade. A teoria da informação lida com um continuum entre ruído branco (puramente aleatório) e ordem perfeita (previsível e livre de informações). O artigo de Shannon focou os domínios férteis da redundância no meio-termo, a qual chamou de "estocástica". Essa região de probabilidade controlada ou limitada compreende o sujeito das comunicações, códigos de informação, codificação e decodificação que são o coração do bitcoin, blockchain e Ethereum.

Em Asilomar, Buterin pode ter dado recomendações incisivas de como controlar a máquina por meio do blockchain, mas Tegmark não o menciona em *Life 3.0*. Larry Page, Elon Musk e os paladinos do deepmind que são heróis até a página 236 quando sugere-se que uma IA superinteligente dominante possa inventar uma nova criptomoeda *cósmica* "no espírito do bitcoin" — como se o misterioso Satoshi pudesse ser um programa de IA.

A forte implicação é que Buterin e seus colegas precisarão sentar no fundo do comboio da IA, que representa a tecnologia climática na história da invenção humana. A ideia de uma nova geração de tecnólogos transformacionais não se encaixa na linha narrativa de uma nova escatologia.

Mas o Google e seu mundo estão olhando na direção errada. Eles estão na verdade em risco, não de uma inteligência artificial toda-poderosa, mas de uma revolução peer-to-peer distribuída apoiando a inteligência humana — e blockchain e novas criptoeflorescências. Buterin e seus aliados se dedicam a restaurar os dados a seus originadores e incorporá-los de modo horizontal e interoperacional a partir do criptocosmos. Os pontos fracos da segurança do Google e as fantasias de IA dificilmente sobreviveriam à ofensiva dessa nova geração de tecnologia criptocósmica.

Capítulo 10

1517

Nada é capaz de ajudá-lo mais a entender algo do que investir naquilo. Para participar desse novo movimento geracional na tecnologia, em julho de 2015 tornei-me sócio fundador do 1517 Fund, liderado pelos hackers-investidores Danielle Strachman e Mike Gibson e parcialmente financiada por Peter Thiel.

Com uma combinação de autoridade ponderada e energia aparentemente ilimitada advinda do próprio Thiel, Strachman e Gibson dirigiram a Thiel Fellowship durante seus primeiros cinco anos. Fundada em 2011 para colher jovens do berço do credencialismo, a Fellowship instiga os estudantes com 20 e poucos anos ou menos a "pular ou sair da faculdade". Enquanto trabalham em seu próprio "projeto único, recebem uma bolsa [de dois anos] de US$100 mil e apoio da rede de fundadores, investidores e cientistas da Thiel Foundation".[1]

O modesto objetivo de Strachman e Gibson para a 1517 era ajudar uma nova geração de tecnólogos a reformular o sistema de mundo vigente. Nascido no nevoeiro de Stanford, hospedado nas nuvens do Google e visando a uma inteligência artificial sobre-humana, esse sistema exalta as honras acadêmicas, as versáteis máquinas de Turing, a supremacia dos softwares, a modularidade do código livre e o ingrediente secreto da integração. Mas você realmente confia nesse sistema para lidar com seu dinheiro, motivar seus filhos, moldar sua visão de mundo ou manobrar seu carro por um estacionamento cheio?

O libertário barbudo Gibson trabalhava na Clarium Capital de Thiel em 2010 quando soube que seu chefe estava lançando uma "antibolsa de estudos Rhodes". "Inscreva-me", disse Gibson. As Bolsas de Estudos Rhodes são a honra máxima para os pós-graduados norte-americanos e de outros países colonizados pela Inglaterra que serão lapidados em Oxford. Elas tendem a produzir políticos como Bill Bradley, celebridades como Rachel Maddow e acadêmicos em vez de empreendedores.

Strachman, uma defensora do "aprendizado baseado em projeto", havia iniciado anteriormente uma escola autônoma em San Diego. Ela já acreditava que muitos estudantes poderiam aprender muito mais começando suas próprias empresas do que sentados em salas de aula. Quando soube a respeito da Thiel Fellowship, originalmente chamada de "20 under 20", ela juntou-se a Gibson ali. Eles escolheram seu primeiro grupo de 20 pessoas com menos de 20 anos em 2011. No ano seguinte, um calouro de 18 anos na University of Waterloo no Canadá, Vitalik Buterin, inscreveu-se.

A equipe de Thiel achou o projeto de Buterin, uma inovação na educação digital, inexpressivo. "No começo" diz Strachman, "estávamos vendo muitos projetos educacionais; o dele não se destacou". Eles o ignoraram, e ele não se reinscreveu. Mas naquele ano eles escolheram seu colega de faculdade e amigo, Chris Olah, um expert em gráficos de 19 anos.

Em 2013, Olah levou Buterin, com pouco menos de 20 anos, para a grande sessão de improvisação de softwares "Hack the North", realizada todos os anos em setembro em Waterloo, onde ele conheceu Strachman e Gibson. Em seu tom de inflexão ascendente e sibilante, Buterin lhes disse que desde sua inscrição havia mudado um pouco de direção, tendo se apaixonado por "esta construção criptográfica chamada blockchain". Ele havia se dedicado ao estudo de suas possibilidades, utilizando as bitcoins que havia recebido pela fundação da *Bitcoin Magazine* para viajar o mundo de Israel a Las Vegas e Amsterdam, conversando com outros obcecados pelo blockchain. Percebendo que "os criptoprojetos estavam tomando até 30 horas semanais do meu tempo", ele saiu da universidade em abril de 2013.[2]

Na reunião com Strachman e Gibson em Waterloo, sua última chance de conseguir a atenção deles antes de passar a barreira dos 20 anos, Buterin propôs revolucionar a internet e o sistema financeiro global. "Era isso que Peter Thiel queria, certo?" Conforme recitava uma ladainha de esquemas ambiciosamente absurdos — blockchains "totalmente Turing", novas linguagens de software, moedas, plataformas de computação, contratos inteligentes — Strachman e Gibson puderam ver que ele era um gênio. Mas sua grandiosidade e aparente falta de foco desafiavam todas as regras do empreendimento bem-sucedido.

Eles decidiram apoiá-lo mesmo assim. Em novembro de 2013, Buterin escreveu o white paper da Ethereum e, em 5 de junho 2014, Peter Thiel anunciou um novo grupo de 20 Thiel Fellows, que incluía Buterin. Um ano depois, a Ethereum entrou em atividade com o anúncio: "O que o bitcoin faz pelos pagamentos, a Ethereum faz para qualquer coisa que possa ser programada." Foi mais um passo para a descentralização da internet.

Ao mesmo tempo em que a Ethereum ingressava em um mundo mais amplo, em julho de 2015, Strachman e Gibson deixavam a Thiel Fellowship para iniciar um projeto novo, o 1517 Fund, que investiria nos Thiel Fellows e outros fundadores da empresa em idade escolar ou universitária.

O nome do fundo remete a outra descentralização histórica, lançada em 31 de outubro de 1517. Este foi o dia em que Martinho Lutero publicou suas 95 Teses na porta da igreja em Wittenberg. Entre os abusos contra os quais Lutero lutava havia a venda de indulgências. A remissão da pena temporal devido a pecados, uma indulgência, como outros bens espirituais, não deve ser vendida. Os indulgentes que perpetuaram esse abuso emitiam um documento celebrando a transação. O 1517 Fund explica o paralelo: "Da mesma forma, as universidades hoje vendem um pedaço de papel a um alto custo e dizem às pessoas que comprá-lo é a única forma de salvar suas almas. São estes os diplomas, por meio dos quais as universidades estão ganhando fortunas. Chame-nos de hereges se quiser, mas o 1517 Fund dedica-se a dissipar essa ilusão de papel."[3]

A Thiel Fellowships e o 1517 Fund estão protestando contra as camadas sobre camadas de subsídios governamentais que impõem um conformismo sufocante em nossas universidades por meio da doutrinação de um único sistema de mundo. Acima de tudo, eles denunciam a horrenda carga de dívidas de mais de US$1,5 trilhão — aproximadamente 7% do PIB dos EUA — amontoada sobre estudantes americanos desafortunados para pagar por um sistema acadêmico inchado, dívidas que afastaram gerações inteiras da economia empreendedora que enriqueceu seus antepassados e financiou as próprias universidades.

Ao viajar no início de 2017 para a reunião anual do fundo no Vale do Silício, passei de Uber pelos prados cinzentos de Portola Valley e subi a Old Spanish Trail até o portão trancado do N° 495. Esse é o local do famoso Pony Tracks Ranch de 200 hectares de Jacques Littlefield. Quando Littlefield, o herdeiro de uma fortuna do setor de construção, morreu em 2014, sua coleção de 220 tanques exóticos e raros — "armamento mecânico suficiente para invadir um pequeno país" como o jornal *San Jose Mercury News* relatou na época — foi leiloada.[4] O que restou nesse rancho foi a vista sensacional de todo o Vale do Silício, da Intel em Santa Clara ao Google em Mountain View. Em dias claros, é possível ver até mesmo as torres de São Francisco.

No futuro, o rancho pode se tornar mais conhecido como o local da primeira sede da Luminar, empresa criada em 2012 por Austin Russell, um engenheiro *prodígio*, e Thiel Fellow, de 2013. Na época da reunião anual do 1517 Fund em 2017, a Luminar tinha 250 funcionários no Vale do Silício, em Orlando, Flórida, e estava implantando uma nova fábrica de chips no Colorado. Prestes a emergir de cinco anos de desenvolvimento "furtivo profundo", ela estava anunciando novos chips lidar (laser-radar) únicos, e ordens de grandeza maior do que os concorrentes do Google e outros, o qual fornece a capacidade de visão central dos carros autônomos.

A 1517 escolheu Pony Tracks para sua reunião anual para apresentar Russell, que começou a Luminar aos 17 anos, se equipara a Buterin como o Thiel Fellow mais capaz de lançar uma reforma. Enquanto Buterin está dando início a uma nova arquitetura global para computação e finanças, Russell está lançando o renascimento da inovação dos EUA na fabricação de hardwares. Desafiando a propaganda exagerada de seus rivais baseados em software, do Google à Tesla, o produto da Luminar se compara em sua extensão e ambição transformadoras às linhas de montagem de Henry Ford no início do século XX em River Rouge em Detroit. O software não vai devorar tudo no Vale do Silício, afinal.

A história da Luminar começa em Newport Beach, Califórnia, com o precoce Russel de 12 anos, cujos pais estavam lhe negando um telefone celular. Ele reagiu transformando seu Nintendo portátil em um telefone Wi-Fi e prosseguiu com invenções e pedidos de patente em óptica e holografia. Seu principal revés parece ter sido perder uma competição nacional de robótica como líder de 15 anos da equipe de sua escola.

Buterin também era uma criança prodígio em escala mozartiana. Aos quatro anos seu brinquedo favorito era uma planilha de Excel. Aos sete, ele aprendeu mandarim sozinho e hoje conversa fluentemente na língua em viagens a Shenzhen. Tanto o californiano quanto o canadense beneficiaram-se da orientação precoce de seus pais. Dmitry Buterin apresentou o bitcoin a seu filho, e Robert Russell, hoje CFO da Luminar, incentivou Austin adiante na óptica. Como Buterin, Russell não se intimida pelas potentes forças convergidas contra ele.

Observando o Waymo do Google, a Tesla de Elon Musk, o esquema do Uber de Levandowsky e os diversos projetos de "autonomia" imitadores, Russell enxerga esquemas superestimados que não conseguirão obter sucesso no fim das contas. Eles podem processar uns aos outros à vontade, mas a abordagem dos negócios mais badalados é tentar melhorar os sistemas de lidar, radar e câmera existentes com inteligência artificial, big data, mapeamento e software. Russell, que passou sua infância preocupado com óptica, lasers e visão artificial, entende que nenhuma quantidade de big data é capaz de compensar dados ruins de sistemas de visão irremediavelmente inadequados.

O lidar (light detection and ranging — detecção e telemeria por luz) é como os veículos veem e avaliam o mundo a seu redor. Russell entendeu desde o começo que, se o carro fosse incapaz de entregar uma imagem e interpretação em tempo real absolutamente confiáveis da via a frente por no mínimo 200 metros, no escuro, com apenas 10% de refletividade, seria uma armadilha mortal. Duzentos metros dão ao carro sete segundos para reagir, em comparação ao tempo de um ou dois segundos concedidos pelos sistemas atuais, caso sejam capazes de identificar os objetos.

Tais sistemas são mais do que inúteis, pensa Russell, pois produzem uma ilusão de sucesso ao atingir as metas de baixo custo e especificações de desempenho alardeadas pela indústria. Como os veículos Waymo do Google, que tinham desempenho adequado em trajetos repetitivos de 40km/h entre o Vale do Silício e São Francisco. Respondendo às reclamações de Elon Musk sobre as regulamentações, Russell disse profeticamente, no início de 2017, que "a real ameaça é o lançamento prematuro de sistemas que acabem matando pessoas e a indústria". E complementou: "Já que a tecnologia existente pode até mesmo estar mal regulamentada."

Para Russell, é óbvio que a *autonomia* não é essencialmente um problema de software. A maioria dos softwares existentes precisará ser trocada de qualquer forma para adaptar-se a sistemas de lidar melhores e mais rápidos. Boa parte do trabalho já feito pela Waymo e outras precisará ser refeito. O hardware será o fator determinante. Quase todos os concorrentes de Russell utilizam os dispositivos existentes — todos inadequados — de empesas como Velodyne e Quanergy.

O hardware dos carros autônomos praticamente não evoluiu nos 12 anos desde a competição DARPA original que lançou a indústria. Essas abordagens ainda trazem uma "lata de tinta" no teto com 64 lasers e fotodetectores enfileirados. A ideia de Velodyne de como melhorar o desempenho é dobrar o número para 128 e incluir mais softwares. O que para Russell parece uma gambiara — um sistema muito complexo e moroso de trabalhar.

Regendo esse desafio está o modelo de "integração e modularidade" de Clayton Christensen. Quando um produto tem um desempenho abaixo do desejado nas exigências do mercado, a integração é essencial. Você não pode simplesmente ir à Fry's [loja de eletrônicos da Califórnia] e emendar um dispositivo no outro. Todas as interfaces precisam ser otimizadas. A modularidade — interconexão de componentes-padrão de diversos fornecedores — funciona apenas quando o produto cumpre facilmente a função, deixando tolerâncias para desempenhos abaixo do perfeito.

Para Russell, é óbvio que os atuais sistemas de direção autônoma não estão nem perto do nível exigido pelo mercado. Tão ruins quanto os motoristas humanos, os sistemas de direção autônoma de 2017 precisaram ser desligados ou complementados com maior frequência do que as falhas dos motoristas humanos. O melhor histórico sem dúvida é o do Waymo, do Google, mas ele precisa ser desativado mais ou menos a cada nove mil quilômetros, em comparação com cerca de 805 mil quilômetros para motoristas humanos entre acidentes e 136 milhões de quilômetros por fatalidade. O Tesla precisa ser desligado a cada cinco quilômetros. É claro que esses sistemas melhorarão com o tempo, mas ainda não estão nem perto de onde precisam. Você jamais saberia isso acreditando na literatura promocional, mas os sistemas de visão existentes são incapazes de coletar dados suficientes rápido o bastante. O sofisticado software apenas doura aquela orelha de porco rotativa no teto.

Em 2012, o Russell de 17 anos decidiu começar do zero e construir sistemas integrados totalmente novos com no mínimo 50 vezes mais resolução e 10 vezes mais amplitude do que o padrão vigente. Os alvos da tecnologia de Russell não eram "inevitáveis", e não surgiram de tendências darwinianas no Vale. Seriam necessários, nas palavras de

Russell, "planejamento de cima para baixo e engenharia de baixo para cima" contínuos.

Para Russell, nada importa mais do que o desempenho. Não existe demanda contínua para um sistema que mate pessoas. Foque o desempenho e o baixo custo vem a reboque. Foque o baixo custo, e não atingirá desempenho suficiente para ter um negócio duradouro. Depois que um sistema suficiente for criado, a demanda promoverá economias de escala e curvas de aprendizado que abaixam o preço ao longo do tempo.

Fazendo pesquisas no Beckman Laser Institute enquanto se unia ao gênio da fotônica Jason Eichenholz da Open Photonics para preencher sua empresa, Russell acabou levantando US$36 milhões da 1517 e outros investidores. Descartando a sabedoria convencional sobre o lidar, sua equipe pesquisou dois mil jeitos diferentes de construir um sistema fundamentalmente mais eficaz. Em 2013, eles decidiram fazer uma mudança drástica na prática predominante.

Uma decisão crucial foi rejeitar um comprimento de onda preferido por seus rivais — 905 nanômetros —, o qual se aproxima do espectro visível e pode simular o que pode ser visto pelos olhos humanos. Infelizmente, o quase infravermelho de 905 nanômetros pode afetar os olhos humanos. Então Russell foi mais fundo na banda de infravermelho a 1.550 nanômetros (153 terahertz), que é aplicado em fibra óptica. O comprimento de onda mais longo que pode ser usado em níveis de energia 60 vezes maiores sem colocar seres humanos em risco. Russell e a equipe também mudaram radicalmente a arquitetura. Em vez de utilizar dezenas de lasers, eles fazem uma varredura (raster-scan) do local milhares de vezes por segundo com um único laser, como o dispositivo em uma televisão de tubo de raios catódicos.

Em vez de separar os sistemas de visão do processo interpretativo, eles os integraram, como os sistemas de visão humana fazem. Descartar o silício e adotar uma liga exótica de alta performance — arseneto de gálio e índio — para seus chips lhes permitiu implantar os lasers diretamente no mesmo substrato que o elemento computacional.

Todas as outras empresas interligam seus sistemas de sensor e sua tecnologia de processamento com conversores analógico-digital de 3 mil dólares. A Luminar produziu um "olho" de microchip acoplado ao processador que determina a imagem, coletando amostras da estrada centenas de milhares de vezes por segundo. Hoje, em seu projeto de sétima geração de circuitos integrados de aplicação específica (ASIC), a Luminar possui uma tecnologia totalmente integrada, que é fabricada exclusivamente pela empresa e por seu parceiro de fundição especializada, TowerJazz Semiconductor. Sediada em Israel e liderada pelo empreendedor visionário Russell Ellwanger, a TowerJazz por acaso dirige uma unidade de fabricação analógico-digital (uma "fab") em escala mundial na cidade natal de Austin Russell, Newport Beach. Após fazer algumas dezenas de sistemas de trabalho que superaram os lidar existentes em cerca de 50 vezes, a Luminar se comprometeu a produzir 10 mil unidades de sistemas de trabalho em 2018.

Strachman, da 1517, ressalta a importância de cultivar uma comunidade empreendedora. Após tornar-se um Thiel Fellow em 2013, Russell encontrou sua comunidade e se mudou para a 216 Park Lane, uma mansão de estuque em uma avenida arborizada em Atherton, alguns quilômetros ao norte de Stanford. Enquanto os agentes imobiliários tentavam vender a propriedade por 10 milhões de dólares logo após a "Grande Recessão", o californiano de 18 anos alugou o espaço isolado com dois outros jovens envolvidos no programa Thiel — Vermonter Stephen Balaban, um formando de 23 anos da University of Michigan, e Thomas Sohmers de 17 anos, de Massachusetts. O trio parecia uma versão empreendedora dos Hardy Boys, heróis dos clássicos livros de mistério — com Russell como o alto e loiro jogador de pingue-pongue, Joe Hardy; Balaban como seu moreno irmão mais velho praticante de artes marciais, Frank Hardy; e Sohmers como Chet Morton, seu amigo meio gordinho cujos remendos e invenções costumam salvar o dia.

Sohmers, como Russell, foi um Thiel Fellow de 2013, mas enquanto Russell havia chegado a Stanford antes de abandonar seu curso,

Sohmers havia abandonado seu ensino médio focado em ciência logo no início. Porém, graças a sua mente focada em silício, logo ele também foi para Stanford, não como aluno, mas como um especialista trazido para ensinar aos ex-colegas de sala de Russell. Ele havia iniciado sua empresa, REX Computing, aos 16 anos, visando a derrubar a arquitetura de chips vigente que desperdiça a maior parte de sua energia em "estado de espera" e fios conectados à memória.

Indignado com a saída do silício do Vale do Silício, Sohmers viu muitos caminhos para reviver a indústria. Ele se concentrou em invenções que impulsionaram os designs predominantes dos chips no sentido da ponta da energia zero dos "inovadores pontas de iceberg" de Tredennick. Baixa energia é imperativa em uma era de mobilidade servindo à mobilidade das mentes e corpos humanos.

Balaban, o membro mais velho do trio, ainda era quase tão precoce quanto Russell e Sohmers. Como Buterin, ele era fluente em mandarim e software. Mas perdeu uma possível participação na Thiel Fellowship quando foi a Pequim em vez de iniciar um fundo incubador "Y-Combinator".

Tornando-se amigo de Danielle e Mike, na época ainda na Thiel Fellowship, Balaban virou o supervisor adulto dos membros mais jovens enquanto trabalhava em uma câmera vestível e sem uso de mãos embutida em um boné de beisebol.

Os três jovens geralmente conversavam até tarde sobre tecnologia e filosofia libertária nas noites de Atherton e trabalhavam em suas empresas quase todas as outras horas. Todos eles compartilhavam e reforçavam suas frustrações com a obsessão do Vale do Silício pelos softwares e o abandono da fabricação.

E todos eles logo começaram a ver esse abandono como uma enorme oportunidade.

CAPÍTULO 11

O Assalto

Em janeiro de 2009, Satoshi Nakamoto anunciou "a primeira emissão de bitcoin, um novo sistema monetário eletrônico que utiliza uma rede peer-to-peer para evitar o gasto duplicado, e é totalmente descentralizado, sem servidor ou autoridade central". Ele prosseguiu especificando:

> A circulação total será de 21 milhões de moedas, que serão distribuídas para nós de rede quando formarem blocos, com sua quantidade diminuída pela metade a cada quatro anos.
> Primeiros quatro anos: 10.500.000 moedas
> Quatro anos seguintes: 5.250.000 moedas
> Quatro anos seguintes: 2.625.000 moedas
> Quatro anos seguintes: 1.312.500 moedas etc.

Hal Finney, criptógrafo supremo, publicou seus cumprimentos e deu o seguinte parecer:[1]

> É interessante que o sistema possa ser configurado para permitir apenas um determinado número máximo de moedas a serem geradas. Imagino que a ideia seja de que a quantidade de trabalho necessária para gerar uma nova moeda torne-se mais difícil com o passar do tempo...

Como um exercício intelectual recreativo, imagine que o bitcoin seja bem-sucedido e se torne o sistema de pagamento dominante em todo o mundo. Então, o valor total da moeda deveria ser igual ao valor total de toda a riqueza no mundo. As estimativas atuais de riqueza doméstica mundial que encontrei variam de US$100 trilhões a US$300 trilhões. Com 20 milhões de moedas, isso dá a cada moeda um valor médio de US$10 milhões.

Então, a possibilidade de gerar moedas hoje com poucos centavos de tempo computacional pode ser uma boa aposta, com um retorno de cerca de 100 milhões para um! Mesmo que as chances de o bitcoin obter esse nível de sucesso sejam baixas, são mesmo de 100 milhões contra 1? É algo a se pensar...

Hal[2]

O primeiro comprador de bitcoins, Finney, seria um multimilionário de bitcoins se não tivesse sucumbido à doença de Lou Gehrig em 2014. No início de 2018, acreditava-se que o valor de bitcoins em posse de Nakamoto era de aproximadamente 10 bilhões de dólares.

Talvez você goste dessas hierarquias aninhadas de abstração, recursões em recursões, como bonecas Matryoshka — jogadas dentro de jogadas, enigmas dentro de enigmas. Talvez paradoxos lógicos lhe agradem — cretenses afirmando que todos os cretenses são mentirosos; cientistas da computação insistindo que seus cérebros são meros computadores; generais bizantinos enganando mensageiros traidores; físicos afirmando que eles mesmos são meras máquinas materialistas de carne em um dentre infinitos universos paralelos; e virtuosos gráficos imaginando que são meras simulações em um enorme simulado de realidade virtual controlado por uma raça superior de alienígenas.

Se você tem esse pensamento progressista, pode gostar das formas de finança emergentes. Elas agrupam moedas reais e digitais em jogos multiplayer e mundos virtuais, todos envolvendo o mistério de um assalto de 10 bilhões de dólares, hoje talvez caminhando para um trilhão de dólares. Ou talvez eles façam sua cabeça girar como a minha.

Então, antes de ponderarmos entre bitcoin e Ethereum, NEO e EOS, Blockstack e Ripple, vamos nos sentar e relaxar.

O que você diria se eu lhe contasse que todos nós, agora mesmo — nos EUA e em todo o mundo —, fomos sugados para as páginas fantasmagóricas de um romance de Neal Stephenson, o tímido prodígio da Costa Oeste norte-americana que é o maior escritor e demiurgo do século XXI? Você pode dizer que é minha opinião louca. Pode chamar de metafato ou mistificação, uma teoria da conspiração insana, ou até mesmo um jogo online maciçamente multiplayer, ou um mundo virtual. Mas não pode provar que não seja verdade — que o fervoroso gênio falastrão escritor com rabo de cavalo, cérebro caleidoscópico e dieta de fibra óptica não tenha de alguma forma se infiltrado no código operacional do sistema de mundo. Utilizando o Kindle para emergir da sede de uma corporação gigante próxima à sua casa em Seattle — chame-a de Amazon — e talvez as capacidades de streaming 3D de um motor de renderização gráfica Octane da OTOY — Stephenson roubou todas as nossas identidades por meio do phishing e ocupou nossas telas. Ele fez com que todos nós vivêssemos seu romance inconscientemente.

Bem, isso é evidentemente exagerado, mas vamos contemplar a trama de Stephenson e suas lições excepcionais para nosso mundo.

No livro *Reamde*, de Stephenson — seu thriller de mil páginas de 2011 —, um jogo online maciçamente multiplayer (massively multiplayer online game — MMOG) chamado "T'Rain" seduziu os digerati do mundo. O jogo é virtual — uma "segunda vida" 3D computadorizada —, mas possui uma dimensão crucial que lhe permite extravasar para o que chamamos excentricamente de "vida real". Possui uma moeda — um sistema monetário — que é baseada em um padrão-ouro. É um padrão-ouro falso, mas a emulação é suficientemente precisa para criar um simulacro dourado de valor monetário.

Na história de Stephenson, a T'Rain emprega um geólogo sofisticado para reproduzir por algoritmos não somente a topografia do Google Earth, como também a camada subjacente de sua real geologia. Para adquirir meios de compra para o jogo é preciso "minar" o ouro simulado de labirintos estratigráficos dos subterrâneos algorítmicos. Teoricamente, isso é tão relativamente caro, demorado e difícil na realidade do geólogo virtual quanto garimpar ouro verdadeiro na Terra.

Para ganhar a corrida do garimpo no T'Rain, jogadores em todo o mundo aceleram seus computadores, fazendo overclocking em seus microprocessadores, aumentando voltagens e resfriando os circuitos com água ou nitrogênio líquido. Para extrair o ouro e trazê-lo intacto para o mercado virtual, eles buscam direitos minerais subterrâneos, compram sistemas sísmicos, equipamentos de dragagem, equipamentos hidráulicos e instalações de transporte, e contratam guardas armados e até mesmo mobilizam pequenos exércitos. Milhões de hackers chineses assumem o comando, utilizando obsessivamente os petaflops — milhares de trilhões de operações de pontos flutuantes por segundo — para simular o processo de extração.

Como os padrões-ouro ao longo da maior parte da história humana — pesquise —, o padrão-ouro virtual do T'Rain é um motor de riqueza. O T'Rain prospera poderosamente. Apesar de seu dinheiro ser metaficcional, ele é na verdade mais estável do que as moedas do mundo real com taxas de câmbio flutuantes e moeda fiduciária. Aqui, por exemplo, o governo dos EUA emprega seu próprio poder computacional para fabricar trilhões de dólares do nada para pagar suas contas. O Goldman Sachs emprega quantidades enormes de potência computacional interligadas por linhas de fibra óptica na velocidade da luz para extrair margens lucrativas de transações mágicas em nanosegundos com nenhuma referência a valores reais. No T'Rain isso é muito mais difícil e, portanto, mais realista.

Além disso — e este é o problema —, o dinheiro virtual não pode ser confinado ao T'Rain. *Ele o extrapola.* Por meio de diversas técnicas desonestas e engenhosas, os mineradores de ouro do T'Rain convertem seus estoques aos milhões para uso no mundo real. Centralizados na China, onde a exportação de renminbi é altamente restrita, existem diversos "câmbios" e corretores possivelmente sombrios, mas ainda assim eficazes, e escritórios de conversão que traduzem a riqueza virtual em riqueza terrestre.

A empresa que possui o T'Rain não somente ganha dólares e renminbi abundantemente e produz bilhões de dólares em ganhos de capital para seus acionistas, como os "mineradores" conseguem traduzir seu ouro virtual em milhões de dólares e yuans reais na Terra. Eles podem até mesmo usá-lo para comprar barras de ouro. A trama de *Reamde* gira em torno dessas transições de fase entre os mundos real e virtual.

Essa é a imaginação de Stephenson em ação. Mas pense a respeito. Não é bem um romance. Estamos vivendo isso, impresso em 3D. Agora.

Os sistemas monetários governamentais e instituições financeiras estão em apuros. Como escreveu o economista John Mauldin, é "Código Vermelho" para o papel fiduciário.[3] Mercados de ouro e commodities oscilam fatidicamente. Diretores de Bancos Centrais reúnem-se para decidir acerca de níveis de "flexibilização quantitativa" (quantitative easing) — a respeito de quantos trilhões de dólares em títulos comprar ou vender, emitindo assim dinheiro novo em uma economia fraca ou retirando dinheiro de uma que esteja prosperando. Eles nutrem esperanças contra a esperança de que essas fabricações de dinheiro metaficcional possam de alguma forma extravasar para o mundo real da economia e da criação de empregos. Boa sorte com isso. Talvez eles devessem consultar um romancista.

Enquanto isso, em algum lugar depois do arco-íris, um homem provavelmente místico, sob o pseudônimo Satoshi Nakamoto, inventa uma nova moeda chamada bitcoin, que está incitando um novo sistema financeiro. Isso não é ficção, apesar de as impressões digitais de Stephenson estarem por toda a história, que lembra estranhamente o mundo inventado de *Reamde*. Segundo alguns dos protagonistas do bitcoin, como o lendário Hal Finney — primeiro usuário do programa —, ele imita "Galt Gulch" em *A Revolta de Atlas* de Ayn Rand.[4] Pensei nele como um domínio virtual em que os titãs das finanças podem retirar-se para conduzir seus negócios fora do alcance dos governos. Temos algumas ideias de como Satoshi pode ser, mas ninguém sabe ao certo, da mesma forma que ninguém pôde encontrar ou identificar John Galt. Mas existem muitas especulações intrigantes, e tenho minhas próprias ideias sem originalidade. Ele pode ser uma equipe que começou pequena e chegou a milhões. Até onde eu sei, em algum mundo virtual, ele pode ser um herói de Neal Stephenson.

Os coconspiradores mais prováveis nas criptocamadas de fantoches Satoshi são Adam Back, o inventor britânico do programa antispam de e-mails análogo a HashCash, que forneceu uma função importante ao bitcoin; ou Finney, o autor ciberpunk Ayn Randiano do criptoprograma mais bem-sucedido da história, PGP 2.0, e o primeiro minerador de bitcoins; ou Nick Szabo, a resposta a três sofisticadas buscas textuais que constataram que a prosa de Szabo é estatisticamente mais semelhante à de Nakomoto do que qualquer outro suspeito de ser Satoshista.[5]

Szabo é um historiador polímata criptoestudioso, um dos primeiros especialistas em pseudônimos na internet e autor de um artigo determinante — suspeitamente não referenciado no white paper de Satoshi — que propôs a BitGold, uma precursora do bitcoin. Algumas pessoas pensam, desafiando os próprios protestos de Szabo, que ele é na verdade Satoshi. Mas esses ciberpunks e seus rabos de cavalo são apenas a ponta do ciberberg.

O principal nome no bitcoin Summit em São Francisco, em março de 2014, era Marc Andreessen, talvez o pioneiro mundial no capitalismo de risco, que se tornou famoso como o antipático jovem inventor do primeiro browser de internet popular, o Mosaic. Lançado em 1992 a partir do National Center for Supercomputing Applications na University of Illinois, o Mosaic trouxe um milhão de novos consumidores para a World Wide Web em seis meses. Quando Andreessen foi gentilmente deposto do projeto Mosaic e impedido de acessar seu software ("para dar a outros a chance de compartilhar os louros"), ele cofundou o Netscape, o segundo browser de internet mais popular e vanguardista na expansão explosiva da World Wide Web em meados da década de 1990.

Naquela época, quando eu escrevia na *Forbes ASAP*, chamei Andreessen de o melhor candidato do Vale do Silício para se tornar "um novo Bill Gates":

> Comece dando [a Gates] 45 quilos de peso extra, 30cm de altura e mais dois anos de estudos... Dê-lhe uma apetite colossal por pizza e Oreos, Bach, jornais impressos, algoritmos, ideias, John Barth, Nabokov, imagens, Unix code, largura de banda. E lhe conceda um nome escandinavo quase impronunciável — Marc Andreessen.[6]

Na época, no início da década de 1990, muitas pessoas viam a internet como um caldeirão de propagandas e uma imensidão de problemas. "Silicon Snake Oil" [Óleo de Serpente de Silício, em tradução livre], escreveu Clifford Stoll em um famoso livro de mesmo nome.[7] Para o jovem Andreessen, todos os problemas indicavam que ele estava "no centro da esfera", olhando em meio a grandes conjecturas para "um enorme buraco no centro do mundo" — a oportunidade suprema da era — http, html, o browser Mosaic, Netscape, todos os componentes de uma internet voltada para o consumidor.

Agora, quase 20 anos depois, ele está no palco do Bitcoin Summit sendo entrevistado por um repórter da *Forbes* como especialista em bitcoin. Declarando que a "bitcoin é a maior oportunidade desde o início da internet", Andreessen anuncia que sua empresa de investimento de risco — Andreessen Horowitz, a qual ele lançou com Ben Horowitz em 2009 — já investiu US$58 milhões em empresas de bitcoin e tem o compromisso de investir mais US$100 milhões. Como Andreessen havia explicado em um artigo um mês antes no jornal *The New York Times,*

> Uma nova tecnologia misteriosa surge, aparentemente do nada, mas sendo na verdade o resultado de duas décadas de pesquisa e desenvolvimento intensos por pesquisadores quase anônimos.
>
> Idealistas políticos projetam visões de libertação e revolução sobre ela; elites controladoras a desprezam e menosprezam.
>
> Por outro lado, os tecnólogos — nerds — ficam fascinados. Eles enxergam nela um potencial enorme e passam suas noites e finais de semana experimentando-a.
>
> Eventualmente, produtos, empresas e indústrias convencionais começam a comercializá-la; seus efeitos se tornam profundos; e, posteriormente, muitas pessoas se perguntam por que sua poderosa promessa não era mais óbvia desde o início.
>
> De qual tecnologia estou falando? Computadores pessoais em 1975, a internet em 1993 e — acredito — bitcoin em 2014.[8]

Mas o repórter da *Forbes* contesta: Warren Buffett descarta o bitcoin como uma "miragem". Jamie Dimon, o CEO do JPMorgan Chase, o chama de ilusão. O economista ganhador do prêmio Nobel e colunista da revista *Times*, Paul Krugman, o chama de "maligno".

"Acredito que", diz o empreendedor ursino, com um sarcasmo advindo de seu passado como um egoísta do Vale do Silício no Netscape, "velhos brancos e ricos falando asneiras sobre tecnologias que não entendem podem ser tomados como errados quase 100% das vezes".

Em 31 mil linhas de código, o bitcoin explora um conjunto de algoritmos criptográficos complexos que supostamente o tornam "tão bom quanto o ouro". Ou talvez até melhor! Diferentemente do ouro, com o fardo e a glória do compromisso com o mundo real, onde está enraizado nas constantes de tempo sujeitas a mudanças na extração das profundezas da Terra, o bitcoin é uma entidade digital totalmente virtual. O bitcoin, bem ou mal, é um artefato feito em sua totalidade por computadores.

Como investimento especulativo, as "moedas" virtuais geraram dezenas de verdadeiros milionários e até bilionários, com endereços reais, e não meras URLs, em locais como São Francisco, Nova York, Woodside, Greenwich, Palo Alto, Xangai, Londres, Malta, Seattle e Buenos Aires.

No Bitcoin Summit de 2014, juntando-se à disputa de Satoshistas está Chamath Palihapitiya, um quase bilionário ferozmente inteligente do Sri Lanka, antigo colaborador e amigo de Mark (Zuckerberg) no Facebook. Praticamente o único homem no summit vestindo terno e gravata, Palihapitiya no momento possui o equivalente a cerca de 50 milhões de dólares em bitcoins. Alto, moreno e magro, o oposto físico do urso nórdico Andreessen, o cingalês alerta sobre "bobagens hiperbólicas" dos outros. Mas, no caso dele, "quando compro bitcoin, estou utilizando capital para apoiar um modo de destruir o sistema financeiro". Dois anos depois, Palihapitiya conseguiu comprar uma parte da franquia da NBA do Golden State Warriors.

Liderados por Andreessen Horowitz e Peter Thiel, investidores de risco investiram cerca de US$98 milhões logo no início do movimento bitcoin. Os substanciais ganhos de capital dos criadores originais de bitcoins deram aos primeiros proprietários um enorme incentivo para fazer o sistema funcionar. Em novembro de 2013, o preço de uma única bitcoin subiu pela primeira vez acima de um grama de ouro. Muitos proprietários da moeda a venderam, utilizando os lucros para começar empresas que fornecem a infraestrutura necessária para o movimento, tais como câmbios de bitcoin, carteiras digitais, caixas eletrônicos de bitcoin e sistemas computacionais seguros para bitcoin.

O bitcoin já promoveu milhares de novos aplicativos, empresas e empregos. Empresas de equipamentos de "mineração" geraram US$500 milhões em receitas, idealizando arquiteturas computacionais e modelos de chips cada vez mais rápidos. A empresa chinesa Bitmain, a primeira a focar tecnologia ASIC para mineração, tornou-se a empresa de chips mais lucrativa do mundo em 2017, registrando lucros prováveis de 4 bilhões de dólares (em comparação aos 3 bilhões da Nvidia). Da última vez que verifiquei (em meados de maio de 2018), os 16,5 milhões de bitcoins existentes — o sistema tem teto de 21 milhões — tinham capitalização de mercado de cerca de US$170 bilhões, e em seguida vinham os US$75 bilhões em valor de mercado da Ethereum, que logo conheceremos, caso já não a conheça.

Mas não se engane. O bitcoin é *realmente* — essa palavra de novo — um jogo online maciçamente multiplayer. Mobilizando milhões de jogadores, centenas de milhares deles online ao mesmo tempo, MMOGs como *World of Warcraft* e *Everquest* são uma força formidável, gerando mais de 2 bilhões de dólares em receitas de assinatura. Em comparação, a chamada comunidade bitcoin é pequena, mas o bitcoin é um jogo com atitude e altitude, engenhosamente projetado para infiltrar-se e transformar nosso mundo. Até agora, o ganhador do jogo é seu inventor-fundador, o misterioso Satoshi Nakamoto. Ele acumulou moedas cujo valor é estimado em 10 bilhões de dólares, ainda melhor que o herói de Neal Stephenson, John Forthrast, fundador do T'Rain.

Como as criaturas de Jurassic Park, o bitcoin é o projeto de um cientista possivelmente maluco que escapou do laboratório. Como o T'Rain, o bitcoin está hoje transbordando seus "bancos" e está prestes a causar uma enchente nas ruas de nosso mundo.

Talvez alguém devesse construir uma arca. Ou talvez o bitcoin *seja* nossa arca — um novo acordo monetário contendo as sementes de um novo sistema de mundo.

Capítulo 12

Encontrando Satoshi

Uma Entrevista Virtual com o Fundador do Bitcoin[1]

Perambulando pelas ruas da Criptovila, na esquina da Bitcoin com a Ouro, olhando em todas as direções, eu buscava por um herói para meu conto ainda vazio. Notando desesperadamente que não havia nenhuma heroína à vista nas fronteiras compostas majoritariamente de homens, circulei o cenotáfio do "espaço bitcoin". Contemplei as tatuagens e rabos de cavalo, os ternos e gravatas, os cigarros eletrônicos e fumos medicinais, as credenciais e os Cringelys da "comunidade blockchain" mundial. Eles eram principalmente uma apresentação peer-to-peer. Marc Andreessen ou Gavin Andresen, Naval Ravikant ou Chamath Palihapitiya, Jed McCaleb ou Nick Szabo podiam movimentar um cenário ou animar uma reunião ou dar a palestra principal em um CoinSummit. Mas de investidores de risco a programadores complementares, coadjuvantes e até mesmo titãs lendários, nenhum parecia ter a prova de trabalho para interferir no Genesis Block de uma cadeia de bitcoin heroica.

Por fim, desisti desse círculo acessível e decidi encontrar e entrevistar o próprio cara do Genesis. Por que não? Satoshi Nakamoto foi o arquiteto do bitcoin, inventor do blockchain e principal impulsionador da trama. De fato, ele se referiu ao blockchain em seu artigo, mas não o mencionou, e de fato ninguém pareceu saber quem ele era ou onde estava. Ninguém foi capaz de descrever sua forma física ou seu semblante. Ele era o John Galt dessa saga, a fonte e o símbolo do novo Galt's Gulch do bitcoin. Decidi montar meu corcel e cavalgar ao longo do arroio até as últimas criptas e redutos, minas e casas da moeda do bitcoin e das ideias de blockchain e seus derivativos.

A primeira coisa que descobri foi que o cara é escritor, autor de ao menos 150 posts concisos e aforísticos na lista Cypherpunks, no site P2P Foundation,[2] no fórum bitcoin e outros quadros de aviso criptográficos. Recolhi suas palavras e as imprimi. Ele se apresentou como um programador japonês de 41 anos da linguagem C++, com — a julgar por sua escrita e idioma — uma educação britânica. Ele pareceu ter fuso horário americano e endereço de internet alemão.

Jamais tendo mostrado o rosto, ele era um avatar acessível até 11 de dezembro de 2010. Então — puf — desapareceu. Em 7 de março de 2014, ele repentinamente retornou, fazendo uma publicação de quatro palavras no site da P2P Foundation, que retirou um homem do universo de possíveis Satoshis. "Não sou Dorian Nakamoto", declarou ele, recuando de forma quase palpável, retirando da disputa um ex-programador idoso da CIA em Fortran chamado Dorian Satoshi Nakamoto, que vive em Temple City em Los Angeles. Então, ele removeu até mesmo sua persona online.

Nos fóruns da internet, os seguidores de Satoshi ficaram incrivelmente felizes. *Ele está vivo.* Não o perturbe. Em meio às nuvens de incenso, eu sabia que precisava andar delicadamente e, da forma mais gentil possível, planejei minha abordagem.

Em 30 de maio de 2014, três meses depois da última publicação de Satoshi, deixei minha esposa e filhos no oeste de Massachusetts e fui para a Europa. Eu visitaria o palácio toscano do prolífico economista autor e empresário de Dallas, John Mauldin, que era conhecido por atrair para seu covil não somente membros de seu blog com milhões de leitores, mas também pessoas como Niall Ferguson e Newt Gingrich.

Empoleirada na cidade de Trenquada no topo de uma colina e datada do século XIII, a vila La Casa dei Fiordalisi é uma extensão opalina de tijolos dourados e arcos de calcário brilhante colocados entre radiantes flores vermelhas, paisagens verdejantes e pores do sol anfiteátricos. Parecia um lugar promissor para convocar minhas musas e meditar sobre os mistérios do criptocosmo enquanto me preparava para escrever este livro.

Longe de Washington e sua Agência de Segurança Nacional e de Londres com seu Escritório Central de Comunicações Governamentais, eu poderia até mesmo convocar Satoshi secretamente para uma entrevista; por que não? Ele estaria seguro. Quem saberia que ele estava lá ou o reconheceria se soubessem? Apenas mais um turista japonês na Toscana. Isso me deu uma chance.

Acomodei-me à beira das águas azuis da piscina do palácio com meu MacBook Air ligado no ritmo do bitcoin e com pilhas de impressões das publicações de Satoshi. Envolvido pelo sussurro sonífero desse novo tipo de dinheiro, recostei-me na cadeira e olhei na direção do sol da Toscana. Fechei meus olhos e flutuei entre sonhos de belíssimos anjos asiáticos, musas para o conto de bitcoin e Satoshi... e então — *shazam!* — em uma cascada de neurônios excitados, ele surgiu em minha mente.

Ali na minha frente, mais nítido que nunca, estava um nerd nipônico bem-vestido e articulado com sotaque inglês, inclinação libertária e estilo epigramático. Ele tinha uma certa sagacidade oblíqua que me lembrava o Mr. Moto de John P. Marquand, aquele Nakamoto resumido que resolveu meticulosamente inúmeros mistérios quase igualmente intrigantes na década de 1950, tanto nos romances quanto no cinema.

"Satoshi, a seu dispor", anunciou o homem com uma gravata borboleta. Fiquei tão espantado que mal conseguia formar uma palavra.

"Por que você desapareceu?", balbuciei, pensando que ele poderia se dissolver antes que eu pudesse perguntar. "Aonde você foi?"

"Não me lembro de jamais ter aparecido", disse ele, com um suspiro de desprezo enigmático.

"Bem, seu avatar certamente sumiu", disse eu. "Por que você parou de publicar?"

"Não se lembra da época?", perguntou ele com certa aspereza. "Jamais me esquecerei. Era dezembro de 2010. Julian Assange, meu colega na lista Cypherpunks, estampava as capas de todas as revistas jornalísticas. Ele fora acusado de traição. As pessoas falavam do bitcoin como um importante facilitador do WikiLeaks. Teria sido bom receber toda essa atenção em qualquer outro contexto, mas o WikiLeaks tinha cutucado o vespeiro, e então o enxame estava vindo na nossa direção.

"Nós tínhamos que fugir do enxame. O sucesso do bitcoin depende de ser descentralizado e peer-to-peer", concluiu Satoshi. O bitcoin baseava-se, supunha eu, na ausência de corporações bilionárias e manobras hierárquicas. Se alguém controla o bitcoin, seu modelo de segurança descentralizada falha. Satoshi se tornaria apenas mais um temido "TTP" (Trusted Third Party), sujeito à intimação de governos repressivos ou a ser hackeado por determinados nerds ou piratas.

O programador explicou: "Os governos são bons em cortar as cabeças de redes controladas de forma centralizada, como Napster, mas redes puramente peer-to-peer como Gnutella [música] e Tor [The Onion Router — O roteador tipo cebola ou em camadas — para e-mails e vídeos criptografados] parecem estar se mantendo no lugar". De fato, no início do século, o sistema Tor, originado na NSA e desenvolvido pelo empreendedor Bram Cohen, abrangia quase metade de todos os bits da internet. O Tor pega um vídeo, por exemplo, e o divide *peer-to-peer* por até 7 mil computadores na internet. Criptografando todos os endereços e decodificando-os um por vez conforme o arquivo é repassado através da rede, o Tor garante que ninguém saiba a fonte ou o caminho do arquivo. Cada conjunto de endereços de arquivo é uma cebola que solta suas camadas apenas conforme necessário na passagem para seu destino. Pode-se dizer que o sistema bitcoin de Satoshi reverte a abordagem de Cohen. Em vez de ocultar as informações nas transações, o bitcoin as compila em blocos, registra com data e hora e publica em todos os nós da rede. É a segurança pela divulgação e não pela ocultação. Tanto o bitcoin quanto o Tor são estruturas globais de dados coletivamente mantidos por participantes não confiáveis. Sem um ponto central de fracasso, o Tor tem sido notavelmente robusto e bem-sucedido.

O bitcoin também pode ser, refleti, se o fascinante titã Satoshi sair do caminho. A internet como uma máquina copiadora mundial é incapaz de criar dinheiro ou outros ativos puramente digitais. Quaisquer transações precisam utilizar instituições fora da internet, sejam bancos, empresas de cartão de crédito ou o PayPal. Qualquer item digital gerado apenas na internet pode ser reproduzido em quantidade ilimitada. No bitcoin, Satoshi possibilitou um ativo que não pode ser copiado sem muito trabalho, o que ele chamou de "prova de trabalho", que é fornecida por mineradores que verificam arduamente todas as transações e as compilam em blocos. Assim, Satoshi permitiu a criação de dinheiro na internet e o utilizou para pagar aos "mineradores" para validarem suas transações. Registradas em um livro-razão público, as transações são matematicamente "fragmentadas" em correntes de blocos que formam uma base de dados imutável pela internet. Registros inalteráveis de transações constituem uma forma de dinheiro, mas os governos não gostam da criação de dinheiro privativo. Então, Satoshi preservou sua anonimidade cuidadosamente.

Como colocou o colaborador do Cypherpunk James Donald, logo após Satoshi anunciar o bitcoin: "Para evitar pressão, a rede precisa evitar qualquer ponto central no qual se possa aplicar pressão. Lembre-se do desejo de Nero de que Roma tivesse uma única garganta que ele pudesse cortar. Se lhes fornecermos tal garganta, ela será cortada."

Perguntei: "As propriedades do bitcoin — sua arquitetura peer-to-peer incontrolável e descentralizada — não são incompatíveis com todos os sistemas monetários modernos? Moedas são estabelecidas e mantidas para fazer exatamente aquilo que não pode ser feito em bitcoins — ajustar a oferta de moeda e taxas de câmbio às condições econômicas variáveis. Você não é uma ameaça a todo o mundo monetário; a Bancos Centrais e cúpulas do G8 e mandatos do Fundo Monetário Internacional; a 5,1 trilhões de dólares *por dia* de transações monetárias oceânicas; a arrogantes estrategistas financeiros em Washington e Nova

York, Londres e Davos, Tóquio e São Francisco; a coletores de impostos e reguladores financeiros em todo o mundo?"

"Não queremos começar como 'moeda anônima' ou 'moeda fora do alcance de qualquer governo'", disse Satoshi. "Definitivamente não estou fazendo tal provocação ou afirmação. Algumas pessoas dizem, 'traga à tona o WikiLeaks'. Eu digo 'não, não traga o WikiLeaks à tona!' O projeto bitcoin precisa crescer gradualmente para que o software possa se fortalecer ao longo do caminho."

"Mas no 'Genesis Block' inicial do bitcoin, você colocou uma manchete do *Times* de Londres declarando que o 'Chanceler estava socorrendo os bancos novamente'" disse eu. "Aquilo foi tipo cutucar a colmeia."

Satoshi apenas sorriu.

"De qualquer forma, entendo o que está fazendo", disse eu, "mas como é possível ter políticas monetárias se a oferta de dinheiro está fora do controle dos banqueiros?"

Satoshi respondeu: "De fato, no bitcoin não há ninguém para atuar como um banco central ou Reserva Federal para ajustar a oferta de dinheiro conforme a população de usuários cresce.

"É mais [como] um metal precioso. Em vez de a oferta mudar para manter o mesmo valor, a oferta é predeterminada e o valor muda. Conforme o número de usuários cresce, o valor por moeda aumenta."

Com um ar gnômico de malícia em seus olhos, ele concluiu: "O bitcoin tem potencial para um ciclo de retornos positivos; conforme os usuários aumentam, o valor cresce, o que poderia atrair mais usuários para tirarem vantagem do valor crescente. Preferiríamos depender desse processo do que de provocações desnecessárias."

"Por que você usa o plural *nós*? Você é um personagem composto?", questionei audaciosamente.

"Não. Sou totalmente singular. Mas o bitcoin é uma implementação do trabalho de muitos. A proposta de b-money de Wei Dai no Cypherpunks em 1998, entre outras. O HashCash de Adam Back forneceu o conceito de prova de trabalho, com a Reusable Proof-of-Work de Hal Finney como moeda digital". A ênfase em "prova de trabalho" — o meio caro e trabalhoso pelo qual as transações são verificadas e todos os esforços para falsificá-las são punidos — sugeriu que Satoshi resistiria a esforços que tentassem mudar esse pilar da estrutura do bitcoin.

"Ah, tudo faz sentido. Entendo agora por que você desapareceu. Mas por que publicou novamente quase quatro anos depois? Afinal, existiram diversos suspeitos de serem Satoshi vetados pela internet, inclusive Wei Dai e Nick Szabo. Alguns disseram que você era Jed McCaleb, que criou o conjunto de protocolos de codificação, então configurou Mt. Gox, e prosseguiu na hora certa para o Ripple, o esquema de rede monetária internacional que possui sua própria moeda, a XRP. A *Forbes* localizou até Hal Finney, na agonia da doença de Lou Gehrig, comunicando-se apenas com as sobrancelhas."

"Sim, fiquei feliz em ver Finney receber algum crédito da *Forbes*. Ele mereceu. Não houve necessidade de interferir. Os outros eram capazes de cuidar de si mesmos. Mas senti pena daquele pobre sujeito Dorian, prejudicado pela informação estúpida da *Newsweek* de que ele era *eu*. Que humilhação deve ter sido para um ex-fantasma da CIA. Eu tinha que fazer algo. Enviei apenas quatro palavras: 'Não sou Dorian Nakamoto.' Pareceu ser o suficiente."

"Está bem, então", eu disse, "vamos além da fofoca e direto ao centro da questão, o cerne do mistério. Nenhum de seus discípulos, de Marc Andreessen a Nick Szabo, o explicou totalmente. Eles preferem falar sobre o problema dos 'Generais Bizantinos' ou sobre o enigma do gasto duplo ou lições e lemas recordados das aulas de ciência da computação. Inclusive, se puder dizê-lo — meu tempo com você sendo limitado —, até mesmo *você* não consegue elucidar os santuários internos do seu sistema".

"Os 'santuários internos'? O bitcoin é uma moeda e uma rede de pagamentos, não uma religião. O que você quer dizer com 'santuários'?"

"Quero dizer o local ou o processo — não sei qual — por meio do qual seus bits vazios tornam-se moedas valiosas. Onde e como ocorre a transubstanciação? É na 'mina'? Ou na 'casa da moeda'? Como isso acontece? Alquimia? Mágica? Esperança e mudança? Faz-se overclock em suas CPUs e GPUs, as mergulha no gelo do nitrogênio líquido, e prova seu trabalho inútil? Então, você pode apenas ganhar alguns trocados de moedas que sequer tilintam?" Tenho que admitir hoje que o trocado está se acumulando.

Satoshi recostou-se com um ar arrogante. "Se você não acredita em mim ou não entende, não tenho tempo para tentar convencê-lo. Sinto muito." Ele olhou na direção da porta e começou a se levantar.

Suspirei. "Mas você acabou de chegar! Não vá embora."

Apressei-me em garantir a ele que eu não era um idiota hostil. "Sei que o sistema funciona. O estudei profundamente e estou admirado." Estava exagerando? Satoshi pareceu entediado, então rapidamente continuei. "Mas todos temos que responder a nossos críticos. Paul Krugman no *New York Times*..."

"Não mencione esse nome", disse ele. Acusando o bitcoin de ser ao mesmo tempo "mal" e "reacionário", Krugman havia mergulhado no processo de mineração, em que os voluntários mobilizam poder computacional nos petaflops (milhares de trilhões de operações de pontos flutuantes por segundo), sugando energia, emborcando combustíveis fósseis e emitindo CO_2. E tudo isso para resolver problemas de uma função hash chamada SHA 256 para compressão de dados de múltiplas transações em slots de tamanhos específicos, onde são rotulados com data e hora e verificados criptograficamente. Esses hashes matemáticos fornecem digitais virtuais para grandes acervos de dados, permitindo que todos os blocos de transações verificadas contenham traços únicos de todas as transações desde o Genesis Block de Satoshi.

"Essas pessoas não sabem nada sobre bitcoin", disse ele, com um aceno brusco. A utilidade das trocas possibilitadas pelo bitcoin excederá muito o custo da eletricidade utilizada, cerca de um dólar ao dia por minerador. Portanto, não ter o bitcoin seria o desperdício líquido."

Satoshi subestimou o consumo gradual de energia em algumas ordens de magnitude, mas o ponto sobre a potencial utilidade da moeda permanece. "Tudo bem então, *eu*. Eu não entendo como os mineradores podem criar valor real retirando-se em hotéis próximos a usinas de energia em Reykjavik em uma corrida para resolver enigmas computacionais. Parece simbólico que o índice de grau de dificuldade esteja gerando soluções com um número crescente de zeros. Nenhum valor real vem do uso dessas máquinas envenenadas centralizadas em microchips de aplicação específica na solução de enigmas. Não me importo que sejam organicamente resfriados por icebergs… Não é possível criar valor dessa forma do mesmo jeito que não é possível criar valor apressando-se a cavar buracos e enchê-los novamente, no modelo keynesiano, ou garimpando ouro subterraneamente e escondendo-o novamente em outros buracos, no modelo padrão ouro. Nada disso é capaz de criar valor real."

Ele me olhou de forma interrogativa. "Mas o bitcoin é", disse ele calmamente. "Nenhuma dessas objeções me interessa. Trabalhei todos os detalhes durante cinco anos. O trabalho foi mais de projeto do que de programação. Felizmente, até agora, todas as questões levantadas foram coisas que eu já havia considerado e me planejado anteriormente. Já as respondi muitas vezes, estou me cansando disso."

Prossegui: "Ficar remexendo algoritmos de 'hashing' não é como uma versão high-tech de cavar buracos e enchê-los novamente?"

"Não", respondeu o inventor enigmático. "Cavando buracos você progride. Seu buraco cresce a cada pá retirada. Então, você o preenche novamente passo a passo. É um processo linear, com resultados mensuráveis por balanças, réguas e níveis. Isso não tem nada a ver com meu sistema de prova de trabalho."

"Por que não?", perguntei, mal disfarçando minha confusão. "Seus computadores avançam passo a passo, ciclo por ciclo, para resolver o enigma."

"Não, não avançam assim", disse Satoshi. "Você não consegue entender, não é mesmo?"

"Então qual a novidade?", perguntei, irritado.

Ignorando meu comentário, Satoshi explicou: "Não existe a ideia de estar 1% mais perto de resolver o bloco. Você não progride no sentido de resolvê-lo."

"O que quer dizer com isso?", perguntei, perplexo.

"Depois de trabalhar em um bloco ou enigma por 24 horas, suas chances de resolvê-lo são iguais às que você tinha no início, ou a qualquer outro momento."

"Hum?", grunhi.

"Sim, você está buscando por soluções para a hash. É como jogar moedas, cara ou coroa. Você tenta jogar 36 moedas e fazer todas darem cara. Cada vez que tenta, sua chance é a mesma."

"Ótimo", disse eu ironicamente. "É uma loteria de Bernoulli. E, com muito incenso e magia, isso de alguma forma cria valor?"

"Sim", disse Satoshi, "isso, e apenas isso, é capaz de criar valor".

"Parece simplesmente perda de tempo", disse eu.

"Na criação de valor, o *tempo* é essencial", disse ele.

"Bom, acho que um sistema baseado em jogar moedas e desperdiçar tempo precisa ser reformulado. Não me entenda mal. Admiro seu sistema e tudo o que você conquistou, mas isso é uma falha. Essa inútil prova de trabalho de esforço não poderia ser substituída pelo problema de computar dobras de proteínas complexas para avanços médicos ou buscar por vida extraterrestre como o SETI ou curar o câncer por meio do mapeamento de DNA ou parar a propagação da AIDS? Você disse que esse é apenas o lançamento 0.1."

Satoshi pareceu magoado. "Todas essas atividades já são consideradas valiosas, e talvez sejam. Apesar de eu ter minhas dúvidas acerca do SETI. Mas você não pode criar um padrão de valor ao importar outros exemplos de coisas valiosas. Mensurar, classificar e priorizar a miríade de alegações de valor é o que estamos tentando resolver com o dinheiro. O que queremos fazer é estimar um valor em vez de simplesmente apresentar coisas supostamente valiosas."

"Bem, o dinheiro precisa estar relacionado a coisas valiosas no mundo. O ouro é intrinsecamente escasso e valioso, compõe joias lindas, é compacto e dúctil. É um magnífico condutor de eletricidade — e amor. Dólares são respaldados pela fé pública do governo dos EUA e pela maior economia do mundo. O bitcoin é respaldado pelo quê? Ciclos computacionais aleatórios produzindo números adicionais de zeros?"

Satoshi balançou a mão e me pediu para ouvir. "Explicarei apenas uma vez", disse. "Hipoteticamente, imagine que houvesse um metal base tão escasso quanto o ouro, mas com as seguintes propriedades: uma cor cinza sem graça, mal condutor de eletricidade, não muito forte, mas também não dúctil ou facilmente maleável, inútil para qualquer propósito prático ou ornamental. E — esse é o ponto-chave — uma propriedade mágica especial: pode ser transportado por meio de um canal de comunicações. Se de alguma forma ele adquirisse qualquer valor por qualquer motivo, então qualquer um que quisesse transferir riqueza por uma longa distância poderia comprar um pouco, transmiti-lo e fazer o recipiente vendê-lo. Talvez pudesse ter um valor inicial circular como você sugeriu, por meio da percepção das pessoas de sua utilidade para câmbio. Eu definitivamente ia querer um pouco."

"Entendi", disse eu. "Essa substância seria o elemento mais valioso do mundo. Seria de bits e átomos ao mesmo tempo, interligaria o valor e sua medida, estimularia uma revolução na informação."

"Você está começando a entender", disse ele. "Mas tem mais..."

Ele continuou: "O jeito de mensurar valor — prova de trabalho — se dá pelo puro gasto ou sacrifício de *tempo*. Como disse meu amigo Nick

Szabo: 'podemos nos adequar à mensuração do sacrifício em vez de seus resultados..."'

"Desejo boa sorte a você", disse eu. "Muitas pessoas tentarão mudá-lo e remodelá-lo, e dirão que estão tentando melhorá-lo."

"São eles que precisarão de sorte", disse Satoshi com um sorriso desafiador. "A natureza do bitcoin se dá de forma que uma vez que a versão 0.1 foi lançada, o design central tornou-se gravado em pedra pelo resto de sua vida."

"O que você quer dizer com, 'gravado em pedra'?", perguntei. "Sério?!"

"O blockchain de transações incorpora hashes de todas as transações anteriores e está definido para ser incorporado em todas as transações futuras. Está gravado em uma pedra criptográfica", disse ele. "Acredito ter calculado todos os pequenos detalhes ao longo dos últimos 18 meses, enquanto o programava. Em 10 anos, será capaz de atingir volumes enormes de transações, ou nenhum volume."

"Ok, estou começando a entender", disse eu. "A fim de ter um padrão de valor ele deve ficar fora de todos os esquemas de valor existentes. Não deve ter valor em si mesmo."

"Agora você está chegando lá", disse Satoshi.

"O processo de mineração", disse eu, "combina as duas facetas-chave do tempo. O domínio do tempo, definido pela média de 10 minutos para a solução do problema, e o domínio da frequência, definido pelos ciclos de computação destinados ao problema, são mensurados em gigahertz, bilhões de ciclos por segundo.

"Portanto, no centro do bitcoin há um processo que combina a passagem irreversível do tempo com o avanço exponencial da tecnologia por meio da Lei de Moore: o número cada vez maior de ciclos por segundo de computação. Sem a Lei de Moore, o bitcoin seria inundado por seus próprios dados, e o blockchain seria paralisado. A genialidade por trás do bitcoin vem de uma visão dinâmica na qual os recursos computacionais — armazenamento e processamento — sempre crescem mais rápido do que o blockchain. É a epítome da criação de valor em um mundo de produtos e serviços abundantes e da escassez do tempo. O tempo linear reflete a expectativa de vida — o domínio do tempo. O domínio da frequência é delimitado pela velocidade da luz. Juntos, podem representar as fontes de valor do mundo."

"Você está chegando lá", repetiu Satoshi. "Mas, na verdade, o sistema é muito melhor que isso. Ele não simplesmente mensura valor. Ele possibilita transações e as verifica e, portanto, é capaz de melhorar muito a criação de riqueza e a expansão de liberdade do mundo."

Então, quando abri meus olhos, já estava escuro e Satoshi havia sumido.

Foi apenas dois anos depois, em 2015, que encontrei Satoshi novamente. Como antes, foi uma reunião indireta. Durante uma viagem a Los Angeles para falar no Freedom Center de David Horowitz, me deparei com um colaborador confesso de Satoshi chamado Joseph Vaughn-Perling. De voz macia e intenso, ele parecia um hippie idoso, com um chapéu de abas largas e um rabo de cavalo. Era um veterano de 20 anos da luta para idealizar novas formas de dinheiro, o que culminou no projeto específico do bitcoin, o New Liberty Dollar de prata reluzente. Durante o jantar, ele me disse que Satoshi era na verdade um cientista da computação e empreendedor da Austrália chamado Craig Wright, que supostamente investiu cerca de US$28 milhões em uma versão anterior desafortunada do Liberty project.

Convidei Vaughn-Perling para minha Telecosm Conference naquele ano, realizada com o MoneyShow em São Francisco, e ele apareceu com uma intrigante vietnamita de 23 anos vinda dos meus sonhos, chamada, como ouvi a princípio, "Win-Win" — escrito, como soube depois, Uyen Nguyen. Ele a apresentou a mim como a principal assistente e programadora de Wright, envolvida no bitcoin desde que tinha apenas 18 anos, ou seja, desde quase o início. Ela agora atuava como administradora do Tulip Trust de Wright, detentora de seu estoque de bitcoin, e que agora estava sendo processada pelos herdeiros de seu sócio programador David Kleiman. Seus herdeiros aparentemente acreditavam que Wright era Satoshi. Eu estava empolgado. Durante minha palestra principal no MoneyShow, da qual boa parte foi destinada ao bitcoin, previ revelações excitantes vindo à tona.

Eu mesmo especulei que Wright fosse o provável Satoshi e, então, trouxe Vaughn-Perling ao palco. Mas, por algum motivo, nesse fórum público, o normalmente confiante e articulado "JVP" das conferências monetárias ficou mudo, e não consegui fazê-lo falar nada interessante sobre Wright ou o bitcoin. Talvez a situação seja menos transparente do que parece. Afinal, Nguyen não se juntou a Wright até depois de o bitcoin ter sido lançado.

Meu próximo encontro sério com Satoshi disfarçado de Craig Wright ocorreu em sua apresentação em 1 de julho de 2017, intitulada "Shinseiki Evangerion" ou "O Evangelho do Novo Século" para uma conferência sobre o futuro do bitcoin em Arnhem, na Holanda. Lá ele anunciou com grande bravata: "Estou aqui para exterminar Satoshi."[3] A trama se complicava.

Na realidade, ele estava ali para exterminar um grande novo rival que havia sido colocado em seu caminho pelo grande filósofo investidor Peter Thiel.

A guerra do blockchain estava em curso.

Capítulo 13

A Batalha dos Blockchains

Lá vem ele, o santo Satoshi, finalmente revelado como... o infame Craig Steven Wright. A auréola dele não está um pouco torta? Será que pegamos mesmo o cara certo? Os verdadeiros crentes parecem ser do Departamento Fiscal da Austrália, mas eles querem vê-lo preso.

Ninguém esperava que o exaltado Satoshi emergisse de uma floresta de sites de cassino com nomes como Centrebet e Bodog. Mas a análise da Reuters do primeiro software bitcoin fornecido por Wright indica que o "bitcoin saiu de um código originalmente desenvolvido com o poker online em mente". Seu primeiro crédito antes do bitcoin provavelmente foi o Lasseter's Online, possivelmente o primeiro cassino da internet, e lucrativo até que o governo dos EUA baniu apostas online em 2006. As empreitadas de Wright têm o jeito único de irritar as autoridades.

Tendo dedicado boa parte de sua vida, segundo ele mesmo, a se afirmar perante um pai praticamente ausente, Wright estudou para se graduar em tudo, desde física nuclear a estatística, e alega ter um doutorado em ciências da computação. Mas a Charles Sturt University da Austrália reconhece ter-lhe concedido apenas dois *mestrados* em ciências da computação. E Wright é incapaz de realmente apresentar a papelada de seus louros acadêmicos. Sua credencial mais sólida é em auditorias de segurança de rede (giac-sans), e seu doutorado melhor documentado é em teologia, área em que ele luta com o Pai superior e também o julga como ausente ou desatento.

Para sustentar-se, ele atuou como contador consultor em perícias investigatórias de computador e outros trabalhos de rede e cibersegurança. Ele lançou uma série de startups relacionadas a computadores, culminando no Hotwire Preemptive Intelligence Group, que procurava instaurar o Denariuz como o primeiro banco de bitcoin. Ele não conseguiu passar na revista das autoridades reguladoras e morreu em 2014. Fundador de uma empresa de consultoria batizada em homenagem ao matemático De Morgan, Wright conseguiu acabar na cadeia por um breve período por desafiar uma ordem de parar de fazer marketing para seus clientes depois de ter sido expulso. A maioria de suas outras empresas fracassou.

Então, quem é esse cientista da computação perturbado, triplamente contabilizado, declamatório e "hard forking" chamado Craig Wright? Qualquer um que queira conhecê-lo pode consultar seu biógrafo, Andrew O'Hagan, que viveu intimamente com Wright durante os seis meses críticos de 2016 quando apresentou-se como Satoshi e, então, forneceu de qualquer jeito suas provas para a imprensa.

Dispensado e desacreditado pelos periódicos *Economist*, *Financial Times*, BBC, GQ, e dezenas de cyberpunks violentos, ele saiu de cena em lágrimas e farrapos. Está tudo registrado no magistral ensaio de 36 mil palavras de O'Hagan na *London Review of Books* de junho de 2016.[1] Mas os devotos de Satoshi podem não estar ansiosos para lê-lo. Como escreve O'Hagan, "Satoshi era amado pelos fãs do bitcoin por fazer algo maravilhoso e, então, desaparecer. Eles não querem que Satoshi esteja errado, ou seja contraditório, presunçoso ou impaciente, e eles realmente não querem que ele seja um australiano de 45 anos chamado Craig".

O alto, moreno, galã, contraditório, libertário, presunçoso e impaciente Wright lembra um Donald Trump cypherpunk. Ou, como colocou seu gerente de projetos em Sydney, "ele é como Steve Jobs, só que pior".

A saga de O'Hagan começa cinematograficamente no dia 9 de dezembro de 2015, com o tristonho australiano indo apressadamente de sua casa em Sydney apinhada de policiais até o aeroporto, descobrindo no caminho que havia esquecido seu passaporte. Ignorando o conselho de sua esposa asiática, Ramona, retornou à casa e se escondeu até que a polícia desistiu e foi embora. Ele pegou o documento crucial, apenas para ser interceptado novamente no portão de embarque. Esquivando-se para dentro de um voo, chegou a Auckland, Nova Zelândia, onde escolheu uma camiseta de surfista da "Billabong" — que ainda veste ocasionalmente como gesto estiloso e desafiador. Ele acabou chegando a Londres em segurança, onde permanece.

Para Craig — um homem em fuga há anos; atormentado pelo Escritório Fiscal Australiano por um suposto acúmulo de bitcoin; acusado de afiliações com a "dark net", da máfia na América Latina a Ross Ulbricht, o "Dread Pirate Roberts" de Silk Road; desdobrando-se entre diversas empresas quase falidas que receberam cerca de 54 milhões de dólares australianos em dinheiro público — estar errado é só o começo de estar certo no bitcoin.

Com o preço do bitcoin passando de 18 mil dólares e retornando a 6 mil, muitos supõem que ele é rico. Mas, como mostra O'Hagan, ele pode ter estragado isso também. Como muitos de seus semelhantes no Vale do Silício, ele não tem liquidez nenhuma, é um unicórnio congelado.

Conforme confidenciado a O'Hagan pelo falecido David Kleiman, parceiro de Wright nas perícias de seguradoras e possível coprogramador do bitcoin, o suposto Satoshi sofreu mais um revés financeiro. Ele dividiu com Kleiman 50% de uma casa de câmbio digital chamada Liberty Reserve na Costa Rica. Kleiman acreditava que a meia participação deles valia US$28 milhões, ou US$14 milhões para Wright. Mas Preet Bharara, o procurador federal de Nova York e praga do insider trading, decidiu que a Liberty deveria ser fechada com base no Ato Patriota por ser uma operação de lavagem de dinheiro com muitas de suas 12 milhões de transações anuais aparentemente realizadas por criminosos.

Bharara não brinca em serviço. A diretoria da Liberty ficou presa por 20 anos. O principal motivo de Wright ter se revelado como Satoshi pode muito bem ter sido para pagar suas contas e se vingar de todos os sacristões inoportunos de sua vida.

Se o emaranhado de litigâncias for desembaraçado, Wright pode entrar em um fundo fiduciário, o Tulip Trust, como foi batizado de forma cômica, criado em 2011 para deter seus bitcoins até 2020. Uma das principais razões para crer que Wright é Satoshi é que a administradora do Tulip, Uyen Nguyen, me disse isso em 2015 em minha conferência Telecosm-MoneyShow em São Francisco. Ela estava com Wright desde o início em 2010 e deve saber, mas pode ser que ele não consiga receber nem esse dinheiro. Depois de supostamente mostrar a seu colaborador australiano, Stefan Matthews — um sócio do magnata canadense dos cassinos Calvin Ayre —, um primeiro esboço do white paper de Satoshi em 2008, Ayre decidiu apoiá-lo. Mas Wright deixou as empresas conjuntas de Ayre — nTrust e nCrypt, responsáveis por US$15 milhões em dívidas de seu buquê de startups falidas.

O fracasso de Wright em se revelar como Satoshi incontestavelmente, como havia prometido fazer, impossibilitou à equipe de Ayre cumprir seu plano. Ao comprar a propriedade intelectual e as empresas de Wright, eles pretendiam obter uma arrecadação multibilionária, que deveria acabar "com Craig trabalhando para, digamos, o Google, com uma equipe de pesquisa com 400 pessoas". Isso não aconteceu. Wright saiu de cena em 2016 com poucas riquezas e credibilidade, e ele pode não receber nada em 2020. Enquanto isso, os herdeiros de Kleiman estão processando o fundo pelos estimados bitcoins.

No final de junho de 2017, Wright ressurgiu de forma extravagante, cheio de charme e ideias contraditórias, equações densas e altas teorias, ainda um apaixonado vanguardista do bitcoin. No comando do 15º supercomputador do mundo em Reykjavik, ele está testando o protocolo bitcoin e descobrindo-o como praticamente ilimitado. Em aparições antes de sua queda, ele vestia ternos escuros e gravatas vistosas, e falava com uma seriedade humilde, mas agora ele recriou a vanguarda do bitcoin com a camuflagem do Vale do Silício composta de bilionários em jeans manchados.

Na conferência Future of Bitcoin em Arnhem, na Holanda, em 1 de julho de 2017,[2] Wright tentou esclarecer todas as dúvidas e recuperar a liderança do movimento bitcoin em um discurso de 90 minutos — um sermão repleto de blasfêmias dito em grande parte sem anotações — cheio de objeções à direção atual do protocolo bitcoin e justificações de sua posição como um "maximalista do bitcoin". Ele foi arrogante e desdenhoso; gabando-se e fazendo pose. Alertou sobre os "hard forks" do código blockchain, ameaçando liderar uma ruptura com a cadeia predominante — uma ameaça que ele atualmente honra com o hard fork do Bitcoin Cash, que no final de maio de 2018 ainda valia cerca de US$17 bilhões.

Diante de tanta bravata, surgiu um tema importante do discurso de Wright. O movimento bitcoin estava se afastando por tais divergências diluentes do blockchain original do bitcoin na forma de "sidechains" e canais "lightning" para pequenas transações rápidas, traindo a promessa original de Satoshi.

Com tamanhos ilimitados de blocos, insistiu Wright, o bitcoin pode ser mais escalável, seguro, robusto, eficiente e até mesmo mais "totalmente Turing" como plataforma computacional do que qualquer alternativa, inclusive esquemas com a maioria dos patches do bitcoin ou BIPs (bitcoin improvement protocols [protocolos de melhoria do bitcoin]). Ao mesmo tempo, ele propôs um novo regime controverso de "chaves divididas", que garantiria que, independentemente de hacks, as chaves seriam recuperáveis (mas também dependentes da confiança em terceiros para armazenar as partes). "É preciso que jamais haja outra Mt. Gox."

Uma cadeia com tamanhos ilimitados de blocos, disse Wright, pode competir com a Visa e todos os players financeiros do mundo e devolver a "soberania financeira" aos indivíduos ao redor do globo: "Um blockchain do bitcoin pode ser escalado até substituir todas as redes de sistemas de pagamento a fim de se tornar a única infraestrutura de pagamento do mundo." Na verdade, não há como pará-la: "Se os bancos centrais tentarem imprimir mais dinheiro, o bitcoin simplesmente se tornará mais valioso."

Talvez ele tenha protestado demais para ter crédito. Uma mistura de grandiloquência e brilhantismo, Wright nasceu para ser questionado. Ele não tem nada do elegante e sábio japonês que eu imaginara a partir das publicações cypherpunk de Satoshi.

Entretanto, após longas reuniões com Wright, o diretor da Bitcoin Foundation, Jon Matonis, declarou: "Jamais haverá outro Satoshi." Wright também convenceu Gavin Andresen, herdeiro eleito de Satoshi, que encontrei em Amherst, Massachusetts. Como Andresen escreveu em seu blog, "após passar tempo com ele, estou convencido sem sombra de dúvidas: Craig Wright é Satoshi... Mesmo antes de eu testemunhar as chaves assinadas e, então, verificadas em um computador limpo que não poderia ter sido manipulado, eu tinha bastante certeza de estar sentado ao lado do pai do bitcoin... a pessoa brilhante, teimosa, focada, generosa e reservada que corresponde ao Satoshi com quem trabalhei há seis anos... Estou muito feliz em poder dizer que apertei sua mão e o agradeci por dar o bitcoin ao mundo".[3]

Respondendo a críticos que pensaram que Wright tinha simplesmente furtado a chave pública de Satoshi, que está disponível no blockchain para qualquer um que a procurar, Andresen disse que "ele assinou uma mensagem de minha escolha com a chave particular em um bloco número 1 em um computador que não havia sido manipulado". Andresen é um programador sofisticado que se mudou para o Media Lab no MIT para supervisionar a Bitcoin Foundation.

Existem provas circunstanciais de que Wright é Satoshi Nakamoto. Sua mãe, O'Hagan, e seus primeiros professores testemunharam que ele era obcecado pela cultura japonesa desde a infância. Havia até mesmo uma espada Samurai pendurada ao lado de sua mesa. Questionado em Arnhem em julho de 2017 sobre por que utilizou o nome Satoshi,

Wright contou uma história comovente: "Sou filho de mãe solteira. Um dos caras que me ajudou a crescer era japonês... Eu achava a cultura japonesa legal, as pessoas sabem como cooperar umas com as outras. Nós parecemos pensar que precisamos lutar uns contra os outros em um jogo de soma zero. Mas o mercado não é um jogo de soma zero."

Então, ele chegou ao ponto: "No Japão, houve um filósofo do período Tokugawa [1603-1868] que falava sobre mercado. O filósofo, por acaso, tinha parte do nome de Satoshi. Ele se chamava Nakamoto. Era a favor de um Japão aberto e escrevia que, se o país quisesse crescer, precisaria se abrir para o ocidente. O mercado não é um jogo de soma zero, e nós do movimento bitcoin precisamos nos lembrar da lição de Nakamoto hoje." Segundo Vaughn-Perling, Wright se apresentava como Satoshi Nakamoto anos antes do lançamento do bitcoin.

Se você o levar ao pé da letra, Wright é o principal inventor do bitcoin e autor de uma tese de doutorado sobre "as tortuosas raízes da teoria da criação" do Éden a Dionísio. É um criptógrafo grandalhão, libertário, classicista e um apanhado de contradições. Explicitamente franco, escatologicamente arrogante com críticos e rivais, viciado em empreendimentos confusos, nada meticuloso ao citar suas próprias credenciais acadêmicas, exuberantemente anônimo e um exibicionista/excluidor do LinkedIn, ele surge como o Samurai Australiano Satoshi.

Entre os pontos fortes de Wright como consultor está a especialidade no novo Protocolo de Internet versão 6 (IPv6), que é capaz de conter mais endereços do que há estrelas na galáxia. Ele posa como um ameaçador requerente de cerca de 400 patentes de blockchain (70 apresentadas até o momento no Reino Unido). Perito em redes e teoria dos grafos, ele explica que a resistência do bitcoin a ataques não é medida pelo número de nós, mas pelo número de *bordas* — ou seja, as ligações entre os nós. Ele mostra que os nós de bitcoin, comparados a qualquer outro blockchain, são interconectados com uma densidade neuronal quase biológica, já que todo nó propaga novos blocos para a frente, para trás e para todos os outros por meio de um chamado protocolo fofoca aleatorizado.

Indo e voltando dos palcos em conferências Fintech, Wright declara que o bitcoin é uma plataforma superior para qualquer tipo de contrato inteligente ou taumaturgia "totalmente Turing". "Contratos inteligentes", incorporados em software estritos, foram propostos por Nick Szabo na década de 1990 com boa parte do restante do portfólio bitcoin. Eles são contratos autoexecutáveis que podem ser conduzidos em um blockchain imutável e evitar advogados e contadores. Mas para implementar tais contratos, uma plataforma de computador precisa ser totalmente programável, como uma "máquina de Turing". Com um discurso obscuro sobre as propriedades da linguagem de programação Forth, Wright tenta mostrar que o bitcoin é tão totalmente Turing quanto qualquer outra plataforma. Szabo contesta brevemente essa alegação, bem como praticamente tudo o mais que Wright diz. Mas eu poderia concordar com Wright em citar a lógica de predicados de Kurt Gödel para revelar os limites intrínsecos de todas as alegações de totalidade de Turing.

Em um novo argumento de Satoshi, Wright terminou seu discurso em Arnhem com uma declaração pontual: "Estamos próximos de completar 10 anos de idade. A Visa atualmente pode realizar 15 milhões de transações online por dia. O bitcoin já é capaz de escalar a esse nível com os hardwares existentes por uma fração do custo." Seu software, disse ele, pode funcionar com blocos de 365 gigabyte. "Blocos ilimitados", que não são exatamente um blockchain. Eles lembram mais as hashgraphs propostas por Leemon Baird do Swirlds e o Tangle do IOTA.[4]

A Lei de Moore continua em novos vetores e supera o ritmo de crescimento do blockchain. Ao longo de 5 anos ela aumenta sua capacidade em 10 vezes, e ao longo de 10 anos em 100 vezes. As receitas podem crescer para todos.

Ele mencionou transistores com comprimentos de portão próximos a um nanômetro e o progresso de sistemas na multiplicação de "threads" de software e paralelismo ao longo do tempo. Ambos estão acontecendo hoje.

O bitcoin está sempre melhorando sua segurança e as capacidades de software totalmente Turing, levando Wright a prever as receitas crescentes de "emissão de tokenizações e tarifas de marketing", de "contratos inteligentes e taxas de scripting" e de "contratos de depósito e taxas de seguro". Uma vez após a outra ele sugeriu que poderiam ser criados contratos inteligentes no blockchain do bitcoin, que os críticos alegaram não poder acomodar.

Ele terminou seu discurso em Arnhem lançando um desafio a seus rivais. "Não vou embora. Vamos escalar radicalmente, e ou você está conosco ou está contra nós. Vamos competir aumentando o valor por meio de conectividade e uso fáceis."

Questionado diretamente sobre o que achava do Ethereum, seu blockchain rival, ele declarou: "Fui um maximalista do bitcoin em 2013 e sou um maximalista do bitcoin hoje." Um maximalista do bitcoin barra todos os outros blockchains.

Entra o inimigo de Wright, Vitalik Buterin, o fundador do blockchain Ethereum, uma plataforma explicitamente projetada para contratos inteligentes, emissão de tokens, veículo de investimentos e corporações autônomas. No final de maio do 2018, sua moeda — ether — afirmava ter um valor de mercado próximo a US$60 bilhões, quase metade do bitcoin. Em seu efeito em nossa vida empresarial, tecnológica e econômica, a contribuição de Buterin se compara apenas ao próprio blockchain de Satoshi.

Sendo o principal beneficiário da maioria dessas receitas que Wrigh atribuía ao bitcoin — os tokens, taxas, seguros e todos aqueles contratos inteligentes — o Ethereum supera o Google em um estágio semelhante de originalidade e impacto. A incrível criatividade do Google fica comprometida por sua dependência econômica de publicidades desvalorizadas em sua maioria. O Ethereum é totalmente acrescentado em valor. Satoshi pode se provar como um dos inventores mais transformadores da história. Buterin já reina soberano entre os empreendedores adolescentes da história e se compara a qualquer empreendedor da história do Vale do Silício.

Um nerd magricelo, vestindo camisetas irreverentes (uma delas escrito "Hard Fork Cafe"), com sobrancelhas grossas e um crânio particularmente espaçoso, Buterin nasceu na Rússia em 1994 e imigrou para o Canadá aos seis anos. Sua precisão lógica e amplo domínio de conceitos empresariais e econômicos são excepcionais, e seu comportamento tranquilo é totalmente oposto ao do volátil australiano.

Enquanto Wright ostenta graduações fracas e credenciais questionáveis, Buterin foi um dos primeiros Thiel Fellows, abandonando a universidade sem diplomas para escrever sobre o bitcoin e desenvolver novas aplicações para o blockchain. Wright é o produto de anos de (às vezes autoinfligidas) pancadas da vida, enquanto o garoto prodígio Buterin impressionou o mundo tecnológico praticamente assim que apareceu. Acredita-se que ele tenha um QI de 257, seja lá o que isso signifique, e aprendeu mandarim ainda criança em sua casa e em apenas alguns meses.

Wright alega ter inventado o blockchain sozinho, enquanto Buterin credita Nick Szabo por inspirar boa parte da plataforma Ethereum e da linguagem Solidity. Wright pode ser um valentão intelectual, bombardeando os oponentes com suas ofensivas, enquanto Buterin os convence calmamente com lógica. Wright rosna e late em um timbre gutural de bar ao estilo Crocodilo Dundee. Já Buterin fala em uma frequência mais alta, e, ao modo de humildade agressiva do Vale do Silício, ele flexiona o final de suas frases de forma interrogativa, com um tom ascendente mascarando uma resposta direta como pergunta respeitosa.

Buterin não acredita que Wright seja Satoshi, uma posição que ele fundamenta com lógica algorítmica. Em um painel com Gavin Andresen, que havia endossado a alegação de Wright, Buterin respondeu de forma seca: "Vou explicar por que acredito que ele provavelmente *não é* Satoshi... Ele tinha duas opções de como provar que ele é Satoshi. A opção fácil era escrever 'Craig Wright é Satoshi Nakamoto' e assinar com uma chave particular sabidamente de Satoshi. A opção difícil era emitir uma nuvem de argumentos complexos. Ele podia optar entre sinal puro e sinal ruidoso, e escolheu o ruído. O que provavelmente significa que ele não era capaz de emitir um sinal puro."

Ainda que esse argumento não tenha sido capaz de apagar totalmente o sorriso complacente de Andresen, foi espantosamente bruto e tornou Buterin um adversário inegável de Wright. É o "início do jogo" para o que poderia se tornar o conflito central da economia da informação.

Buterin desenvolveu sua ideia em 2013 durante uma visita a Israel, que, segundo ele, é líder em ciências criptográficas. Na época, ele era um defensor comprometido do bitcoin, escrevendo para a *Bitcoin Magazine* e centrado no potencial do bitcoin como moeda. Mas em Israel ele conheceu empreendedores fazendo experiências com moedas "coloridas" com fins específicos, tokens que poderiam ser usados para abrir novos mercados — Mastercoin para contratos financeiros, Bancor para câmbio de tokens líquidos e contratos inteligentes baseados nas propostas de Szabo. Mal saído da adolescência, Buterin se empenhou audaciosamente em desenvolver um novo blockchain que poderia servir como um substrato de segurança e identidade para um leque ilimitado de contratos inteligentes.

Para implementar esse plano, ele idealizou uma nova linguagem de programação chamada Solidity; uma nova moeda chamada ether; e um novo blockchain, mais flexível e espaçoso, chamado Ethereum. Cada um desses passos foi repleto de invenções. A linguagem Solidity seria totalmente Turing, o que significava que poderia expressar qualquer conjunto de algoritmos possíveis em um computador. A moeda definiria uma unidade de contagem baseada na quantidade de energia consumida pelas computações resultantes do contrato. Chamada de "gas", essa unidade provavelmente deu ao ether uma base mais estável como régua monetária do que o bitcoin poderia alegar. De uma vez só o Ethereum abrangeu uma nova plataforma computacional global, uma nova linguagem de software para contratos inteligentes e corporações, uma nova moeda com uma nova régua fundamentada em unidades de energia imutáveis e um novo modelo de negócios para a arrecadação de fundos.

O mundo está cheio de white papers, conceitos intricados e alegações ambiciosas. Hoje, concorrendo com o Ethereum, existem empreendimentos muito alardeados e bem financiados, como o NEO na China, o EOS de Dan Larimer (derivado do blockchain social Steemit e do câmbio difundido BitShares) e o Cardano, criado pelo sofisticado veterano do BitShares e Ethereum, Charles Hoskinson. O que impressiona no Ethereum não são suas alegações ou tecnologia, mas sim a execução quase perfeita de toda essa agenda múltipla por seu inexperiente fundador.

Meros dois anos após o lançamento, a plataforma havia promovido uma eflorescência de criatividade empreendedora face aos mercados historicamente hostis e aberturas empresariais em declínio. A regulamentação excessiva pela Comissão de Títulos e Câmbio dos EUA sob o Ato Sarbanes-Oxley e outras leis havia reduzido a enxurrada de IPOs do Vale do Silício a um gotejamento. Os currais dos investidores de risco estavam cheios de unicórnios com altas taxas de consumo e avaliações acima de um bilhão que eles não poderiam libertar.

Sob essas condições nefastas, Buterin dirigiu a conclusão da plataforma Ethereum e lançou mais de mil novos projetos empresariais. O financiamento médio para cada startup era de mais de 2 milhões de dólares. Eles também inventaram algo chamado "ICO", que poderia ser oferta inicial de *criptoativos*, oferta inicial de *cascalho*, oferta inicial *Cayman* ou oferta inicial de *carteira*, dependendo de qual nome os advogados acreditassem que poderia agradar mais os perplexos reguladores.

O total de fundos arrecadados — cerca de 8 bilhões de dólares em menos de um ano — excedeu todo o dinheiro arrecadado em IPOs ou capital de risco para empreendimentos relacionados. O maior desembolso similar com empreendimentos foi de US$127 milhões para a R3, dirigida pelo ex-Googler Mike Hearn e pelo sócio de Wright, Ian Grigg, um esforço dos grandes bancos para acompanhar a tecnologia blockchain. Enquanto isso, muitas empresas levantaram mais de US$150 milhões em ICOs destinados a transformar a indústria financeira.

Na história empresarial, jamais existiu algo como o lançamento do Ethereum. Com o valor do ether habitualmente subindo muito mais rápido que o do bitcoin, ainda que a partir de uma base inferior,

Buterin parece estar no caminho certo para exceder o bitcoin, e até mesmo Satoshi, em impacto e importância.

Ainda assim, pessoas que apostavam contra o bitcoin tiveram uma péssima década. O bitcoin pode muito bem acabar sendo mais importante até mesmo que o Ethereum. A crise da tecnologia da internet atualmente, do Google à Apple, é seu modelo de segurança corrompido, e o Ethereum não é imune a esse problema. Em 2017, ele sobreviveu a uma crise que provavelmente colocaria sua vida em risco quando um dos projetos utilizando o blockchain, a Distributed Autonomous Corporation, foi hackeado e roubaram o equivalente a cerca de US$150 milhões em ether. (Depois aconteceram mais dois revezes relacionados a "carteiras" Ethereum.) Sob a liderança determinada de Buterin, boa parte dos danos foi contida, mas ao custo de entrar à força na cadeia e reverter as transações ilegais, resultando em um "hard fork" e na ascensão de uma cadeia rival chamada Ethereum Classic, dirigida pelo ex-programador do Ethereum, Hoskinson.

Esse incidente não foi resultado de falhas no blockchain do Ethereum em si, mas isso não importava. Como dirigente da cadeia, Buterin não pôde escapar da necessidade de interferir. Defensores da Ethereum Classic sustentam que essa ação arbitrária prejudicou a imutabilidade da base de dados e o princípio da descentralização, que é o núcleo do blockchain. A Ethereum Classic ainda não teve muita influência. Hoskinson se adiantou em criar a Cardano, arriscando um blockchain que corrija todas as falhas do bitcoin por meio de um rigoroso software funcional. Saifedean Ammous, autor de *The Bitcoin Standard* ["O Padrão Bitcoin", em tradução livre], afirma que: "O fato de o Ethereum não ter sido restaurado significa que todos os blockchains menores que o do bitcoin são basicamente bases de dados centralizadas sob o controle de seus operadores."[5]

A principal diferença entre os blockchains do bitcoin e do Ethereum é que o bitcoin se concentra em segurança e simplicidade, enquanto o Ethereum se concentra em capacidade e funcionalidade. A funcionalidade maior do Ethereum é transformar diversas indústrias. Como diz Buterin, "a tendência da internet foi substituir trabalhadores em funções de rotina à margem do sistema; o blockchain tende a remover a intermediação de executivos no centro".

Contratos inteligentes podem remover a intermediação de advogados, contadores e banqueiros que não aderirem. Nas palavras de Buterin, "a internet deslocou o trabalho dos taxistas; o blockchain pode deslocar a Uber". De fato, uma empresa Ethereum chamada Swarm está tentando permitir que taxistas consigam realizar transações diretamente com seus clientes por meio de um esquema cooperativo no blockchain.

Entretanto, como Wright insiste, um sistema simples concentrado em segurança pode afinal ser mais funcional do que um sistema complexo centrado em capacidades. A segurança oferece o estado fundamental para confiança e todas as transações. Wright defende que o protocolo minimalista do bitcoin é mais eficiente, escalável e confiável do que a espaçosa plataforma Ethereum com sua cornucópia dita totalmente Turing e ampla "superfície de ataque" de vulnerabilidades.

O caminho do bitcoin ao sucesso começa como o dinheiro global para a internet, que pode não ser responsável por mais de 10% de todo o comércio apesar de ser amarrado por incômodos rituais de "segurança", granularidades de cartão de crédito e taxas de conversão de moedas. Conforme os micropagamentos avançam na internet, supondo que Wright esteja correto em sua estimativa de escalabilidade do bitcoin, a moeda pode tanto aumentar a expansão do comércio na internet quanto se beneficiar dela.

O bitcoin ganha ritmo a cada campanha governamental contra o dinheiro em espécie, que é a via peer-to-peer alternativa para transações privadas anônimas. O bitcoin agradece todas as vezes que um Banco Central promove crescimento artificial com taxas de juros negativas e metas de inflação, ameaçando as poupanças para a aposentadoria de pensionistas.

A "meta" de inflação da Reserva Federal dos EUA está atualmente em 2% ao ano, um programa maciço de desvalorização máxima. Conforme o socialismo avança em muitos países, devastando suas moedas, as pessoas cada vez mais recorrem ao único refúgio mundial e relativamente seguro acessível por meio da internet. Tradicionalmente, a moeda refúgio era o dólar dos EUA, mas desde o início de 2018 — da Grécia à Venezuela, da Argentina ao Zimbábue — o refúgio se tornou cada vez mais o bitcoin.

O padrão monetário e a moeda refúgio dominante por boa parte da história humana têm sido o ouro. Com mercado financeiro total de cerca de US$2,4 trilhões, o ouro ainda se sobressai ao bitcoin em US$128 bilhões. A reserva de ouro cresceu em média 2% ao ano durante séculos, concedendo-lhe um viés de deflação menos impactante — uma vantagem sobre o bitcoin, cuja reserva está definida em um máximo de 21 milhões de unidades, em que 2140,80% das quais já haviam sido "garimpadas" em 2018. Como unidade de contagem e armazenamento de valor, duas das principais facetas do dinheiro, o ouro é o melhor padrão.

Se Wright estiver correto sobre sua escalabilidade, o bitcoin poderia se estabelecer como uma alternativa global às moedas fiduciárias durante um período histórico em que essas moedas estiverem vulneráveis às depredações dos governos mundiais, hoje endividados ao nível insustentável de US$280 trilhões. Com uma crise de valor de bitcoin ainda a décadas de distância, a deflação moderada ainda parece atrativa em comparação com desvalorizações aceleradas.

Esse caminho do bitcoin é insólito. Os estrategistas de investimento em blockchain Chris Burniske e Jack Tatar calculam que, se o bitcoin tomasse meramente 10% do mercado atualmente em poder do ouro financeiro, o preço da moeda precisaria ficar acima de 11 mil dólares.[6] Ele ultrapassou esse marco em novembro de 2017 e continuou subindo até 20 mil, como parte de uma capitalização de mercado de criptomoedas que passou de meio trilhão de dólares no início de 2018. Então foi corrigido de volta a 6 mil, mas está se comportando como um ativo que reterá valor.

Esse resultado, que pareceu plausível em 2018, tornaria o bitcoin enormemente popular e útil. Se o bitcoin tomar boa parte do mercado de US$600 bilhões de remessas, o que parece igualmente plausível, seu preço precisará subir mais cerca de 5 mil. Se for capaz de capturar uma porção substancial do mercado para transações internacionais business-to-business — voláteis e carregadas de taxas, conflitos e tarifas de câmbio estrangeiro —, ele estará protegido. O mercado B2B é de US$40 trilhões.

Se Buterin for capaz de solucionar seus desafios de segurança e manter a complexidade de uma cadeia totalmente Turing com limites, ele também poderá competir com o bitcoin nesses mercados. Mas seu caminho é longo, tortuoso e incerto.

O temível acadêmico e defensor do blockchain Andreas Antonopoulos argumenta que essa rivalidade pode na verdade ser altamente falaciosa. Em uma dramatização, ele compara bitcoin e Ethereum a "um leão e um tubarão". Cada um dominará seu próprio reino e sofrerá suas limitações e desvantagens. O leão deve abrir mão de oportunidades em 70% do planeta coberto por água: moeda líquida; e o tubarão precisa desistir de mercados em terra firme. O resultado pode depender de a terra ser inundada.

Para ter outra perspectiva da disputa, visitei um rival mais direto do Ethereum, lançado por uma equipe de cientistas da computação de Princeton. Seu orientador é Michael Freedman, um dos principais visionários do mundo no campo dos sistemas de computação peer-to-peer.

Há evidências de que, apesar da incandescência de Buterin, Satoshi continua sendo o primeiro profeta da Vida após o Google.

CAPÍTULO 14

Blockstack

Tudo começou com o "Metaverso" no romance de 1992 de Neal Stephenson, *Snow Crash*,[1] uma visão de um mundo virtual sobre o mundo real. Um quarto de século depois ele ainda desperta interesse dos nerds românticos com sua música profética:

> Quando Hiro viu esse lugar pela primeira vez há 10 anos, o monotrilho ainda não havia sido escrito. Ele e seus amigos tiveram que escrever softwares de carros e motos a fim de se locomover. Eles sacavam seus softwares e faziam corridas no deserto negro da noite eletrônica.[2]

Muneeb Ali cita essa passagem de *Snow Crash*, na abertura de sua tese magistral, "Trust-to-Trust Design of a New Internet" [Confiança a Confiança, o Design de uma Nova Internet, em tradução livre], o produto de seu trabalho com Ryan Shea e Jude Nelson e seu orientador em Princeton, Michael J. Freedman.[3] Essa equipe saiu na noite eletrônica e tentou acendê-la com uma arquitetura para uma internet transformada — um metamundo de confiança além das sete camadas de tecnologia da comunicação.

Ali, a figura central desse projeto audacioso, chamado Blockstack, percorreu um longo caminho desde seu primeiro encontro com a internet aos 12 anos no Paquistão. Como recompensa por tirar apenas 10 na escola, sua mãe lhe deu um computador. O menino ficou grato e empolgado, porque, apesar de seu pai ser um diretor de inteligência militar em seu país, a família não era rica. Comprar o computador significou postergar a compra de uma máquina de lavar roupas.

"Qual era o tipo do computador?" Perguntei a ele 15 anos depois, em 2017, nos escritórios da Blockstack na Great Jones Street, próximo à Bowery em Manhattan.

"Ah, era um Intel 386."

"Sim", disse eu, "esse é o microprocessador, mas qual era a marca do computador? Qual empresa o fez?"

Ali pareceu confuso, então respondeu: "Ah, não sei, eu mesmo montei o computador."

Percebi que estávamos falando sobre um verdadeiro talento tecnológico paquistanês de 12 anos. Em um PowerPoint de uma TED talk que ele apresentou em Manhattan em 2016, o vemos em uma foto de cerca de 15 anos antes, um garoto pequeno vestindo shorts vermelhos e uma camiseta de uniforme escolar com um medalhão, com o braço direito em volta de seu irmão mais novo.[4] Fortalecendo um ao outro, eles estão em pé sobre uma extensão de madeira acima de um rio turvo no Paquistão, uma ponte metafórica entre mundos diferentes em cultura e tecnologia.

O garotinho que montou aquele computador moderno cresceria para reimaginar uma rede global, mas, para que ele se destacasse, seria preciso audácia e criatividade. A outra ponta da ponte não oferecia refúgios seguros ou garantias, nada além do que faz hoje para seu novo modelo de internet trust-to-trust.

Ali foi estudar ciências da computação na Lahore University Management School. Graduando-se em 2005, ele viu poucas oportunidades no Paquistão, então, criou um plano ousado para obter uma bolsa no Swedish Institute of Computer Science em Estocolmo. Os suecos ficaram felizes em recebê-lo, mas não ofereceram apoio financeiro. Frustrado, sem dinheiro e sem emprego, Ali pensou em voltar para o outro lado da ponte, mas sua tendência é sempre continuar adiante.

Ele elaborou um estratagema — um tipo de empréstimo-ponte que poderia levá-lo adiante. Ele assegurou aos suecos que já tinha uma bolsa da Lahore para estudar no exterior, e eles concordaram em honrá-la. Então, ele foi a um banco, garantiu um empréstimo de mil dólares com base em sua "bolsa" sueca e partiu para Estocolmo com apenas uma ideia vaga acerca dos custos de moradia e alimentação na cidade escandinava.

O instituto o acolheu e abrigou, mas a alimentação era um desafio diário. Conforme seus mil dólares minguavam, ele andava até o McDonald's todos os dias às 17h e comprava um sanduíche de peixe com fritas. De manhã, ele se aproveitava das bebidas e muffins da hora de café no instituto.[5]

Seus pais ficaram sabendo que Ali estava com aparência pálida e magra e ficaram preocupados. Mas o talento vence, especialmente se estiver faminto. Seu trabalho com interfaces computacionais impressionou seus professores, e ele relembra os três meses em Estocolmo como seu período mais produtivo. Nessa época, ele escreveu três grandes artigos de pesquisa, conquistou recomendações vitais e alcançou uma frágil posição do outro lado da ponte.

Os mil dólares acabaram assim que Ali garantiu um emprego em pesquisa na Holanda com os copresidentes do organismo de normalização da Comunidade Europeia para a então futurista "Internet das Coisas" (IoT). Ele trabalhou na camada de controle dos acessos à mídia para o projeto IoT, preocupado essencialmente com os problemas de segurança na conexão das "coisas" à rede. Tendo conquistado mais ótimas recomendações, ele então ascendeu ao topo dos estudos em ciências da computação nos EUA — estudos de doutoramento na Princeton durante o ano letivo e em Stanford nas férias de verão.

O mentor de Ali em Princeton, o cientista da computação e criptógrafo, Michael Freedman, havia trabalhado por 20 anos na teoria e prática de redes peer-to-peer. Ele foi coautor de dois capítulos no livro-

-texto padrão *Peer to Peer*,[6] e, com Martin Casado, um autor do artigo canônico de redes "fluxo aberto" definidas por software (SDN). Hoje, é CTO (chief technical officer) da TimescaleDB, uma renomada base de dados de séries temporais de código aberto. Ali agradece Freedman por "pensar comigo em cada detalhe de vários problemas de sistemas distribuídos. Aprendi a arte não documentada de ser um pesquisador de sistemas observando-o projetar e otimizar sistemas".

Estudando processadores de rede e máquinas virtuais com Jennifer Rexford em Princeton e redes definidas por software em Stanford no verão com Casado, Ali se tornou um grande estudioso da prática e da filosofia de mover funções computacionais e de roteamento de hardwares fixos para softwares programáveis. Casado prosseguiu e fundou a empresa pioneira na virtualização de redes Nicira, a qual ele vendeu para a VMWare por US$1,2 bilhão. Ben Horowitz, o filho do provocador sincero David Horowitz, havia conquistado sua fortuna inventando softwares na VMWare, e Casado acabou se juntando a ele como sócio na Andreessen Horowitz.

Seja SDN ou virtualização de funções de rede, o movimento de virtualização que tragou Ali estava em processo de transformar a rede. Ela mudou de uma estrutura de sete camadas dominada por capacidades de hardware para uma estrutura de duas camadas definidas por mimetismos de software das capacidades de hardware. Como o Hiro de Stephenson e o pseudônimo Satoshi, Ali vivia em um reino onde era possível libertar-se das limitações do mundo material para a noite eletrônica e criar um metaverso que realizasse seus sonhos.

O modelo de sete camadas é composto de uma *pilha* hierárquica na qual as funções inferiores são controladas pelas funções superiores. Na base está a *camada física*, as linhas de fibra óptica, osciladores de micro--ondas, misturadores lasers de 1550 e 900 nanômetros, fotodetectores, roteadores de silício, amplificadores dopados com érbio e fios de telefone de pares cruzados, antenas, cabos coaxiais — a lista é infinita — que transporta os pacotes de dados através da rede ao comando das camadas acima dela. Difícil de projetar e construir, essa camada de dispositivos de hardware está no núcleo do milagre dos eletrônicos modernos. Mas na época em que Ali estudava em Princeton, boa parte da indústria estava ignorando os hardwares para construir máquinas de Turing na ether.

Para entender a internet contemporânea, é preciso menosprezar esses milagres de hardware e construir castelos no céu — em linguagem computacional, "stacks" [pilhas] — que possam imitar o hardware e transcendê-lo em threads, cores e cadeias virtuais. Mas a evolução da micromatéria para o metaverso começa com o esquema netplex de sete camadas do modelo Open Systems Interconnection (OSI) da International Standards Organization.

Na stack OSI, acima da camada física, está o *datalink*. Esse é o meio pelo qual o hardware se torna "firmware" e software que definem as especificações elétricas, regras de temporização e conversões elétron-fóton que permitem a transmissão de informações a partir de um link de um nó ou endereço computacional para o próximo. Os *switches* operam aqui na camada dois, passando pacotes apenas para o nó seguinte. As redes de área local como Ethernet ou Wi-Fi funcionam nesse nível. Se você evita as rodovias da internet, é possível passar a vida transmitindo seus bits e bites por camadas datalink, camada dois.

A terceira camada é a camada *rede*, domínio dos *roteadores*, que se une à camada *transporte* (camada quatro) para estabelecer os links ponta a ponta que compõem os Protocolos de Internet TCP/IP. Esse é todo o sistema de tráfego de rede de endereços de IP e Transport Control Protocol que compreende as conexões de *ponta* a *ponta* pela Net. A camada três cria os cabeçalhos dos pacotes, as identidades e endereços; a camada quatro faz a transmissão e a recepção propriamente ditas dos pacotes de dados e gerenciamento de tráfego, balanceamento de carga e acks (*recebi!*) e naks (*ainda estou esperando*) que garantem as conexões. As camadas três e quatro costumam ser um bastião dos poderes centralizados, em que governos e seus braços de inteligência perseguem nomes e endereços de domínios, entidades como a ICANN e até mesmo a UIT da ONU. Quando descobrem uma Silk Road, ou talvez uma Alpha Bay, eles a rastreiam por meio da camada três.

Acima da camada quatro temos a camada cinco — a importantíssima camada de *sessão* — que governa uma comunicação de mão dupla especial do começo ao fim, seja um stream de vídeo, uma chamada no Skype, uma conferência Session Initiation Protocol, uma troca de mensagens, um envio de e-mail, e até mesmo — e isso se mostraria fatídico — uma *transação*.

As camadas seis e sete são esquemas para *apresentações* e *aplicações* — interfaces de usuário, janelas, formatos, sistemas operacionais e assim por diante. Esses são resumidos nos esquemas engenhosos de hiperlinks (clique em uma palavra e vá para uma nova página) e endereços de URLs (universal resource locators). Tim Berners-Lee as inventou no CERN em Genebra em 1989 como parte de sua World Wide Web. Berners-Lee queria tornar todos os dados linkáveis em uma rede (web), um emaranhado de ferramentas que facilitaram a configuração de uma página da internet de "espaço colaborativo compartilhado em que todos podem atuar juntos".

Conforme 70% de todos os links acabaram sendo manipulados pelo Google e pelo Facebook, Berners-Lee temia que sua página online estivesse morrendo. Ele então se tornou um entusiasta da Blockstack. "Quando ele soube o que estávamos fazendo, fez uma dancinha", disse o líder de software da Blockstack, Jude Nelson.

Para descrever o Modelo OSI em *Telecosmo*, utilizei o exemplo de uma chamada telefônica. Pegue o gancho e escute o tom de discagem (sinal de *camada física*), hoje geralmente simulado; disque um número (cada dígito torna a chamada um link mais próximo do destino); ouça o tom de chamada (significando uma conexão de *rede* e *transporte* de sinais). No momento em que alguém atende, você passou pelas quatro primeiras camadas do Modelo OSI. Então, seu "alô" inicia uma sessão, a escolha de português define a *apresentação*, a conversa constitui a camada de *aplicação* e o ato de desligar finaliza a *sessão*.

Enquanto um materialista poderia supor que a camada física seja tudo, e um triunfalista do software imaginaria que está tudo em sua cabeça, a genialidade da rede é dualística. Animada por trilhões e mais trilhões de transistores, vias e sinais de microchip, a camada física é no fim das contas tão obscura e intangível quanto é engenhosa e indispensável. A lógica de software se prolifera em uma hierarquia acima e define o que o hardware faz.

Conforme cada componente acelera de acordo com a Lei de Moore, muitos daqueles dispositivos específicos — ASICs, chips de rede, processadores de rede, aceleradores TCP, gestores de tráfego e memórias endereçáveis de conteúdos de tabelas de referência de roteamento — são menos necessários. Substituindo-os, temos hardwares de aplicação geral cada vez mais rápidos, densos e programáveis.

Em substituição a dispositivos personalizados em roteadores, switches e outros equipamentos de rede, temos servidores potentes e microprocessadores multicore de aplicação geral de empresas como Intel, Cavium e Mellanox. Eles se interligam sob a direção de softwares ainda mais complexos e integrados. Hardwares de aplicação geral comandando mercados vastos por toda a indústria — de bilhões e mais bilhões de smartphones e consoles de videogame — tornaram-se cada vez mais rápidos e baratos. Em breve, esses chips poderiam substituir os conjuntos de hardwares mais caros e especializados para realizar trilhões de operações por segundo em velocidade de fibra pela internet.

Com o software certo, um microprocessador Intel Xeon em um servidor rápido poderia realizar funções de router e switching que anteriormente exigiam hardwares personalizados da Cisco com nomes como Tiger e Quantum Flow ou engenhosos processadores de velocidade de fibra da EZchip/Mellanox de Israel.

No final, o Google evitou hardwares de rede mais especializados em favor de milhares de servidores espalhados a partir de data centers enormes e integrados por software. As máquinas de Turing eram tão imateriais e mutáveis quanto eram na mente de Turing. Um roteador, computador, switch ou execução da internet poderiam ser "virtualizados" e não possuir qualquer manifestação de hardware *específica*.

Na vanguarda dessa mudança havia pessoas como Casado, Rexford, Freedman, Horowitz e centenas de outros por toda a indústria. Esses cientistas de rede apresentaram Ali e outros inventores da Blockstack à engenharia do blockchain desses princípios. Eles separam cuidadosamente o plano de controle em um nível superior do plano de dados em um nível inferior. Esse design garante que essas arquiteturas sejam singularmente simplificadas e escaláveis.

Tudo começou com aquele primeiro computador no Paquistão, um presente intrigante assim que ele combinou todos os componentes e o montou a partir do kit. Porém, ele se lembra de que, quando terminou a tarefa, o computador o deixou intrigado. No Paquistão na virada do século XXI, um computador era como o famoso "carro na floresta". Um carro pode ter características atraentes — luzes, aquecimento, ar-condicionado, abrigo, proteção —, mas um carro só se torna realmente empolgante com *estradas*. O computador de Ali o fascinou completamente e mudou sua vida apenas quando ele adquiriu um navegador Netscape e ficou online. No Paquistão, ele era capaz de transitar nas estradas de toda a World Wide Web e se tornar um cidadão de uma economia informacional mundial.

Conforme Ali percebeu, a ascensão do Netscape sinalizou um ponto de virada na história da rede — a provisão de novas vias acessíveis para os dados. Seu navegador ofereceu interatividade, texto, imagens, segurança e possibilidades de transações pela internet. Ele incorporava o JavaScript de Brendan Eich para páginas online dinâmicas e formulários de transações, uma Secure Socket Layer (SSL) permitindo links comerciais seguros pela Net, e uma Máquina Virtual Java para portar quaisquer aplicativos da Torre de Babel dos sistemas operacionais.

Os fundadores do Netscape viram a internet como uma arena para todo tipo de expressão criativa interligada, de fotos a vídeos. Seu fundador, Marc Andreessen, e o investidor Jim Clark, inventor do "geometry engine" 3D na Silicon Graphics, previram um metaverso 3D de jogos e mundos virtuais. Por meio do Netscape, Andreessen, Eich, Clark, e seus colegas haviam dado a Ali o poder de animar páginas online, compartilhá-las com o mundo e talvez ganhar dinheiro na rede.

A IPO do Netscape em 1995 também significou a distribuição dos prêmios da internet. No primeiríssimo dia, as ações quase triplicaram em uma avaliação de mais de US$3 bilhões, beneficiando o público enquanto inspiravam e financiavam empreendedores a desafiar o establishment computacional. Nos cinco anos seguintes, uma série de IPOs, de empresas como Google, Amazon, e mil outras pontos-cons, instigaram uma explosão nas aplicações descentralizadas de internet. Sob o que eu chamei de Lei do Microcosmo, a inovação se moveu decisivamente para as fronteiras da rede.

Foi um ponto alto para o empreendedorismo tecnológico. Depois do ano 2000, entretanto, o número de startups estagnaria e as IPOs quase desapareceriam, exceto para as maiores empresas de tecnologia. Na sequência do fiasco de Enron, normas sob o Ato Sarbanes-Oxley exigiram um pedágio de cerca de 3 milhões de dólares para acessar mercados públicos e impôs um regime contábil rígido repleto de papeladas e pouco confiável. Foi totalmente hostil com a cultura e as finanças das startups.

Típico das bobagens que fazem com que seja proibitivamente caro e perigoso se tornar uma empresa pública é o envolvimento de advogados nas "divulgações justas" de todas as comunicações empresariais. Se você precisa passá-las pelo crivo de advogados, provavelmente não dirá nada interessante. Com exceção das maiores corporações, todas as empresas se tornaram reinos de comunicações com entropia quase zero — todos números retroativos e nenhum detalhe interno que os torne significantes.

Na época em que Ali chegou a Princeton em 2012, o Netscape havia sido bloqueado. Seu navegador abriu caminho para o Explorer da Microsoft, distribuído gratuitamente e agregado ao Windows 95. Iniciando a prática hoje comum de os leviatãs da internet comprarem inovações, a Microsoft foi capaz de reprimir o desafio do Netscape adquirindo o navegador Spyglass. Acontece que os principais designers do Spyglass eram Andreessen e Eric Bina, do Netscape, que haviam desenvolvido seus fundamentos como Mosaic ainda no centro de supercomputadores da University of Illinois. A Microsoft adquiriu um elegante navegador modular e fez os inventores do Netscape competirem consigo mesmos.

A escassez de IPOs continuou por mais de uma década. Por nove meses em 2016, não houve nenhuma IPO nos EUA. Em vez disso, investidores de risco mantinham centenas de "unicórnios" — empresas privadas avaliadas em mais de 1 bilhão de dólares — em seus currais. Lideradas por Uber e Airbnb, quase todas elas tinham valores de mercado privado maiores que o do Netscape em sua IPO. A maioria estava menos interessada em se tornar pública do que em se fundir a um mamute como Google/Alphabet ou Facebook. Diferente da valorização das primeiras empresas da internet como Microsoft e Netscape, a valorização de unicórnios não beneficiaria o público essencialmente. Os retornos (e taxas de consumo) fluíam principalmente para os investidores de risco que os mantinham e para os leviatãs que compravam alguns dos melhores entre eles.

Era essa a situação quando, em 2012, Ali e seu amigo Ryan Shea entraram no Entrepreneurship Club em Princeton e mergulharam juntos em um esforço para lançar novos aplicativos de internet. Na primavera de 2013, eles se viram estranhamente travados. As vias da internet em que estavam viajando agora convergiam em hubs de data centers gigantes que ofereciam segurança ou privacidade deficientes e pouco retorno econômico para qualquer um que não fosse um dos gigantes da internet.

Era um movimento de enclausuramento com uma falha crítica. Uma rede insegura seria incapaz de proteger direitos de propriedade, defender a privacidade, hospedar transações seguras e eficientes, permitir que micropagamentos impedissem spans ou determinar identidades com certeza. Google, Facebook, Amazon, Apple e as outras reagiram com seus próprios "espaços seguros" particulares nos quais elas poderiam acomodar o comércio entre seus usuários mais trancados.

Como Ali escreve, "atualmente, com o uso frequente de um serviço online, os dados do usuário ficam trancados em 'silos de dados', por exemplo, dados que sejam compreendidos e armazenados por Facebook, Yahoo!, Google e outras empresas, respectivamente, mas que não podem migrar entre serviços. Isso leva a um modelo de dados centralizado; os silos de dados acabam inevitavelmente sendo hackeados como, por exemplo, o hack recente de 500 milhões de usuários do Yahoo!".[7]

Esses silos, ou "jardins murados", foram o que enfraqueceu Berners-Lee.[8] Eles funcionaram bem para seus proprietários, mas destruíram a coerência global da rede e causaram uma segmentação cada vez maior. Dentro dos segmentos, Google, Apple, Facebook, Amazon etc. coletavam cada vez mais dados privados e os protegiam com firewalls e codificação. Mas, conforme o tempo passou, eles descobriram que a centralização não é segura. Inserir dados em depósitos centrais resolvia o maior problema dos hackers: lhes dizia quais dados eram importantes e onde estavam, colocando toda a internet em risco.

O Google mobilizou "uma equipe swat de estrelas hacker" para reagir aos hackers mal intencionados. Toda uma indústria de empresas de segurança surgiu para proteger os potes de mel de dados de usuários reagindo a ataques de vírus, grandes roubos de dados, ataques de negação de serviço, malwares, malvertisements, esquemas de phishing, ransomware e outras importunações. Cada feudo da internet respondeu impondo a seus consumidores uma enxurrada de tarefas que não ajudou em nada na melhoria da segurança e piorou muito com o passar dos anos. Programas de "segurança" simplesmente deixam que detentores de dados de mãos furadas digam aos tribunais que estavam fazendo todo o possível, apontando para seus enormes gastos com tais programas.

Os silos de dados dos leviatãs inspiraram tiranos em todo o mundo a isolarem suas próprias internets. Se dois nerds no Google podiam ter sua própria internet e um cientista no Facebook podia ter a dele, por que o governo chinês não podia ter uma? Ou os mulás iranianos? Ou, Deus nos defenda, a União Europeia? O Google saberia a respeito de todas elas.

A pilha da internet havia se tornado um esquema poroso e perfurado em que a maior parte do dinheiro e do poder poderia ser sugada pelos grandes aplicativos do topo dirigidos por empresas como o Google. O que era necessário era uma *blockstack* que pudesse conter as identidades, dados pessoais cruciais e pointers para armazenar endereços em uma base de dados segura e imutável no blockchain.

Como Ali e Shea entenderam, a segurança não é um aplicativo ou videogame. É uma arquitetura. Decidindo projetar essa arquitetura, Ali se tornou um cidadão americano e — com Brendan Eich, Vitalik Buterin e outros pioneiros — um líder do movimento de restabelecer a internet nos princípios peer-to-peer descentralizados que ele experimentou quando criança no Paquistão.

Capítulo 15

Retomando a Rede

Muneeb Ali, Ryan Shea e sua equipe já estavam prontos para desafiar o modelo do Google e restaurar uma internet centrífuga. Eles estavam propondo a quebra do sistema em apenas duas estruturas-chave: *monólito*, os portadores previsíveis do blockchain abaixo, e *metaverso*, as operações inventivas e surpreendentes de seus usuários acima. Eles proveriam a fundação de uma cornucópia criativa.

Continuando a trabalhar em sua tese de doutorado da "Nova Internet", mas novamente ficando sem dinheiro, Muneeb Ali estava mais interessado em realmente construir a nova rede. Em 2012, ele teve a sorte de conhecer Jude Nelson, um alto e loiro engenheiro de softwares do Arizona que precisava de ajuda em Manhattan em um projeto chamado Syndicate, um sistema de armazenamento de arquivos empresariais baseado em blockchains. Usando matemática criptográfica — hashes ao longo do tempo — ele oferece pointers seguros para locais e endereços de armazenamento de computadores. O Syndicate poderia utilizar instalações de armazenamento como Google Drive, S3 da Amazon e Microsoft Azure como serviços de armazenamento dos pointers e IDs no blockchain, com os donos dos dados mantendo o controle.

Nelson e Ali sentiram uma onda de empolgação acerca da tecnologia blockchain. Ali a descreveu como "o programa mais sofisticado e complexo, e ainda assim elegante e bonito com o qual jamais me deparei. E a principal coisa que faz é devolver o poder às pessoas". Ele se uniu a Nelson para trabalhar no Syndicate, e dois anos depois Nelson trabalhou para ele em Manhattan na Blockstack, então chamada "OneName", que Ali e Shea, em licença de Princeton, haviam iniciado em 2013.

"Os aplicativos não eram responsivos aos consumidores, mas sim projetados para prendê-los", diz Shea. "Você entra na rede e o Facebook, Google, Dropbox, Pinterest ou Amazon, todos querem que você se mude definitivamente, dando-lhes todos os seus documentos e músicas, oferecendo armazenamento para sua vida. Sites médicos querem armazenar todos os seus dados de saúde. Você precisa fazer uma solicitação para obtê-los quando quiser." — quando precisa se mudar para outro provedor, por exemplo.

A equipe da Blockstack queria restabelecer a rede em fundações confiáveis de baixa entropia. Ali explica: "Sistemas de identidade descentralizada permitem que os usuários controlem uma identidade única registrada no blockchain que pode ser reconhecida por qualquer site."[1] Ele compara essa ID universal com o combo atual de "nome de usuário e senha que pode ser reconhecido apenas pelo site que o levou a criar uma conta". Com o blockchain, os usuários podem fazer login nos sites provando automaticamente a propriedade de suas identidades.

Quando Ali e Shea estavam começando seu projeto, milhares de novas empresas da internet estavam se formando em torno do bitcoin e do blockchain. Mas a maioria delas estava fornecendo novos serviços (transferências baseadas em blockchains de Abra para países em desenvolvimento), moedas (Monero e Zcash, com criptomoedas para privacidades cada vez maiores), fóruns (Steem, um blockchain para quadros de comentários e notícias do Reddit) e mercados (AlphaBay, emulando o bazar de drogas Silk Road).

Ali e Shea queriam abordar o problema em um nível mais fundamental, desenvolvendo uma nova camada de protocolo seguro para a internet, e por meio da qual identificação, dinheiro, poder e propriedade poderiam ficar com seus donos em vez de serem sugados para os aplicativos superiores. "Fiquei impressionado com a perspectiva de Peter Thiel", diz Shea. "Por que você iria querer competir com alguma empresa existente, ser cada vez mais eficiente e tornar o mundo um lugar levemente melhor?"

Em 2014, eles pegaram um investimento de US$250 mil e se mudaram para o Y-Combinator em Mountain View, Califórnia, para uma empreitada e demonstração. Iniciada pelo empreendedor Paul Graham, a YC era um tipo de Hotel Califórnia ao contrário para nerds — difícil de entrar e fácil de sair. Thiel disse ao Y-Combinator em 2015 para pocurar "ideias aparentemente ruins" que "fossem na verdade boas", como Dropbox (armazenamento na nuvem) e Airbnb (alojamentos baseados na nuvem). Ambos começaram nebulosamente no YC e hoje têm valor de mercado total de muitos bilhões de dólares.

Em 27 de julho de 2017, viajei para o oeste para ver como o pessoal da Blockstack estava e talvez ajudá-los com um discurso. Apesar de ainda ser baseada em Nova York, a Blockstack escolheu o Computer Museum em Mountain View, a alguns minutos do campus do Google, para sua festa de lançamento: o Blockstack Summit 2017. Seu diretor de marketing, Patrick Stanley, me pediu para falar sobre *Vida após o Google*.

Pouco mais de duas semanas antes, a banca de doutorado de Ali em Princeton havia finalmente aprovado sua tese, "Trust-to-Trust Design of a New Internet". Escrita com a ajuda de Shea, ela se equiparava em escopo e ambição à tese de Larry Page, "PageRank", em Stanford.

Ali defende uma nova arquitetura de internet e então declara que, em protótipo, ela já estava no ar há três anos, necessitando de apenas 44.344 linhas de código de linguagem de software Python. Em comparação, o famoso e elegante navegador Chrome do Google necessitou de mais de 4.490.488 linhas de código, em sua maioria de linguagem C++.

Como CTO da Blockstack, Ali criou uma nova internet peer-to-peer paralela. Você pode acessar seu site e baixar seu navegador a fim de experimentar os benefícios de uma internet segura em que você controla suas próprias informações.

Uma abordagem mais simples e limitada distingue a Blockstack do Ethereum. Ryan Shea, o CEO, resume: "Estamos buscando um sistema muito mais simples do que o Ethereum. Com uma superfície de ataque maior, mais coisas podem dar errado. Estamos utilizando blockchain e software para as funções centrais de nomeação, descoberta de informações de roteamento e pagamentos... Componentes centrais como identidade e descoberta não devem ser feitos de forma a expor uma grande superfície de ataque."

Enquanto a Blockstack minimiza o uso do blockchain para armazenamento e computações complexas, o Ethereum sobrecarrega sua cadeia tanto com armazenamento quanto com loops e recursões de software. Assim ele pode se tornar menos eficiente e menos escalável e mais complexo e vulnerável. Enquanto a Blockstack se concentra na fundação infraestrutural da rede — nomeação, identidade e pointers para armazenamento —, o Ethereum se tornou "uma fábrica de tokens", nas palavras de Nelson. Ele oferece uma ampla máquina de Turing computacional para contratos inteligentes e tokens que expõe uma grande superfície de ataque para hacks externos e bugs internos.

Enquanto a Blockstack é uma transportadora de baixa entropia de identidades, nomes, descoberta de roteamento e direitos de propriedades, o Ethereum é uma plataforma de alta entropia para a geração de dinheiro, arrecadação de fundo e programação criativa na internet.

Como o pessoal da Blockstack reconheceu prontamente, todas essas "falhas" do Ethereum são forças atualmente. Foi o Ethereum que obteve um avanço espetacular ao superar o congelamento na arrecadação de fundos para startups de alta tecnologia e fintechs inovadoras. Mas Ali e sua equipe estavam determinados a restaurar uma internet descentralizada primeiro e desenvolver dispositivos financeiros apenas depois que a confiança tivesse sido recuperada.

Nessa campanha, Ali, Shea e seu diretor de software, Nelson, são parte de um amontoado de centenas de novas empresas arrecadando bilhões de dólares para lançar novas capacidades para uma internet reformada baseada nas inovações de registro distribuídas pelo blockchain de Satoshi. O Ethereum, com seu ether avaliado em US$60 bilhões enquanto escrevo esse livro, é obviamente o atual líder no oferecimento de uma plataforma global descentralizada para uma funcionalidade semelhante à da internet. Mas a Blockstack desfruta de vantagens estratégicas.

O movimento Blockstack se fundamenta em sete princípios-chave:

Cadastro distribuído: Garante a segurança por meio da centralização *lógica* (mantendo apenas uma única visão transparente e imutável de seu "estado" de registros rotulados com hora e data) enquanto é organizacionalmente descentralizado (distribuindo controle e replicando contas de registro por todos os nós da rede). O blockchain de Satoshi é a primeira representação desses dois conceitos aparentemente contraditórios, que evocam a ideia medieval do cadastro, um registro público de toda a propriedade real em uma jurisdição.

Escalabilidade máxima: Garante desempenho e escalabilidade por meio da separação do *plano de controle* (isolado no blockchain) do *plano de dados*, que pode ser disperso pela rede. Esse princípio reserva o blockchain para funções críticas de caminho de identidade, pagamentos, segurança e descoberta, enquanto relega o armazenamento de dados em massa e processamentos complexos para uma quantidade qualquer de recursos de nuvem e fronteira.

Protótipo único: Define direitos de propriedade ao preservar o princípio e a precedência de documentos únicos, rotulados com horário, registrados e alocados algoritmicamente. Como cada item — até mesmo cópias — sempre trazem rótulos de horário imutáveis diferentes, reivindicações de propriedades podem sempre ser diferenciadas.

Complemento paralelo: Sua expansão confere benefícios de privacidade e propriedade a seus participantes sem ameaçar diretamente as consagradas, cujas instalações são usadas pelo sistema como um serviço.

Conforme o reino Blockstack for crescendo, sua influência e poder aumentarão, e as consagradas serão incentivadas a acomodá-lo.

Transportador de baixa entropia: Oferece uma fundação estável, previsível e monolítica para o metaverso de alta entropia na fronteira. Evita mudanças inconstantes de leis e estruturas que confundem o planejamento empreendedor nas pontas e causa problemas de segurança.

Migração livre: Permite a passagem desobstruída de um blockchain ou rede para outro sem prender os usuários. Essa característica crucial é viabilizada pela programação de Jude Nelson para *cadeias virtuais*, as quais funcionam sobre o blockchain fundamental da mesma forma que as Java Virtual Machines funcionam sobre a maioria dos sistemas operacionais.

Ponta a ponta, trust-to-trust: Todos os nós se apoiam em raízes de confiança que não dependem muito de autoridades externas.

O objetivo inicial da Blockstack era ser um domain name service (DNS) instalado em um blockchain. Traduzindo nomes de linguagem natural e títulos de sites em números de endereço de internet, um DNS participa de todos os seus movimentos na rede. Um DNS constitui um Trusted Third Party como Verisign ou GoDaddy ou, cada vez mais, o próprio DNS público e gratuito do Google. Ele se tornou outro caso de segmentação da rede e um ponto de vulnerabilidade para a prática de phishing a fim de roubar nomes e identidades.

Movendo o DNS para o blockchain, a Blockstack elimina um ponto importante de vulnerabilidade na internet. Nomes são rotulados com horário, armazenados de forma imutável e distribuídos para todos os nós da rede por meio do registro do blockchain. A princípio, a Blockstack escolheu utilizar o blockchain Namecoin, um dos primeiros rivais do bitcoin, otimizado para o armazenamento de nomes imutáveis. Mas, em 2016, Ali e Shea perceberam que o Namecoin estava cada vez mais vulnerável a ataques de um grupo crescentemente concentrado de mineradores. Vasculhando os dados em todos os blockchains disponíveis, inclusive a Ethereum, eles descobriram que o blockchain mais robusto, seguro e confiável era de longe o blockchain bitcoin de Satoshi. A Blockstack agora enfrentava um teste importante: ter que mover cerca de 80 mil inscritos de um blockchain para outro. Felizmente, a equipe já havia previsto esse tipo de desafio com as cadeias virtuais de Jude Nelson no código.[2]

Nelson relembra: "Logo pretendemos conceder a cada aplicação a capacidade de formar seu próprio blockchain de forma segura. Eu argumentaria que isso facilita que as pessoas comuns desfrutem dos sucessos comerciais de empresas operadas por blockchain, já que (1) hoje existem mais delas e (2) todas possuem tokens cujo valor podem estimar. O Ethereum meio que faz isso com a ERC20, mas ela não funciona em escala. Além disso, cada aplicação de ERC20 é atrelada ao destino do Ethereum, o que pode torná-lo menos propício a sobreviver no longo prazo." Diferentemente do Ethereum com sua exotérica Solidity, a Blockstack torna sua plataforma programável no JavaScript de Brendan Eich, a linguagem de computação mais difundida do mundo.

No final de 2017, a Blockstack lançou uma venda de tokens para financiar o sistema de nomes distribuídos. Arrecadando US$50 milhões, ela estava no caminho certo, construindo uma nova camada de confiança, ID e transações para a internet. Melhor do que o dinheiro, ela oferece trocas que ocultam as informações pessoais, mas que também permitem uma prova de compatibilidade completa onde for necessário. Você pode não somente fazer trocas de forma anônima, como também pode comprovar seu registro de comportamento se um governo fizer acusações falsas ou uma empresa fizer alegações absurdas. Essa combinação de segurança e certificação torna as criptomoedas uma melhoria fundamental nos dinheiros existentes — uma solução para a turbulência monetária do nosso tempo.

Capítulo 16

A Corajosa Volta de Brendan Eich

"Olá. Sou o culpado pelo JavaScript." Um programador de computadores americano afável e levemente gorducho de 55 anos está no palco do dourado Vienna Volkstheater. Esse é Brendan Eich, cofundador do Mozilla e inventor do navegador Firefox, iniciando sua TEDx talk de 2016 "How to Fix the Web" [Como consertar a web, em tradução livre]. Ele se curva, com as mãos na cabeça, demonstrando seu constrangimento.

Em 1995, o jovem Eich escreveu o JavaScript em 10 dias como um protótipo do Netscape; seu nome refletia a fama do mais conhecido Java, desenvolvido anteriormente na Sun por James Gosling e promovido a um padrão da indústria por Eric Schmidt. O JavaScript de Eich logo ofuscou o Java da Sun como a linguagem de computação mais amplamente utilizada no mundo.

Durante anos, Eich e sua linguagem de programação obtiveram sucesso crescente. Em 2014, ele havia ascendido a CEO da Mozilla Foundation, com um escritório ao lado do Googleplex, em Mountain View. Na época, Eich tinha 50 anos e já parecia enxergar o ponto final de sua carreira. Com uma autodepreciação característica, ele havia escrito em seu blog no ano anterior: "O Mozilla tem 15 anos. O JavaScript quase 18. Estou velho. Ultimamente eu simplesmente faço as coisas acontecerem e dou nome a outras coisas... Isso não compensa não ter conseguido nomear o JavaScript."

Mas não seria uma entrada fácil na aposentadoria. A descoberta de que em 2008 Eich havia doado mil dólares para a campanha da Proposição 8 da Califórnia pelo casamento tradicional causou um furor, apesar de ter sido descrito até mesmo por pessoas que discordavam dele na questão como "um cara a atencioso, nerd e humilde — o tipo de cara que você quer puxar para um canto na festa e conversar sobre tecnologias web por uma hora". Eich se tornou um improvável bode expiatório, e seu tempo no Mozilla repentinamente acabou.

Nesse momento, a poderosa linguagem de programação com o nome de segunda mão havia revelado seu próprio lado oculto. Oferecendo um meio de as páginas da internet configurarem cookies, o JavaScript havia se tornado um componente crucial em anúncios direcionados e rastreamento invasivo de usuários da internet. Os cookies são um elemento de memória em seu computador que um site pode controlar. Eles podem ser fofos quando se lembram de você e lhe permitem retornar a um site do qual você já saiu sem inserir novamente seu nome e senha. Mas são uma ameaça quando utilizados por site nocivos para inserir malware em sua máquina.

Após sua expulsão súbita do Mozilla, Eich pareceu renovado. Retornando à programação, ele lançou o revolucionário novo Brave Browser que soluciona todos os efeitos ruins dos cookies e vira o jogo contra todo o império hierárquico da internet. Ele financiou o Brave com uma das primeiras, mais lucrativas e mais estratégicas vendas de cripto-token. Nessa venda, o Brave arrecadou cerca de US$36 milhões em algumas horas — os quais então multiplicaram quando o preço da moeda da Ethereum disparou.

Essas vendas de cripto-token, conhecidas como "initial coin offerings" (ICOs) [ofertas iniciais de moedas] são um tipo de crowdfunding de criptomoedas. Gerando esses tokens, os empreendedores conseguiram arrecadar até US$7 bilhões em capital novo simplesmente fazendo a pré-venda de componentes dissociados de ações na forma de produtos a serem desenvolvidos. O Ethereum, como uma "máquina virtual" de código aberto, permite que os usuários finais construam programas de vinculação específicos, garantindo cuidadosamente a conformidade com as leis. Ele se tornou, assim, o mecanismo de tokens favorito.

A primeira venda de tokens desse tipo aconteceu em 2013, depois que o presidente Obama assinou o Jumpstart Our Business Startups ("JOBS") Act, que parecia abençoar esse tipo de expansão de dinheiro de startup vindo de investidores não credenciados. Os tokens não representam ações de propriedade de uma empresa, mas sim diversos bens, serviços, cartões-presente e outros elementos da proposta de valor de uma empresa. Geralmente emitidos aos milhões ou mais e vendidos inicialmente por milésimos de centavos, eles criam uma comunidade de interesse por um projeto sem definir exatamente os direitos dos compradores. Apesar de 46% dos tokens emitidos na época da escrita deste livro já terem fracassado, tornando-se inúteis, todos os tokens são diferentes. Aqueles que funcionam oferecem a participação em uma nova arquitetura para uma economia mundial afligida e um sistema financeiro disfuncional. As vendas de tokens substituíram claramente as IPOs e outras emissões de ativos como dispositivo de arrecadação de fundos para startups de tecnologia.

Em 2018, entretanto, todos os envolvidos no setor estavam observando ansiosamente a Security and Exchange Comission (SEC). Tendo reprimido tanto as IPOs, a SEC também direcionou sua atenção às ICOs. Os principais advogados desse setor acreditam que tais pré-vendas de bens e serviços — a serem fornecidos ou até mesmo definidos, em sua maioria, depois — burlam o mandato da SEC e até mesmo sua jurisdição. Afinal, empresas vendem bens e serviços o tempo todo de diversas formas sem que a SEC se importe. Mas a comissão discorda. Decidindo que praticamente todos os tokens são títulos e estão, assim, sob sua jurisdição, a SEC ameaça enormemente aumentar o custo legal da inovação criptográfica nos EUA. O perigo é que isso pode estender a estagnação à qual ela levou a economia empreendedora e coagir o setor a sair do país.

Tendo obtido uma venda de tokens extremamente bem-sucedida, Brendan Eich fala do outro lado do espelho. Ele é uma das poucas pessoas no setor que parece totalmente tranquila. E seu objetivo é audacioso. Ele concebeu esses "Tokens de Atenção Básica" para derrubar o Google. Ou ao menos enviar Page e Brin de volta à prancheta para traçar uma nova estratégia. O pacato Eich os acertará com um bilhão de tokens.

Quando escrevi *Vida após a Televisão*, esperava que as eficiências de uma internet interativa levariam a um sistema de publicidade mais direcionado e eficaz que entregaria apenas os anúncios que o espectador quisesse. Pensei que o equilíbrio de poder penderia dos anunciantes para os consumidores. Como Eich observa, "isso não aconteceu. Em vez disso, o ecossistema de tecnologia de anúncios se tornou uma variedade confusa de intermediários e complexidade...".

"Pior ainda", diz Eich, "os usuários perderam sua privacidade; eles enfrentam cada vez mais malware, pagam preços altos para fazer download de anúncios que não desejam e sofrem com velocidades baixas. Editores perderam milhões em receitas enquanto a fraude decolou. E os anunciantes enfrentam divulgação e direcionamento péssimos".

O concisamente persuasivo e cuidadosamente documentado white paper da Brave, de março de 2017, detalha essa crise da publicidade da internet. A situação de tudo ou nada. Noventa e nove por cento do crescimento vão para o Google e o Facebook. Editores — sejam de sites, livros, jogos ou música — ficam com o derradeiro 1%, que está repleto de fraudes. Em 2016, a demanda de anúncios falsos gerada por bots da internet custou cerca de US$7,2 bilhões aos anunciantes, com o ad malware para enganar os usuários crescendo 132% desde 2015.

A catástrofe da publicidade é mais aguda no mercado mais convidativo e de crescimento mais rápido do setor — smartphones. Os consumidores estão cada dia mais pagando a seus fornecedores de banda larga não pelo conteúdo que buscam, mas pelo ruído da entrega de anúncios suspensos. Em sites de editores populares, até 79% dos dados móveis são anúncios. Em média, os usuários de smartphone pagam 23 dólares ao mês por anúncios, trackers, scripts e outras tranqueiras distrativas que trazem malware, atrasam o tempo de carregamento, acumulam custos de planos de dados, diminuem o tempo de bateria e destroem os direitos de privacidade e propriedade.

O white paper do Token de Atenção Básica (TAB) da Brave mergulha no Google, que "está no centro do ecossistema de publicidade digital existente. Eles se beneficiam da complexidade e opacidade que o definem. A intenção do TAB é dar poder aos próprios usuários e editores que estão recebendo menos do que deveriam".

Independentemente do que o Google faz, diz Eich, o atual sistema é insustentável. Ele frustra os usuários com carregamentos lentos, desperdiça banda com anúncios indesejados e elimina os lucros dos editores — além de sequer ser seguro. Como Jonathan Taplin documenta de forma implacável em *Move Fast and Break Things* ["Mova-se Rápido e Quebre Coisas", em tradução livre], o regime de agregar e anunciar do Google está reduzindo drasticamente a renda de músicos, jornalistas e outros produtores do conteúdo que a empresa busca monetizar com anúncios e pesquisas.

A enxurrada de publicidade levou cerca de 87,5 milhões de americanos a recorrerem a ad-blockers, que podem eventualmente derrubar o grupo todo, inclusive o Google. Os bloqueadores de anúncios mais ávidos são os millennials, cuja largura de banda tipicamente limitada e as conexões de dados caras deixam seus smartphones travados e lentos por causa de anúncios e suas projeções.

O Google, vendo os avisos claros, hoje oferece seu próprio bloqueador para "anúncios inaceitáveis". Mas os anúncios push tradicionais são uma tecnologia fracassada, independente de "aceitabilidade". Ninguém quer ficar assistindo a um anúncio, seja ele apresentado de forma engenhosa ou enganosa, antes de assistir a um vídeo do YouTube.

Conforme o serviço de assinatura livre de anúncios do YouTube Red fica mais popular, o Google vai descobrindo que ninguém quer mesmo *nenhum* anúncio gratuito. Eles são desprovidos de valor, *minuses* ou até mesmo armadilhas — como o próprio Google reconhece quando permite que os consumidores *paguem* por sua remoção assinando serviços livres de anúncios.

Identificando as forças no centro dessa situação, Eich cita Herbert Simon, o teórico da informação da Carnegie Mellon: "O que a informação consome é a atenção de seus recipientes. Uma riqueza de informações cria uma pobreza de atenção e uma necessidade de alocar essa atenção de forma eficiente em meio à superabundância de fontes de informação que podem consumi-la."

Quando a informação se torna abundante, o *tempo* continua escasso. O que Herbert Simon, Esther Dyson, Tim Wu e seus muitos discípulos chamam de *atenção* é basicamente uma outra palavra para *tempo*. Como explico em *The Scandal of Money* ["O Escândalo do Dinheiro", em tradução livre], o tempo se traduz na economia como dinheiro.

No presente, os editores são pombos alimentados por meio da alimentação de cavalos, como Google e Facebook, a partir de muitos estômagos de intermediação. Como os editores de veículos impressos no passado, eles não obtêm lucros principalmente a partir do conteúdo, mas sim do tempo indiretamente mensurado que seus leitores concedem aos anúncios. No entanto, o Google e outros estão descobrindo que a atenção humana pode ser esgotada. Como Eich afirma, ela se dissipa "até que os níveis de dopamina sejam recuperados". Já é evidente uma epidemia de "cegueira de banner" na internet.

É nessa brecha que Eich está lançando seu 1 bilhão de tokens — a unidade de câmbio para uma engenhosa nova plataforma de publicidade descentralizada, e de código aberto, baseada no blockchain Ethereum de Vitalik Buterin. Os anunciantes premiam os editores com TABs com base na atenção dos usuários mensurada por seu padrão de uso. Os usuários também serão pagos em TABs por aceitar anúncios que queiram ver ou escolham tolerar em troca de micropagamentos. Eles podem doar esses TABs de volta aos editores favoritos ou usá-los em troca de conteúdo.

Esse sistema transparente mantém os dados do usuário privados enquanto remove intermediários e entrega menos anúncios, porém mais relevantes. Aqueles que os usuários realmente buscam. Os editores obtêm uma fatia maior dos retornos enquanto os anunciantes recebem melhor divulgação e desempenho e os consumidores recebem anúncios que eles explicitamente aceitam em troca de pagamento. Em vez de manipular o espectador a ver anúncios, os anunciantes encontram espectadores que estão interessados em seus apelos. Eich conclui que "a Brave reiniciará o ecossistema da internet baseada em anúncios, dando a anunciantes, editores e consumidores uma solução ganha-ganha cujos componentes e protocolos podem se tornar futuros padrões da rede".

Como Eich disse a uma plateia da TEDx em Vienna em outubro de 2016, "tente imaginar um mundo onde você é dono de seu próprio dossiê; é sua própria vida online — você deve ser dono de seus dados. Se é dono deles, então você pode apresentar as condições de serviço [aos gigantes jardins murados da internet], da mesma forma que eles apresentam a você seus 'termos e condições de serviço' que ninguém nunca lê... Isso criaria uma nova internet".

Em um mundo de informações abundantes e tempo escasso, o que as pessoas valorizam mais? Como declara Kevin Kelly, "as únicas coisas que estão aumentando em custo enquanto todo o resto tende a zero são as experiências humanas... [Realidade virtual] abundante e barata será uma fábrica de experiências".[1]

Conheci Brendan Eich quando ele se juntou a mim no conselho consultivo da startup OTOY, baseada em Los Angeles. Minha entrada no que Kelly descreve como uma fábrica de experiências também foi cortesia da OTOY. Seu inventor-fundador, Jules Urbach, tem transformado modelos computacionais para cenas 3D em imagens digitais que podem ser enviadas por meio da rede, exibidas em qualquer tela e experimentadas como reais.

O metaverso da OTOY é algo totalmente novo. Seus mundos virtuais serão quase indistinguíveis em muitos aspectos da topologia do mundo real. Como Kevin Kelly descreve empolgadamente: "Utilizaremos ele para visitar ambientes muito perigosos para arriscar na pele, como zonas de guerra, oceanos profundos ou vulcões. Ou o utilizaremos para experiências às quais não temos fácil acesso como humanos — visitar o interior de um estômago, a superfície de um cometa. Ou para trocar de gênero, ou [como Jaron Lanier deseja] se tornar uma lagosta. Ou para experimentar de forma barata algo caro, como voar sobre o Himalaia."[2] Mais importante ainda, o utilizaremos para novas interações sociais em novos arranjos — concertos, bailes, teatros, estádios.

Nesse novo domínio virtual, como a propriedade será identificada e defendida? Trabalhos musicais, por exemplo, combinam contribuições de compositores, letristas, artistas, distribuidores e outros participantes, todos os quais possuem reivindicações específicas. Como o white paper da OTOY explica: "Os blockchains são capazes de operar direitos de propriedade intricados necessários para ativos digitais complexos que podem frequentemente ser copiados e para os quais a prova rótulo de horário de autoria é crucial. Tokens, por outro lado, permitem transações multiformes imediatas executadas a partir de contratos integrados executados dentro do processo blockchain."

A principal promessa da OTOY, como observa John Carmack, CTO do Facebook/Oculus, é uma plataforma e interface de usuário para a internet totalmente nova, anunciada em 2015 em uma coletiva de imprensa conjunta com Eich na espetacular sede da Autodesk, uma investidora da OTOY, em São Francisco.

Eich, então ainda no Mozilla, e a OTOY anunciaram que, juntos, estão entregando um codec de vídeo — o modo como as imagens são codificadas para transmissão e decodificadas na tela — OTOY ORBX de última geração, que é carregado em JavaScript e assim utilizável com qualquer navegador. Ele se torna ORBX.js e é embutido no software OTOY em vez de em chips hardware padrão que levam até dez anos para serem especificados e gravados em silício.

Com o protocolo de renderização ORBX da OTOY traduzido no JavaScript de Eich, qualquer navegador pode prosperar em um espaço tridimensional. Os usuários podem fugir do confinamento em uma tela e ocupar um espaço. Não mais limitado a digitar em uma tela, você pode fazer escritas nas paredes do mundo — um avanço que pressagia o fim da internet segmentada, hierárquica, como um jardim murado e desfazendo-se em cookies. Após sua coletiva de imprensa na Autodesk, Eich declarou em seu blog: "Esta manhã eu vi o futuro."

Eich estava particularmente entusiasmado em substituir esquemas de gerenciamento de direitos digitais complicados pela aplicação de marcas d'água no próprio vídeo em cada intra-frame. Ari Emanuel, agente supremo, diretor da William Morris Endeavor, e um importante patrocinador da OTOY, acredita que esse avanço pode, afinal, eliminar totalmente a necessidade de gerenciamento de direitos digitais. Apesar de esse tipo de marca d'água por usuário ter sido proibitivamente caro, a OTOY pode fazê-lo na nuvem por possíveis centavos por filme.

Como aponta Jeff Kowalski, CTO da Autodesk, os benefícios vão além da grande redução de custos em imagens geradas por computador e trabalhos semelhantes de processamento. O software OTOY aumenta a colaboração e a inovação ao libertar as pessoas criativas de grandes estações de trabalho. A nuvem GPU significa que muitas ideias alternativas, ângulos de câmera e coisas do tipo podem ser experimentadas sem esperar horas por cada renderização. "Até mesmo na praia", disse ele, "em seu tablet conectado por 4G". Ou em suas lentes de contato, novas roupas sensoriais, visores holográficos e espaços eletrônicos imersivos.

A concretização do metaverso de Neal Stephenson é possível pela primeira vez. Sem saírem de suas casas, as pessoas serão capazes de viajar para qualquer lugar e desfrutar de uma experiência visual, e até mesmo táctil, completa. Elas serão capazes de interagir com imagens e comprar e vender direitos dentro dos domínios virtuais. Assistirão a peças de teatro, eventos esportivos, noticiários e novos tipos de narrativas mórficas. Elas voarão de asa delta pelos Alpes, visitarão a lua e viajarão além dela para a vida após o Google.

Por essa causa, a OTOY agora se aliou a Disney, Unity, Facebook, HBO, Jon Stewart, NHL, Discovery Channel, Autodesk, Nvidia e Amazon.

Como Eich twitou em julho de 2017, a OTOY está "prevendo o futuro holodeck/matrix/metaverso ao construí-lo".

CAPÍTULO 17

Yuanfen

Quando Stephen Balaban pediu Betty Meng em casamento, os céus abençoaram o evento com um anel de diamantes gigante. Ele a havia visto pela primeira vez em um lugar lotado na Oren Hummus Shop na University Avenue em Palo Alto quatro anos antes. Agora, na manhã do dia 21 de agosto de 2017, os dois estavam em Madras, Oregon, em um ponto ideal dos 112 quilômetros da "região de totalidade" do eclipse solar.

As estrelas invernais apareceram, e um vento de eclipse resfriou o ar. Dois minutos e quatro segundos de escuridão diurna se passaram. Assustadoras faixas de sombra tremeluziram no chão. Então, exatamente às 10h29, o sol indicou seu retorno. O esperado diamante de luz solar surgiu de trás da lua, e Stephen presenteou sua namorada com uma versão terrestre. A maravilhada Betty disse sim.

Como Peter Thiel escreve em *De Zero a Um*: "Todo grande empreendedor é primeiro e principalmente um *designer*..."[1] Mas os designs nem sempre funcionam na primeira tentativa. Balaban havia comprado aquele diamante na crista de uma repentina, inesperada e crescente onda de sucesso empresarial fazendo algo que ninguém, nem ele mesmo, esperava que fizesse: vencer o Google e a Amazon em um de seus próprios jogos. Mas um calvário de aprendizado profundo precedeu essa triunfante cena de pedido de casamento.

Fluente em mandarin, Balaban foi a Pequim em 2010 como veterano universitário, tirando um semestre de férias de seus estudos em ciências da computação e economia na University of Michigan. Na China, ele ajudou a fundar "um clone", como ele descreve, da aceleradora de startups Y-Combinator, e o batizou de YuanFen, o conceito chinês do destino que une as pessoas. Ele teve a experiência educativa de afinal ver o empreendimento desfazer-se por causa de conflitos entre os fundadores.

Retornando a Michigan, ele obteve sua graduação e foi para o Vale do Silício — depois de Pequim, "o pra valer". Ele se mudou para um quarto na histórica Chinatown de São Francisco que tinha uma pia própria, um banheiro compartilhado no fim do corredor, e estava a uma hora de bicicleta e Caltrain de Palo Alto. Era abril de 2012, e Balaban estava começando uma empresa para ensinar máquinas a verem e aprenderem, trabalhando com reconhecimento facial para aparelhos móveis. Ele deu a essa empresa um nome grego em vez de chinês — Lambda Labs —, conforme o modelo de computação universal de Alonzo Church, uma versão americana da máquina de Turing.

Em 2012, as pessoas sabiam que o reconhecimento facial estava chegando aos celulares, mas ninguém havia sido capaz de torná-lo compacto e rápido o suficiente. O trabalho de Balaban chamou a atenção dos acadêmicos considerados gurus da imagem, Zak Stone e Nicolas Pinto, na Perceptio Corporation, e eles o contrataram em novembro para desenvolver uma tecnologia de reconhecimento facial móvel para o iPhone.

Como todos os projetos desse tipo na época, esse se basearia em processamento profundo de redes neurais. Mas era aprendizado de máquina *móvel*, explica Balaban, "o que significa rodar o reconhecimento facial e outras redes neurais na própria unidade de processamento gráfico do celular, sem nem fazer upload para a nuvem". Ele percebeu que a inteligência artificial não precisava estar em enormes depósitos de dados. Essa foi uma visão contrária digna de um Thiel Fellow (e em meados de 2013 ele estava morando com dois deles, Austin Russell e Thomas Sohmers), mas demorou alguns anos até que pudesse obter ganhos com isso. "Eu estava basicamente aprendendo sobre o aprendizado profundo."

Ele saiu da Perceptio em novembro de 2013. Dois anos depois, Stone e Pinto venderam a empresa para a Apple por US$200 milhões. Suas funções de reconhecimento facial são hoje padrão nos novos iPhones. Enquanto isso, Balaban atraiu seu irmão gêmeo, Michael, para fora da história de crescente sucesso da NextDoor, que fornece serviços e informações localizadas, para ser CTO do Lambda Labs. Michael parece compartilhar do timing impecável de seu irmão — em 2015, a NextDoor havia se tornado um unicórnio e valia mais de 1 bilhão de dólares.

Os Balabans começaram a trabalhar em hardwares. Utilizando IA portátil e reconhecimento facial, eles criaram uma câmera vestível embutida em um boné, lembrando o Google Glass ou o Snapchat Spectacles. O problema foi que ninguém no Vale do Silício era capaz de construir os protótipos do "Lambda Hat", então Stephen voltou à China por seis meses para explorar as colmeias produtivas de Shenzhen, do outro lado da baía de Hong Kong. Ele acabou conseguindo um chapéu legal, um mandarim melhor e um discurso de vendas mais afiado, porém nenhum fabricante ou mercado para o produto. "A tecnologia não estava madura", concluiu Stephen.

Apesar da decepção, ele ainda não queria trabalhar em "algo que não era meu". No início de 2015, Gary Bradski — o pioneiro em robótica que desenvolveu a visão computacional na Intel, fundou a incubadora robótica Willow Garage, que convenceu Kevin Kelly da *Wired* de que "robôs têm vontades". Assim, iniciou a Industrial Perception, que fez "robôs stevedore", que podiam, como Stephen Balaban descreveu, "pegar e jogar uma caixa de forma tão elegante" que o Google os comprou — *aquele* Gary Bradski — e convidou Balaban a se juntar à sua equipe de aprendizado profundo na Magic Leap. Lançado em 2010, o empreendimento de realidade virtual financiado pelo Google na Flórida havia até então arrecadado meio bilhão de dólares enquanto gerava mais capas de revista nacionais do que avanços em realidade virtual. Neal Stephenson havia acabado de se juntar à empresa (como futurista chefe), mas Balaban não se convenceu, por mais que o salto fosse mágico e bem fundamentado.

Em qual direção saltar então?

Em julho de 2015, a casa em Atherton que Balaban, Austin Russell e Thomas Sohmers alugavam finalmente foi vendida por seu preço anunciado de US$10 milhões. Ao mesmo tempo, Sohmers chamou a atenção do prestigioso Founders Fund de Thiel, que colocou mais US$2 milhões para projetar o novo chip de Sohmers na Taiwan Semiconductor Manufacturing Company. Enquanto isso, o capital de risco de Thiel, 1517, e outros fundos aderiram ao "furtivo" projeto de carro autônomo de Russell em Pony Tracks. E Balaban encontrou uma direção inesperada.

No mês anterior, Chris Olah, amigo de escola de Vitalik Buterin que o superou para receber a Thiel Fellowship e agora era um estagiário no Google Brain, publicou um post em seu blog, com dois engenheiros de software do Google, intitulado "Inceptionism: Going deeper into neural networks" [Originalismo: Aprofundando-se em redes neurais, em tradução livre].[2]

O próprio nome tinha muitas camadas — uma referência à arquitetura de rede neural que estavam utilizando, mas que também era uma referência a um meme da internet sobre "ir mais fundo", que, por sua vez, era uma citação do filme de Christopher Nolan de 2010 *A Origem*, no qual um ladrão invade os sonhos de outras pessoas. O post no blog apresentou laconicamente "algumas técnicas simples para espiar dentro dessas redes [neurais]" e, então, mostrou uma série de fotos cada vez mais psicodélicas, como se a máquina estivesse tendo alucinações. Um gatinho cinza se tornou um pesadelo: um monstro peludo com a testa e as pernas traseiras empipocadas com olhos e narizes pretos de cachorro.

Para Balaban, o código e seus resultados foram uma confirmação visual do que Yoshua Bengio, um colega de Geoffrey Hinton no caldeirão de IA de Montreal, chama de "hipótese de aprendizado múltiplo". Bengio vê a tarefa essencial de uma rede neural como o aprendizado de uma hierarquia de representações na qual cada nova camada é construída a partir de representações resolvidas em uma camada anterior. A máquina começa com pixels brutos e os combina em linhas e curvas em transição entre escuro e claro e depois em formas geométricas, as quais podem finalmente ser codificadas em elementos de rostos humanos ou outras figuras específicas. Bagunce esse processo em uma etapa inicial e obterá uma imagem com ares artísticos; bagunce em um ponto mais alto da hierarquia e obterá uma fantasia de imagens de "sonho e pesadelo", como diz Bengio. Em sonhos e pesadelos, como nos loops de retorno do aprendizado de máquina, não se consideram novas informações. Sem novas entradas, a mente ou máquina mistura as imagens antigas em padrões intrigantes, mas não tratados.[3]

Balaban foi uma das centenas de pessoas que foram cativadas pelo post de Olah. Em 1º de julho, o Google liberou o código, agora chamado de "Deep Dream", e os programadores abraçaram a chance de fazer suas próprias imagens de sonho.

O próprio Balaban se dispôs a desenvolver um editor de imagens operado por aprendizado profundo para o público geral, que ele ofereceu em um site simples com diversos filtros, em sua maioria com nomes extraídos da arte ("carvão", "art deco") ou da subcultura psicodélica ("sálvia", "elfos mecânicos autotransformáveis").

Faltavam menos de dois meses para o festival Burning Man de 2015. O site "burners.me" descobriu o aplicativo de Balaban, que ele havia batizado como "Dreamscope", e publicou um post de blog se referindo ao romance de realidade escorregadia de Philip K. Dick, *Blade Runner: Androides sonham com ovelhas elétricas?* Seguiram-se 13 vívidas fotografias do Burning Man passadas pelo Dreamscope, cheias de olhos psicodélicos, rostos inchados de cachorros peludos, aglomerados de quimeras humanas e redemoinhos iterados.[4]

O aplicativo Dreamscope "decolou mais rápido do que qualquer coisa que eu jamais vira... Milhões de downloads no primeiro dia", lembra Balaban. "Foi a primeira vez que as pessoas tiveram uma visão real de como as redes neurais viam o mundo".

Então, Stephen e Michael Balaban descobriram como suportar quase 1 milhão de usuários, cada um operando seu próprio pequenino gradiente de aprendizado de máquina e editor. (O Lambda Labs ainda era composto apenas de gêmeos Balaban e seu primo.) Escalado por um sistema de processamento em fila descentralizado, "isso nos permitiu adicionar novos nós ao pool em demanda". A falha foi que todas as GPUs eram controladas pelo Amazon Web Services, que tinha que ser pago.

Stephen Balaban estava seguindo o modelo Google de dar o produto gratuitamente e cobrar por assinaturas "premium". O problema era que a maioria de seus "consumidores" achou o acesso gratuito a pinturas fotográficas psicodélicas suficientemente bom. Havia centenas de milhares de adeptos à "edição premium" de US$9,95, mas 1 milhão de dólares não era suficiente.

Dentro de poucos meses, pode ser considerado que a Dreamscope foi uma vítima fatal de seu próprio sucesso. As contas do Amazon Web Service chegaram a 40 mil dólares ao mês, e mesmo que a empresa ainda tivesse US$150 mil no banco, ela estava ficando sem lastro. Como Alexandra Wolfe documenta em seu inflamado livro sobre a classe inicial de Thiel Fellows, *Valley of the Gods* ["Vale dos Deuses", em tradução livre], nem todos os seus projetos prosperam, independentemente do quão bons sejam seus sistemas de mundo.

"É esse momento que muitas startups não superam", diz Stephen. É nesse momento também, como frisa Danielle Strachman, que o poder da comunidade empreendedora entra em jogo. Balaban se lembrou de apreciar isso sobre Strachman e Gibson quando os conheceu: "Mike e Danielle reconhecem o componente emocional de começar uma empresa que muitas pessoas negligenciam — a muito desgastante montanha-russa emocional. Observei que eles eram muito bons em se certificar de que todos tinham redes de apoio para quando você está, na descrição adequada de Elon Musk, olhando para o abismo e mastigando vidro."

Enfrentando o agigantamento das contas do Amazon Web Services, Balaban recorreu à 1517; Danielle e Mike disponibilizaram mais US$150 mil, estendendo o lastro por mais quatro ou cinco meses, o que não era o suficiente. Austin Russell investiu 20 mil dólares na empresa (depois adicionando mais 100 mil), Gary Bradski fez o mesmo na Magic Leap, entre outros. Balaban conseguiu juntar mais meio milhão de dólares.

Naquele ponto, ele sentiu uma resistência visceral a enviar mais dinheiro à Amazon. Ele era simplesmente incapaz disso. Era um momento "De Zero a Um", desafiando o consenso mais consolidado no Vale, a certeza dos investidores de risco de que é suicídio competir com Amazon e Google construindo infraestrutura. Esse consenso foi poderosamente confirmado por duas das maiores histórias de sucesso da década passada, a Netflix e o Instagram, ambas escalaram a uma avaliação de dezenas de bilhões utilizando AWS. Disseram a Balaban, "apesar do custo, você se concentra em seus usuários e em escalar seu negócio e deixa a Amazon escalar os servidores".

Balaban, entretanto, decidiu abandonar a AWS de uma vez. Ele gastou 60 mil dólares para construir seus próprios servidores do zero, influenciado, talvez, pelo insight de Thomas Sohmers de que os servidores atuais são tranqueiras que desperdiçam 98% de sua energia passando dados por fios indo e vindo da memória ou simplesmente ficando em "estado de espera". Balaban decidiu que havia gastado tempo e dinheiro suficientes em estados de espera. Deveria haver um jeito melhor de enviar terabytes de dados de aprendizado através da internet para uma fila na fazenda de GPUs da Amazon. "Seria mais barato e rápido", calculou ele, "colocá-los em discos e chamar a FedEx".

Exemplificando os excessos da elaborada configuração da Amazon, na visão de Balaban, estavam as GPUs Tesla de "aprendizado de máquina" de ponta da Nvidia. Ele descobriu que os chips de *gaming* da Nvidia não eram somente 10 vezes mais baratos como também mais rápidos. O que importava aos algoritmos de aprendizado de máquina de Balaban não eram todos os "elementos de aprendizado de máquina" personalizados, mas sim o número de *operações de pontos flutuantes utilizáveis por dólar*. Como Bill Dally havia mostrado na Nvidia, o aprendizado de máquina é basicamente um produto dos avanços da Lei de Moore em velocidades de processamento de paralelização. Se você é capaz de fazer isso em um celular, por que precisaria de The Dalles?

Balaban decidiu maximizar os flops utilizáveis por tostão. Isso significou usar processadores de máquinas de jogo GeForce, não os Teslas, que eram o orgulho de Dally na Nvidia, ou as Tensor Processing Units, que Urs Hölzle tanto apreciava no Google.

Os representantes da Nvidia tentaram amedrontá-lo explicando que os chips de jogo "não se destinavam a um data center. Eles não seriam confiáveis para tarefas de aprendizado de máquina. Não podemos garanti-los". Isso foi o que o Vale do Silício chama de "MID" — o medo, a incerteza e a dúvida que produtoras consagradas como IBM espalham acerca de dispositivos alternativos baratos, como os produzidos há uma década pela Nvidia.

No entanto, mantendo o foco na métrica-chave de flops por tostão, Balaban calculou que os chips Tesla líderes de mercado custavam cerca de 5 mil dólares pelo desempenho do Floating Point-32 de 10,6 teraflops. Os chips de jogo (GeForce GTX 1080 TI) produziam 11,3 teraflops e podiam ser comprados por US$580 cada módulo. Não foi uma decisão difícil já que, utilizando o modelo de flops por tostão de Balaban, os chips de jogo eram cerca de 24 vezes melhores.

Naquele ponto, Balaban fez a desconcertante descoberta de que a Nvidia não vendia suas placas de GPU GeForce nos minúsculos números necessários para sua fazenda de servidores. Aquilo pareceu um "impedimento", mas ele se lembrou de suas discussões com Austin Russell sobre construir aglomerados de GPUs de placas de jogo para criptomineração.

A solução era óbvia: "comprá-los na Fry's", a rede de varejo eletrônico predominante no Vale, que vendia placas feitas por Zotac e Asus em Taiwan. A equipe Lambda acabou com o estoque de 1080 TIs de Bay Area, provocando uma certa crise para os criptomineradores que precisavam dos módulos para seus próprios servidores.

Naquele momento, em janeiro de 2016, Russell convidou a equipe Lambda para se mudar para a garagem atrás da piscina do Pony Tracks Ranch. Ele os deixou usar o espaço gratuitamente; a Lambda teria apenas que pagar sua conta de luz. Balaban e sua equipe se dispuseram a montar seu servidor do zero, utilizando placas de jogo com os aglomerados de GPU. Eles instalaram sua própria breakout box de milампéres em 24 quilowatts.

Às 4h27 do dia 13 de fevereiro de 2016, eles colocaram seu primeiro servidor para rodar com a arquitetura GTX 980 TI Maxwell. O pico de taxa computacional foi de 5,63 teraflops, então eles tinham quatro módulos por máquina, para um total de 225,2 teraflops, colocando-os na lista dos melhores supercomputadores do mundo com um aglomerado de quase um quarteirão de petaflops.

Entre as pessoas se interessando pelo progresso de Balaban estava Georges Harik, um titã do Vale do Silício que, como Balaban, estudou ciências da computação na University of Michigan e havia então prosseguido para desenvolver o AdWords do Google. Harik observou, "não sei qual é o futuro do Dreamscope, mas, se vocês forem bons em administração de sistemas Linux, o que podem fazer é oferecer serviços de nuvem GPU". Aquele era o décimo funcionário do Google recomendando que eles concorressem com o Google na nuvem. Era uma ideia.

Balaban e sua equipe haviam aprendido como maximizar flops por dólar em suas máquinas, com o resultado imediato de acabar com as contas da Amazon. Pagando-se em seis semanas, o investimento de 60 mil dólares abriu caminho para tornar o Dreamscope um sucesso. Eles haviam montado uma equipe com Stephen e seu irmão, Michael; Chuan Li, seu cientista chefe e especialista no uso de redes neurais para converter fotos em pinturas; e Steve Clarkson, que havia abandonado seu projeto de doutorado em engenharia de softwares em Berkeley

Em dezembro de 2016, o plano de monetização para o Dreamscope até que estava funcionando — eles tinham muitos usuários ávidos e estavam ganhando cerca de 5 mil dólares ao mês com milhões de downloads. Com mais dinheiro e um lastro maior, ele poderia decolar como um produto lucrativo.

Balaban, entretanto, decidiu fazer um downgrade do Dreamscope e entrar no mercado de infraestrutura de computadores. Ele venderia torres, como Michael Dell em seus primórdios. Misturando o grupo da família, Balaban trouxe um colega de escola chamado Jackson Sengle, desviando-o de um doutorado em bioengenharia na Dartmouth. Ele entendia os ribossomos que fabricam todas as proteínas em seu corpo. Por que não desafiar a nova norma do Vale do Silício e, como Peter Thiel disse aos Fellows em 2014, "fazer algo que todos achem estúpido" — vender computadores feitos em casa?

Eles começaram a montá-los manualmente, passo a passo, até tarde da noite no Vale do Silício. Com sua grande vantagem em custos de GPU a US$580 por módulo, eles não precisariam ser especialmente eficientes na montagem. Seu produto era uma estação de trabalho GPU que continha quatro módulos de GPU GeForce da Nvidia, pelos quais o Lambda cobrava 10 mil dólares cada; se quiser que sejam montados em racks para sua nuvem, custam 25 mil.

Eles os colocaram em seu próprio site do Lambda Labs e na Amazon.com. "Não no AWS", Balaban ressalta, "apenas na Amazon.com". Eles o chamaram de "Deep Learning DevBox" — "Dev" de development [desenvolvimento]. E usaram o Google AdWords para anunciar. Harik provavelmente ficou satisfeito.

Em março de 2017, as DevBoxes começaram a vender e arrecadaram 25 mil dólares, o que era cinco vezes mais do que o Dreamscope. Aquilo era bom. Então, em abril eles venderam 75 mil dólares, 15 vezes mais do que o Dreamscope. Em maio, venderam US$135 mil. Em agosto, vieram o eclipse e o pedido de casamento. Em novembro, eles chegaram a quase US$500 mil e estavam prontos para lançar uma empresa de data center, testada pelo Dreamscope, a qual Balaban disse que seria usada para "alimentar nosso serviço de nuvem".

A ideia de Harik de que eles poderiam entrar no negócio de Administrador Linux para aglomerados de GPUs de aprendizado profundo parecia não fazer sentido. Outro ex-Googler também encorajou Balaban. Ken Patchett, que construiu os data centers greenfield do Google na Ásia e então prosseguiu para construir data centers para o Facebook, explicou a ele as fontes de custo excessivo nos data centers. Tinha toda uma questão diária e constante de confiabilidade, redundância e backup de baterias. Além do alto custo de compensação das emissões de gás carbônico da empresa, e todos os ASICS de ponta e aparelhos de ar-condicionado.

Talvez as gigantes fortalezas de dados do Google em todo o mundo estivessem se tornando insuficientes em flops por watt e flops por dólar. Eles certamente podem fazer buscas, mas um novo regime da Lei de Bell está em jogo — uma nova era de descentralização, reconhecimento facial em celulares e data centers em carros e em containers móveis — abrindo uma nova era de computação no "céu", dispersando as nuvens.

CAPÍTULO 18

A Ascensão da Computação no Céu

Urs Hölzle tem sido uma figura central no desenvolvimento da nuvem do Google quase desde o início, direcionando a expansão de seu reduto em The Dalles até os confins da Terra. No início de 2017, ele relatou seus feitos na Optical Fiber Conference anual, que reúne os principais engenheiros e cientistas ópticos do mundo para contemplar as demandas infinitas por luz modulada e as máquinas primorosamente montadas que são necessárias para transmitir, amplificar, adicionar, reduzir, modelar, embaralhar, trocar e transportar essa luz.[1]

Sistemas de fibra óptica utilizam linhas de fibra sílica que se estendem não amplificadas por uma distância do tamanho de Long Island, combinam milhares de fios em cada cabo e dezenas de comprimentos de onda suportando dados em cada fio, e são feitos de um vidro tão puro que você poderia enxergar através de um painel desse material com 64 quilômetros de espessura. O que Hölzle chama de "ótica coerente de baixa potência e alta densidade" é uma das características heroicas da engenharia na Era da Informação, e isso lhe permitiu aumentar 50 vezes em seis anos a largura de banda por meio de seus data centers. Seu buscador-localizador global de informações de 42 quilohertz, realizando 42 mil buscas por *segundo*, cada uma implicando em centenas ou milhares de passos computacionais, é uma realização tecnológica histórica.

Durante a construção dessa instalação planetária megahértica, o Google se tornou uma das principais empresas de fibra do mundo. Seu terceiro cabo através do Pacífico, uma linha de 12.899 quilômetros indo da Califórnia a Hong Kong, transportará dados a uma taxa de 144 terabits por segundo. Tal velocidade elevou a largura de banda 29 vezes desde 2010, quando o cabo Unity do Google entre a Costa Oeste e o Japão começou a operar. Em 2018, o Google estava projetando um cabo ainda mais espaçoso indo de Nova York ao Japão.

Por todas as conquistas maravilhosas permitidas pelas estrelas de talento fotônico em sua plateia, Hölzle poderia ter dado uma mensagem de agradecimento e comemoração. Mas ele não tinha ido a Los Angeles para comemorar, e sim para reclamar. Todo seu esforço, declarou ele, estava "chegando a um muro"[2]. Esses ganhos contínuos de largura de banda, chegando a 60 vezes em 7 anos, eram ao mesmo tempo inadequados e muito caros. Enfrentando desagregação de memória, armazenamento e computação em todo o planeta ("Lei de Schmidt", que descrevi no Capítulo 2) além da explosão de demanda pelos serviços do Google, ele precisava de melhorias quase imediatas de 10 vezes em funções de passo em largura de banda e conectividade.

As redes e óticas coerentes de divisão de lasers e comprimento de onda sob os sete mares e continentes eram uma coisa. Mas o *input-output* — capturando a corrida na velocidade da luz de fótons de centenas de mensagens diferentes em cada núcleo de dez microns de cada fio agrupado e canalizando-os para os endereços certos — era muito difícil e caro. Hölzle queria a nuvem 3.0. Ele queria módulos de fibra óptica plugáveis feitos em volume sobre equipamentos automatizados a um décimo do custo. Ele queria que as fibras ópticas melhorassem muito mais rápido que os equipamentos de microchip sob a Lei de Moore, e queria que o preço caísse ainda mais rápido. Ele queria a lua, de forma rápida e barata.

Desafiando os fatos da vida na provável indústria tecnológica mais intrépida do mundo, a reclamação de Hölzle era um sinal precoce da morte de um paradigma. Paradigmas morrem quando já não se encaixam no mundo real. Impulsionados além dos limites da realidade econômica e tecnológica pela demanda quase infinita por coisas gratuitas, Hölzle e o restante da equipe do Google não têm ideia da real demanda por seus produtos. A demanda é registrada por sinais de preço, e eles não são transmitidos. O Google se confundiu por seu comprometimento com o gratuito e sua ideia de uma economia de custo marginal zero.

A demanda quase infinita implícita no "gratuito" colide com a finitude da largura de banda, inovação óptica e finanças — uma finitude que reflete a inexorável escassez de tempo e não produz custos marginais zero, mas picos de custos marginais quase infinitos — o "muro" de Hölzle — face à crescente demanda pela cornucópia de valiosos produtos do Google sem custo algum. Pense em um bilhão de adolescentes viciados em todo o mundo acessando "aplicativos gratuitos" em seus celulares Android de código aberto em média 80 vezes ao dia.[3]

O Google encenou um tremendo golpe ao recentralizar a computação em torno de seus data centers, atingindo uma escala sem precedentes por meio de um comprometimento com o "gratuito". Mas um fluxo gratuito não é um fluxo de dinheiro, ele ignora o aprendizado empreendedor que é comunicado por meio da mensagem impiedosa do preço. Sem preços, tudo o que resta para confinar o consumo é a escassez de tempo. Além de dezenas de horas por semana para seus clientes de smartphone, o tempo estava acabando para o Google.

Hölzle vivia em um mundo dos sonhos de demanda ilimitada, mas em última instância, ilusória. Havia se passado uma década e um novo paradigma estava a caminho. Paradigma esse que deixaria seus data centers — com seus exabytes de memória e petaflops de poder computacional em racks, hectares de softwares especializados e torres de resfriamento gigantes, fincados próximos a rios e geleiras, geralmente ligados a conjuntos arcaicos de energia "verde" exibicionista vinda de moinhos de vento e células — como enormes monumentos de uma época que estava terminando.

Muneeb Ali da Blockstack explica a transição:

O Google e o Facebook captaram valor na camada de aplicação, mas então tiveram que inventar diversos protocolos e infraestruturas para realmente escalar (Google File System, Map Reduce [ferramentas de base de dados], SPDY [para remover latências do tráfego de links]). Por causa do valor que criaram no início, eles tinham os recursos. Essa [arquitetura] leva a enormes fossos porque grandes empresas tinham todos os dados, mas também porque ninguém mais tinha os recursos para inovar na camada de protocolo/infraestrutura. [Estava nas mãos de Hölzle e seus colegas no Google.]

Essa inovação sempre é necessária, a questão é quem tem o incentivo para assumir a responsabilidade. No mundo pós-blockchain, o modelo vira do avesso e existe um incentivo direto [para muitas equipes fora de empresas gigantes] para trabalhar nos difíceis problemas de inovação de protocolo e de infraestrutura. Essa é uma grande mudança.[4]

Avanços em blockchains e criptografia constituíram uma nova função-passo na Lei de Bell. Eles teriam um alcance muito maior do que qualquer coisa que Hölzle estivesse imaginando em seu pedido por mais largura de banda para transportar imagens cada vez mais densas, de pixels de 4K de largura a pixels de 8K de largura, e mais, tudo rotulado e processado em seus data centers por cada vez mais gigaflops de inteligência de máquina e gigawatts de energia.

O novo modelo de arquitetura computacional de internet e segurança do criptocosmo significa o eclipse do regime existente da Lei de Bell de processamento de "nuvem" condensado em data centers repletos de aplicações e dados de consumidores de uma empresa gigante específica em silos. No blockchain, os dados serão visíveis a todos e interoperáveis entre todos os usuários. Os dados são isentos, portanto, da captura exclusiva por fornecedores de infraestrutura.

Conforme o criptocosmo ganha ritmo, as nuvens resfriadas por água terão um papel cada vez menor. Em substituição às nuvens teremos arquiteturas peer-to-peer descentralizadas, conjuntos de dados globais transparentes disponíveis para todos e novos modelos de segurança. Eles serão disseminados por todo lugar em notebooks e portáteis resfriados por vento. Dispersando as nuvens, o céu é o limite.

Blockstack, Counterparty e Rootstock estão entre as empresas que oferecem plataformas para redes seguras baseadas em identidade e dados enraizados no blockchain do *bitcoin de* Satoshi. Especializada em ser seguro para o dinheiro, o bitcoin oferece apenas 83 bytes de armazenamento de texto sob sua instrução op_return. O que é suficiente para pointers de memória e hashes matemáticas comprimidas, mas não é suficiente nem para um tweet completo. O bitcoin compensa sua menor capacidade com mais segurança.

Como o bitcoin é uma calculadora para transferências de dinheiro, a Ethereum é um computador global para a execução de programas. Sendo o bitcoin uma registradora de débitos e créditos de "moedas" em um livro-razão público, a Ethereum é uma "máquina virtual" para gerar e enviar instruções de software para contratos inteligentes ou transações condicionais. Para pagar por tudo isso, ela também fornece moedas — ether.

Integrados no blockchain Ethereum, os contratos inteligentes podem realizar transações financeiras ou negócios monetários. Buterin faz uma analogia com uma máquina automática de vendas, mas qualquer outro algoritmo árvore em etapas se aplica (*se* você inserir a moeda correta e *se* fizer uma escolha de compra, *então* poderá coletar algo na abertura abaixo; se não, pode socar a máquina impotentemente).

Como Buterin declarou ao anunciar seu sistema, ele esperava que a Ethereum permitisse "protocolos em torno de armazenamento descentralizado de arquivos, computação descentralizada e mercados de previsão, e oferecesse um estímulo massivo para outros protocolos peer-to-peer pela adição de uma camada econômica". A maioria dos outros criptoempreedimentos utilizou os mais versáteis blockchain Ethereum e linguagem Solidity para construir suas infraestruturas.

Para alcance e engenhosidade, é difícil superar a Golem. Autodenominando-se, com razão parcial, um "Airbnb para computadores", ela se oferece para alugar os recursos do seu computador quando você não os está utilizando. Então, ela organiza esses recursos com os recursos de outros em um supercomputador virtual, ou seja, a Golem aluga ciclos e softwares para esse supercomputador no céu.

Com um sistema de blockchain descentralizado que registra todas as contribuições e pagamentos entre os computadores, a Golem nasceu de um fértil criptogrupo em Varsóvia, Polônia. Ela promete realizar computações paralelas densas utilizando poder computacional excedente em todo o mundo. Para programações, ela oferece um *registro de aplicações* e uma *loja de aplicações* para serem usados pelos autores de software. Ela oferece uma "sandbox" com firewall para "validadores" testarem a integridade do software sem afetar a plataforma. Para unir esses sistemas, ela oferece um Golem Network Token (GNT) e uma estrutura de transações que realiza a organização de modo que todos os participantes sejam pagos conforme especificado.

O token de computação global e rede global fornece incentivos econômicos para fornecedores de ciclos computacionais de bilhões de notebooks, tablets e até mesmo smartphones ociosos. A Golem também oferece uma matriz de contratos inteligentes para desenvolvedores, testadores e validadores de software. É um novo ecossistema computacional. Conforme o desenvolvedor de blockchain Ivan Liljeqvist comentou em seu blog *Ivan on Tech*, "será legal se eu puder programar a estrutura de transações e dizer que quero ser pago em micropagamentos por cada operação executada quando o software for usado".[5] Isso poderia mudar radicalmente como os softwares são escritos e vendidos.

A Golem vê a si mesma no longo prazo construindo elementos-chave da Web 3.0, na qual conteúdos de todos os tipos podem ser gerados e trocados sem intermediários. Se for bem-sucedida, os silos hierárquicos das oligarquias darão espaço para uma internet descentralizada, anexada talvez aos domínios de armazenamento do Interplanetary File System de Juan Benet de sua Filecoin. Benet está liderando um movimento de muitas empresas de armazenamento para alugar espaços de disco não utilizados em um modelo semelhante.

Cientistas em todo o mundo poderiam recorrer ao Golem para computar modelos financeiros quantitativos, equações de escoamento de fluidos Navier-Stokes, modelos atmosféricos de mudanças climáticas, geometrias de dobras de proteína, pesos de aprendizado de máquina e estatísticas de amostragem farmacológica. Logo, boa parte da população mundial recorrerá ao supercomputador global para calcular sua passagem por modelos de realidade virtual do planeta. Como um sinal do impacto da Golem, o GNT costuma ser o criptoativo mais amplamente mantido na plataforma Ethereum, e desde sua emissão em novembro de 2016 até meados de 2018 seu valor subiu mais de 40 vezes.

Durante seu primeiro teste de mercado no lançamento do Brass, a Golem gerou entusiasmo ao optar pela renderização e visualização de gráficos. Geralmente chamado de "síntese de imagem" — o processo intensamente computacional de geração de cenas fotorealísticas ou animadas para modelos computacionais bi ou tridimensionais — ela é mais conhecida como a imagem gerada por computador em vídeos ou filmes. Renderização e visualização também permeiam os setores de arquitetura, educação, construção, design e engenharia assistidos por computador, imobiliário e até mesmo cirúrgico.

Arquitetos utilizam softwares de modelagem 3D para exibir texturas, iluminação e minúcias. Cirurgiões recorrem a renderizações de alta qualidade de exames de órgãos para diagnosticar e tratar seus pacientes. Uma renderização pode ser tão corriqueira quanto uma cena em 2D do desenho *South Park* ou tão complexa quanto um episódio repleto de ação em *Avatar* ou os gráficos sombrios de um jogo 3D interativo. Os avanços estão em aceleração, tirando-nos da era do *Ratatouille* há apenas uma década — quando a renderização de cada *frame* animado demorava 6,5 horas — para a renderização instantânea em tempo real de cenas fotorealísticas em milhares de GPUs paralelas na nuvem da Amazon hoje.

Estima-se que a renderização seja um mercado de quase 2 bilhões de dólares, crescendo 22% ao ano, e que é dominado pelas empresas de entretenimento com seus próprios supercomputadores e por centenas de "fazendas de renderização" em todo o mundo. O anúncio de que a Golem estava entrando nesse campo despertou um novo interesse em sua emissão de token entre milhares de designers de jogos, arquitetos e pesquisadores em realidade virtual. Esses usuários atualmente encontram-se em filas para o que costumam ser longos procedimentos em conjuntos de processadores multi-core Intel Xeon.

Porém, para a Golem, a renderização é só um "Brass" de teste de mercado, frutos acessíveis a serem colhidos por softwares "Blender" gratuitos antes de a empresa avançar em sua panóplia de outras funções de supercomputador em suas versões "Stone" e "Iron".

No final de 2017, um ano depois do anúncio da Golem, a OTOY, especialista em renderização, iniciou sua própria emissão de tokens, RNDR (o Render Token). A mando de seus galvânicos cofundadores, Jules Urbach e Alissa Grainger, a OTOY está nessa expectativa desde 2008, quando recebeu uma patente para o uso de tokens na viabilização de novos mercados na renderização. Diferentemente da Golem, que se propõe a realizar suas funções de renderização em conjuntos paralelos de CPUs, a OTOY desde o início está se concentrando em processadores gráficos otimizados para esses usos. O OctaneRender da OTOY, padrão no setor, é a base para a unidade de valor do OctaneBench, que a Golem utilizará como métrica para seus trabalhos de renderização.

A OTOY baseia-se no cérebro de Urbach. Muito antes de Peter Thiel começar a recompensar jovens que abandonassem a universidade para começar empresas, Jules rejeitou a Harvard e o restante dos esteticistas acadêmicos para continuar com sua criatividade sombria em jogos. Seu primeiro sucesso foi Hell Cab para a Warner Interactive, publicado em CD-ROM há 25 anos. Um prodígio dos gráficos e softwares, ele também fez alguns dos primeiros jogos 3D da indústria para a Groove. Então, em uma sucessão de longas noites e meses de invenção, ele lançou a OTOY na renderização e exibição 3D em tempo real.

Atualmente, um esguio guerreiro da renderização com brilho nos olhos de 43 anos, parecido com Serpico de Al Pacino depois de uma péssima noite, e falando em velocidade frenética, Urbach anunciou seus planos no final de 2017:

> Quando comecei a OTOY, minha meta era construir um sistema aberto que permitisse a qualquer um renderizar e remixar realidades simuladas com a mesma facilidade que o fazíamos com textos e mídias digitais.
>
> Um sistema de renderização global descentralizado e aberto é fundamental para que serviços e plataformas disruptivas evoluam do mundo pós-celular da computação imersiva, da mesma forma que a open web se formou na criação do Google, Amazon e Facebook.
>
> ... o OctaneRender usa GPUs baratas encontradas em praticamente qualquer PC para gerar imagens e mídias fotorealísticas em tempo quase real, com uma qualidade que supere a renderização de GPUs cinemáticas que demoram horas a mais...
>
> Nosso objetivo é que o Render Token torne o processo transacional de renderização e exibição de ambientes 3D, experiências de realidade mista e objetos virtuais muito mais simples para os usuários finais e criadores de conteúdo.[6]

O que torna tal computador global possível é o blockchain, que é capaz de registrar publicamente todas as transações intricadas decorrentes da locação de espaço ocioso em computadores e da entrega de imagens renderizadas aos usuários. Como Urbach aponta,

> sua integração com [contratos inteligentes na] rede Ethereum significa que existe um compromisso sólido e indiscutível sobre

direitos digitais embutido no serviço. Isso é essencial para a determinação de mudanças permanentes de estado em cenas 3D, para as quais é necessária a prova de autoria e direitos de recomposição com rótulo de horário.

De engenheiros e arquitetos industriais testando vazamento de luz em modelos CAD a cientistas simulando a formação de galáxias nos primórdios do universo, e criadores e consumidores explorando surtos de energia raytracing maciça para compartilhar mundos virtuais e experiências holográficas, um sistema de renderização descentralizado em GPUs no blockchain explora recursos massivos de simulação a baixo custo.

Esse sistema, diz Urbach, será "valioso para tarefas do mundo real que são proibitivamente caras para serem realizadas com rapidez em GPUs locais ou centralizadas... Acreditamos que os usuários serão capazes de realizar cada vez mais tarefas com cada vez menos hardware, latência e custos energéticos".[7]

Em uma publicação de blog em setembro de 2017, Brendan Eich resumiu o plano da OTOY e o comparou a seu próprio Token de Atenção Básica (TAB — do original Basic Attention Token, BAT):

Escrevi sobre a OTOY há mais de quatro anos, em "Today I Saw The Future" [Hoje Vi o Futuro, em tradução livre]. Desde então, tenho me inspirado pelo compromisso dos fundadores Jules Urbach e Alissa Grainger com a visão que Jules enunciou:

...renderizar e remixar realidades simuladas tão facilmente quanto a internet o fez pelos textos e mídias digitais.

Agora, a OTOY está construindo o RNDR, seu próprio token de renderização em nuvem GPU, para descentralizar a renderização de RA/RV [Realidade Aumentada/Realidade Virtual], jogos e filmes para mais de 7 milhões de proprietários de GPUs. As vantagens do RNDR se alinham às do TAB:

1. Eficiência: Tokens utilitários desbloqueiam acesso a recursos ociosos ou mal avaliados, por exemplo, GPUs para RNDR, atenção do usuário para TAB.
2. Resistência à fraude: Os tokens atuam como uma unidade de contabilidade com pouca fraude e pagamento apenas após a verificação de trabalho atestada pelo blockchain.
3. Crédito social: A pré-criação de um pool de tokens que não estão à venda concede tokens aos usuários por aprovação.

...A renderização descentralizada exige a *verificação* de resultados. Os tokens não circulam até que o autor da tarefa de renderização confirme a qualidade dos resultados por meio de amostragem e teste. Os renderizadores ganham e perdem reputação pontuada com base no nível e na qualidade dos trabalhos completados.

A renderização descentralizada exige *confidencialidade*. Em uma dessas ironias tecnológicas pelas quais eu vivo, o mesmo tipo de hardware de segurança (por exemplo, ARM TrustZone) criado para a DRM (digital rights management — administração de direitos digitais) ajuda a solucionar problemas de confidencialidade.

Em meu post de blog original sobre a OTOY, defendi a *marca d'água* como inevitável e superior à DRM. A OTOY tem desenvolvido e utilizado as marcas d'água desde 2009. Grandes mundos de RA/RV compartilhados são incapazes de possivelmente "criptografar o que você vê" (como a DRM para mídias fixas tenta fazer). Ainda assim, criadores de modelos e arte em tais mundos virtuais compartilhados precisam de proteção eficaz e justa, como mostra a experiência com o Second Life.

Marcas d'água indeléveis são uma parte essencial da solução. Veja a seção "Watermarking and Encrypted Escrow Transactions" em RNDR: A Photon-Driven Economy para mais detalhes.

...Estou maravilhado com as perspectivas para RNDR, TAB e outros tokens de domínio específico que reunirão toda a economia do metaverso em um todo coerente e justo, porém descentralizado. O futuro será tokenizado![8]

Urbach em algum momento levará esse sistema além da renderização para abranger boa parte do plano da Golem. Concentrados como ele e Grainger estavam nos primeiros passos do lançamento do Render Token, Urbach se esqueceu de ressaltar que um supercomputador paralelo de renderização baseado em processadores gráficos também é excelente para uma gama de outras aplicações. Bill Dally, da Nvidia, mencionou muitas delas. Boa parte das atividades de aprendizado de máquina nos data centers de Hölzle, por exemplo, acontece em processadores gráficos aglomerados que podem ser simulados pelas novas fazendas de renderização baseadas em blockchain da OTOY.

A OTOY é especialista em unir ciclos de GPU e CPU em configurações ideais para diferentes usos. Explorando os recursos de GPU em um universo total de bilhões de computadores, a OTOY e seus rivais e colaboradores podem acabar organizando um computador paralelo virtual planetário que ofusque os arranjos de CPUs e GPUs nos data centers do Google com seus meros milhões de servidores.

Com a Golem, a OTOY está liderando a marcha dos supercomputadores blockchain no mercado. A Gridcoin em Berkeley arrecadou US$11 milhões para sua BOINC (infraestrutura aberta para computação em rede) e está oferecendo middlewares para "provas de pesquisa" distribuídas em um apanhado de matemática, linguística, medicina, biologia molecular, ciências climáticas e ambientais e astrofísica de Berkeley. A Streamr está colaborando com a Golem em uma camada de transporte de dados para uma nova arquitetura de internet distribuída para conteúdos transmitidos. A SONM.io em Moscou, Rússia, está realizando experimentos com um modelos de computação em "neblina" utilizando recursos distribuídos na "fronteira da nuvem" para serem alugados por proprietários de companhias de telecomunicações e rede. Ela atingiu um valor de mercado de US$55 milhões.

Todos esses projetos utilizam blockchains para coordenar bilhões de potenciais proprietários aleatoriamente distribuídos, com recursos geralmente não utilizados, formando supercomputadores virtuais. Cada token viabiliza uma transação imutável no blockchain com rótulo de horário e a conecta a dezenas de outras em uma trama de inteligência de máquina. A maioria dos avanços na interligação de racks de máquinas nos caldeirões de paralelismo resfriados por água também funciona na interligação de redes dispersas de milhares de computadores resfriados por ar em todo o mundo.

Muitos desses empreendimentos fracassarão, mas juntos serão capazes de emancipar a próxima geração da internet dos silos fechados de dados capturados. O criptocosmo é capaz de mobilizar o poder computacional em volumes que ofuscam até mesmo os data centers dos leviatãs. Nessa causa, os avanços em ciências da computação iniciados no Google servem para emancipar o mundo dos silos da empresa.

Cada aumento na organização dos recursos paralelos de supercomputadores fechados em nuvens estimula a criação de supercomputadores no céu. Cada cabo de fibra óptica ajuda a interligar uma multidão de computadores atualmente aleatórios em colmeias de máquinas virtuais inteligentes. Dally, da Nvidia, pôde observar maravilhado enquanto seus avanços arquitetônicos, espalhando-se pelo globo, são realizados em redes mundiais de dados e processamento de blockchain.

Esses ganhos são possíveis pela mudança de foco do setor dos frutos da computação para suas raízes em confiança e segurança. A arquitetura de internet existente é muito carregada de aplicativos que podem fazer qualquer coisa que você quiser gratuitamente, além de ser permeável em seus protocolos subjacentes para estabelecer identidades, direitos de propriedade e outras facetas do estado fundamental do sistema.

Como uma máquina copiadora global, a internet se fundamenta no estabelecimento de origens, fatos, verdades, rótulos de horário e estados fundamentais. Além dos caminhos tortuosos da internet, o blockchain é capaz de oferecer uma base de dados imutável na qual construir novas estruturas de confiança.

Uma vez que os dados são plantados no blockchain global, não é mais necessário criar invólucros físicos para organizar um grande computador paralelo. Não é mais sensato agrupar computadores ao lado de rios distantes ou em climas árticos, ou lançar supercomputadores no frio do espaço sideral. Da mesma forma que a internet foi capaz de mobilizar salas, carros e até mesmo o trabalho de cidadãos privados em todo o mundo, os blockchains são capazes de organizar os computadores do mundo. Quando os computadores estiverem integrados assim, será apenas questão de tempo até que as salas, carros e trabalhos sigam o mesmo caminho.

Capítulo 19

Uma Insurreição Global

A Guatemala ocupa uma posição nada invejável na lista de países com maior índice de assassinatos. Sua capital, Cidade da Guatemala, é uma das 50 cidades mais violentas do mundo e fica desconfortavelmente próxima de cidades ainda mais violentas em El Salvador e Honduras. Os índices de assassinato em países com a infelicidade de estarem fincados entre plantações de coca na Colômbia e traficantes de drogas nos EUA são os maiores do mundo; e a Guatemala ocupa a décima posição nessa lista. Somada à miséria do país temos a taxa de mortalidade infantil, uma das maiores no hemisfério ocidental.[1] E, por 36 anos, nem foram esses os piores infortúnios da Guatemala: sua guerra civil, uma das mais longas das Américas, acabou apenas em 1996.

Em meio a essa guerra, travada entre o governo militar e guerrilhas marxistas, o engenheiro formado nos EUA e de grande personalidade, Manuel Ayau, implantou o Centro de Estudos Econômicos e Sociais para promover os pensamentos da "Escola Austríaca" de economia, tendo como exemplos pensadores como Ludwig von Mises e o químico filósofo Michael Polanyi. Dentro de poucos anos, Ayau e outros membros do centro começaram uma universidade, a qual batizaram em homenagem a Francisco Marroquín, um bispo espanhol e contemporâneo de Martinho Lutero que passou a segunda metade de sua vida no país deles como um defensor da liberdade dos guatemaltecos.[2]

Enquanto a guerra civil piorava, a Universidad Francisco Marroquín abriu em janeiro de 1972 com Ayau como seu primeiro presidente. Em seu discurso inaugural, ele declarou as convicções centrais da UFM — direitos individuais, verdade, justiça, pluralismo e democracia —, que os ditadores e terroristas estavam atropelando do outro lado da porta. A liberdade, disse Ayau, veio antes de tudo: "Nós acreditamos veementemente na capacidade de os seres humanos imperfeitos serem mais aptos a reconhecer seus destinos quando livres, e não quando compelidos por entidades coletivas personificadas pelo estado."

Em meio ao calor e à política ao lado de fora, Ayau considerou o longo prazo:

> O compromisso das universidades em todo lugar não é com os aspectos passageiros da vida humana, mas sim com os permanentes. Sendo assim, as universidades precisam se colocar além dos conflitos de sua época de modo que a liberdade científica e acadêmica — das quais a humanidade sempre precisará — seja preservada. O que sugerimos aqui é que a tradicional torre de marfim não seja abandonada por acadêmicos em busca de se juntar às discussões acaloradas da arena política, mas que seja transformada em uma nova e transparente torre de cristal que permitirá que os acadêmicos — professores e alunos — observem, pensem a respeito e estudem de forma crítica as condições atuais, se esforçando para descobrir a provável configuração futura.[3]

Na primeira cerimônia de formatura da universidade, Ayau falou novamente sobre liberdade, enquanto vestia um colete à prova de balas sob sua toga acadêmica.

O próprio Bispo Marroquín fundou uma escola na Guatemala, que por fim se desenvolveu e se tornou a Universidade de San Carlos, uma das universidades mais antigas das Américas. A nova universidade de Ayau, com sua ênfase nos mercados livres e em uma sociedade livre, traçou um curso muito diferente daquele da antiga universidade. O *Los Angeles Times* relatou em 2008: "Enquanto a Universidade San Carlos ajudou ativamente as guerrilhas esquerdistas, a [Universidade] Francisco Marroquín pregou sobre a santidade dos direitos de propriedade e do estado de direito. O atrevido Ayau escolheu vermelho como cor oficial da escola 'sob a tese de que ela havia sido expropriada pelos comunistas e não deveríamos ceder-lhes exclusividade'."[4]

Começando com "40 alunos e uma casa alugada", a UFM conseguiu em uma década comprar 40 hectares no centro da cidade. Nessa terra semiabandonada, recuperada do esgoto e do lixo, naquela bonita e violenta capital, surgiu um campus tranquilo. Seus prédios curvos de tijolos repletos de verde, grandes árvores antigas e trilhas de caminhada tortuosas formavam um oásis pacífico de liberdade acadêmica.

A liberdade acadêmica levou a outros tipos de liberdade. Em 1996, o novo presidente da Guatemala, Álvaro Arzú, pediu a um jovem engenheiro e membro do congresso, Alfredo Guzmán, para privatizar o disfuncional e caro sistema telefônico estatal. Na época, a empresa de telefonia estatal da Guatemala se concentrava em áreas urbanas — e pontualmente nelas —, em um país onde a maioria das pessoas vivia fora das cidades. Guzmán, sendo formado pela UFM, reuniu uma equipe composta principalmente de formandos e professores da UFM. Em poucos anos, o plano de privatização dessa equipe transformou um país onde as pessoas que moravam em áreas rurais precisavam percorrer quilômetros para ficar na fila por um telefone urbano caro — um que poderia demorar dez minutos para conseguir até mesmo um tom de discagem — no país da América Central melhor conectado. Um estudo de caso de 2012 relatou que "sete anos depois da reforma, o número de linhas de celular excedeu a população total do país".[5]

Depois que um dos reformadores das telecomunicações, Giancarlo Ibárgüen, se tornou presidente da UFM em 2003, e a transformou na primeira universidade do mundo a ser totalmente conectada por Wi-Fi (como um "local beta" para uma empresa de equipamentos local). Hoje, a UFM está no topo da lista mundial dos 50 melhores lugares para estudar economia clássica, superando até mesmo a University of Chicago de

Milton Friedman.[6] Peter Thiel, conhecido por não ser fã da educação superior, compareceu à cerimônia de formatura da UFM a convite de Ibárgüen em 2009 e recebeu um doutorado honorário. A UFM abriu, sabe Deus por quê, um Centro Computacional George Gilder, o que me chamou a atenção. Em junho de 2013, sob o comando do esperançoso sucessor de Ibárgüen, Gabriel Calzada, a UFM se tornou a primeira universidade das Américas a aceitar bitcoins como pagamento. O Startup Cities Institute tem sua sede ali, sendo parte de um movimento que Mark Klugmann imaginou, ao menos em partes, como um container de moedas digitais — recordando a visão de Ayau, há quase meio século, de uma comunidade comprometida a descobrir "a possível forma do futuro".

"Quem está segurando as pontas?"

A desdenhosa voz de Tuur Demeester ecoou pelo link do Skype desde a Bélgica até a sala de aula na Guatemala. A tela mostrou um jovem com um corte de cabelo conservador e aparência de colegial estudioso. Eu havia pensado em sugerir que talvez suas preciosas moedas bitcoin poderiam ser na verdade um esquema Ponzi, com os "mineradores" vanguardistas ficando ricos e os retardatários, depenados.

Era maio de 2014, no início do meu mergulho na comunidade hacker internacional de bitcoins. Eu estava na Guatemala para receber um doutorado honorário da Universidad Francisco Marroquín. Ali em uma ravina profunda que divide a vulcânica "Zona Dez" na cidade da Guatemala, eu sentia um terremoto de sistema de mundo sob meus pés.

Eu estava sentado em uma grande mesa redonda em uma sala de aula da UFM, as flores rosas e vermelhas de uma enorme árvore primavera americana visível do outro lado da ravina do topo das torres de nove andares de silício opaco e transparente, tijolos intertravados e vidro: a materialização da "torre de cristal" de Ayau. Estavam reunidos ao meu redor um bando de programadores oraculares, educadores pioneiros, empreendedores tecnológicos, investidores de valores orientados pelo ouro, libertários randianos, projetores de "zonas livres" e bitcoiners cypherpunk — muitos deles acumulando todos esses papéis ao mesmo tempo — que expressavam uma visão unificada sobre as mudanças financeiras que viabilizavam uma nova eflorescência de liberdades e oportunidades econômicas.

A princípio eu estava cético acerca desse movimento; os protagonistas eram muito jovens e visionários, radicais e conservadores, ingênuos e além dos limites da respeitabilidade para construir os fundamentos de uma nova infraestrutura financeira e bancária. Mas, então, quando eles se dirigiram a mim lá na UFM com sua linguagem intensa e tecno-audaciosa de programação de código aberto e políticas de mudanças de paradigma, demonstrando uma compreensão impressionante dos meandros dos mercados financeiros e da criptografia, percebi que esse movimento poderia muito bem controlar as ferramentas e o carisma para mudar os regimes sobrecarregados e excessivamente regulados de dinheiro e bancos em todo o mundo.

Como o corpulento Cortez de Keats, no alto de uma colina na América Central, me vi observando a vastidão oceânica de um reino econômico orientado por novas formas de dinheiro. Afinal, novas formas de dinheiro favoreceram todo o crescimento econômico do milênio. Atolada no lamaçal incrivelmente espesso de escambos, a riqueza mundial seria uma pequena fração do que é. A escrituração contábil em partida dobrada impulsionara a revolução comercial em Veneza. Hoje, os bitcoiners estavam falando em "escrituração contábil em partida tripla" com um novo livro-razão permanente no blockchain.

É incontestável que a invenção do dinheiro e das finanças foi indispensável para a acumulação de todas as fortunas do mundo. O valor do dinheiro advém de seu poder de possibilitar e mensurar trilhões de transações e armazenar o valor que é transportável através do tempo e espaço. Um verdadeiro novo avanço na tecnologia do dinheiro seria capaz de fazer contribuições semelhantes.

Lembrei-me de um comentário do capitalista de risco supremo, Marc Andreessen, de que ele buscava empresas que "realizavam muito com pouco" dinheiro. Obviamente, esse grupo com maioria de empreendedores autofinanciados se encaixava no perfil. A maioria de suas empresas era financiada principalmente pela valorização dos bitcoins que estavam garimpando, cunhando e favorecendo com suas engenhosas novas arquiteturas de software.

Esse campus improvável também se encaixava nesse perfil, com sua coligação de epistêmicos economistas da Escola Austríaca e tecnólogos da nova era que em 45 anos haviam construído uma líder mundial em uma ravina outrora repleta de esgoto em meio à beleza e pobreza da Cidade da Guatemala.

Então, ali estávamos nós na UFM, conversando com Tuur Demeester do outro lado do mundo, no coração do Velho Mundo. Aos 23 anos de idade, e um comprador de bitcoins a cinco dólares em 2012, ele havia resgatado uma parte por quase 500 dólares para financiar duas empresas, uma "casa de câmbio" chamada Kraken e uma empresa de equipamentos de mineração chamada Cointerra. A Kraken prosperou, entrou no Bloomberg Terminal e formou um "banco" atuante com bitcoin. A Cointerra morreu na crise do bitcoin em 2014. Demeester falou sobre as façanhas de autofinanciamento ainda mais grandiosas da Bitcoin Armory, hoje tida com uma das melhores "carteiras" digitais de bitcoin. Com o objetivo de produzir uma carteira de bitcoins segura, em software, ela lançou uma rodada de financiamento de US$100 mil em 2013. Os dólares vieram como enxurrada e, em uma grata surpresa, eles arrecadaram na verdade US$500 mil. Foram gastos US$100 mil no plano de negócios e US$400 mil foram investidos em bitcoins. Os US$400 atingiram um valor de bitcoin de US$4 milhões. Enchendo suas carteiras sem sequer escrever um código, eles forneceram o modelo para quase 1.500 empresas de blockchain ao longo dos cinco anos seguintes.

Em resposta à minha pergunta sobre o bitcoin ser um esquema Ponzi, Demeester foi sarcástico, "se fosse um esquema Ponzi teria caído quando foi desacreditado por contratempos. O bitcoin superou fraudes e apagões contínuos e voltou mais forte todas as vezes".

Eu sabia que era verdade — tanto os contratempos, fraudes e golpes chocantes em torno do bitcoin quanto sua irreprimível resiliência, com os retornos advindos de seu núcleo até então inexpugnável. Essa era uma tecnologia com pernas que a levaram ao mundo todo e através de épocas ruins até épocas boas e incríveis e assustadoras tensões no céu.

Seguindo os passos dos educadores do Terceiro Mundo, Peter Thiel estava dando apoio a uma série de startups relacionadas ao blockchain. Assim como Marc Andreessen levava muitos dos investidores de risco preferidos do Vale do Silício para a briga do blockchain. Relatos do empreendedor engomadinho do bitcoin em Nova York, Matt Mellon, indicaram que Goldman Sachs, Morgan Stanley e diversas outras forças pomposas da velha guarda estão fazendo fila para fornecer mais cerca de US$500 milhões — tudo aumentando a irônica possibilidade de que o responsável por qualquer possível bitcoin Ponzi seja o Goldman Sachs.

Enquanto isso, como Thiel tem apontado continuamente, as universidades dos EUA têm pouca semelhança com a UFM. Sendo ex-aluno da Harvard e antigo membro da Kennedy School, recebi, logo antes de ir à Guatemala naquela primavera de 2014, um anúncio da presidente da Harvard de que ela estava lançando um fundo de US$400 milhões para dedicar minha alma mater e todas as suas faculdades de ciência à causa do combate às mudanças climáticas. Tais esforços, na prática, se resumem a eliminar a produção de energia sem benefícios ao clima.

Alimentando o senso de direito das decadentes instituições de classe alta que fazem "pouco com muito" dos recursos de outras pessoas, a iniciativa de Harvard refletiu a inebriação crescente da educação americana de elite. Concentrando-se em parar o progresso, obstruindo novas usinas de energia, desativando unidades químicas, mobilizando-se contra Israel e outras perseguições reacionárias, as instituições Ivy estão buscando as fantasias de uma elite intelectual e empresarial em declínio, cheia de rixas quimofóbicas e ludistas fracassados tagarelando em suas piscinas nocivas de dinheiro velho enquanto o mundo os deixa para trás.

No outono de 2013, logo depois que os ministros-chefe do meio ambiente da Alemanha e da Espanha confessaram o fracasso quase total de seus programas outrora pioneiros de subvenções cruzadas, tarifas de alimentação e impostos punitivos para promover "energias alternativas", o privilegiado corpo estudantil de Harvard entrou na onda. Eles votaram com maioria de 80% em uma resolução para limpar os US$500 bilhões em doações da universidade vindos de empresas envolvidas na extração de combustíveis fósseis baseados em carbono.

Uma maioria semelhante dos mesmos estudantes, exigindo o desinvestimento de Israel, havia anteriormente se alinhado ao odioso movimento "boicotar, desfazer e sabotar" (BDS). Assim, eles se juntaram aos antissemitas do mundo, alguns dos quais também despejavam suas fortunas, advindas em grande parte do petróleo, em Harvard. Israel não é apenas a fonte criativa de eficiências pioneiras em água e combustíveis que reduziram em 10% seu consumo líquido total de água em 70 anos desde 1948 — enquanto aumentava 60 vezes sua produção. Israel também é a nascente de muitas ferramentas informacionais e insights criptográficos que estruturam as vidas dos alunos de Harvard diariamente, de posts no Facebook e buscas no Google a mensagens pelo campus e transmissões no Kindle ou sinais de jogo no Kinect. Esses alunos não podiam mais sustentar suas preciosas "negações", melhor um estilo de vida de baixa energia sem Israel do que sem petróleo.

Conforme ouvia as opiniões na UFM na Guatemala, por comparação tão sãs e orientadas no sentido de um futuro pródigo, eu podia sentir uma mudança da guarda, uma transição histórica de liderança intelectual e econômica das antigas elites americanas para uma nova geração profética no que costuma ser chamado de Terceiro Mundo, mas que está ofuscando rapidamente os EUA nas zonas livres da mente da cidade da Guatemala a Xangai.

Sim, até mesmo a ainda despótica China "comunista" aumentou tanto sua economia privada que o gasto de seu governo está abaixo de 20% do PIB (comparados aos 26% dos EUA) atualmente. A China está de algumas formas se provando mais receptiva aos pensadores e empreendedores rebeldes do que a América. Apesar de todas as suas falhas, a China hoje distribui tanto capital de risco quanto os EUA, e realiza três vezes mais IPOs. Não deveríamos presumir que o Vale do Silício "conseguiu tudo" sem a China.

Os EUA, porém, estão começando um retorno, liderado em parte pela nova geração de empreendedores atraídos para fora do monólito universitário por Peter Thiel. No final de outubro de 2017, o fundo de investimentos 1517 inspirado por Thiel comemorou o aniversário de 500 anos das 95 Teses de Martinho Lutero, que provocaram a Reforma, reunindo centenas de empreendedores que abandonaram a faculdade. A palestra de Vitalik Buterin foi cancelada de última hora porque ele estava ocupado demais — um bom sinal.

Algumas semanas antes do evento, "The New 95" [As novas 95, em tradução livre] apareceram no blog do Fundo 1517, *The Subversionist*. A Número 19 diz:

> Em 1987, ano em que Stephen Trachtenberg se tornou presidente da George Washington University, os alunos pagavam US$27 mil (em dólares de 2017) em mensalidades, alojamento e alimentação. Quando ele se aposentou, 20 anos depois, eles pagavam mais do que o dobro — quase US$60 mil. Trachtenberg tornou a GW a escola mais cara do país sem melhorar em nada a educação. A graduação "serve como um troféu, um símbolo", disse ele. "Não tenho vergonha do que fizemos."
>
> Há prédios no campus com o nome desse cara.

Escritas por Mike Gibson do 1517, com a ajuda da líder motivacional do fundo, Danielle Strachman, as "Novas 95" reverberaram com os insights filosóficos de seu patrocinador Thiel.

Eles estavam acionando o alarme. A safra desse sistema e seu horroroso débito estudantil é composta de gerações inteiras removidas da economia empreendedora. "Por que há cerca de 5.300 universidades e faculdades nos EUA, mas apenas um ponto de vista?" perguntou a tese Número 8. A tese Número 23: "O poder do governo não deveria ser utilizado para compelir todos a aprenderem as mesmas coisas, da mesma forma, no mesmo lugar, no mesmo ritmo e na mesma idade?" A tese número 28: "O problema no ensino não é que tenhamos investido pouco, mas que recebamos tão pouco por tanto."

51. O credenciamento é uma ferramenta para obter e reforçar o monopólio... As escolas de medicina, direito e outras escolas profissionais deveriam excluir a exigência de graduação no college (espécie de curso superior realizado antes da universidade nos EUA).

65. A maioria dos achados de pesquisa publicados é falsa. Pois é, aqui está sua nota de rodapé. ("Why Most Published Research Findings Are False" [Por Que a Maioria dos Achados de Pesquisa Publicados São Falsos, em tradução livre], por John P. A. Ioannidis, PLOS, 30 de agosto de 2005, https://doi.org/10.1371/journal.pmed.0020124 [conteúdo em inglês].)

78. Todo periódico acadêmico e científico deveria ser aberto e gratuito para o público. É muito mais fácil verificar resultados para reprodutibilidade com bilhões de olhos.

79. As universidades estão forçando lucros quando exigem que os calouros em escolas como MIT façam aulas de introdução à ciência da computação apesar de eles programarem sozinhos há oito anos.

94. Seremos julgados pelas próximas gerações pelo que construirmos, não pelo que consumirmos. Será que sobreviverá ao tempo melhor do que seu criador?

95. A educação deveria ser uma missão não apenas para instruir o mundo, mas para libertá-lo.

Porém as universidades estão se concentrando em ensinar aos alunos como parar as coisas — gasodutos, exploração de energia, inovações químicas, novos formatos de plantas, novos negócios —, em vez de como criá-las. Em uma triste ironia, as leis antiquímicos promovidas pelas universidades acabaram banindo as fundições de chips de silício do Vale do Silício, e a indústria dos chips debandou em grande parte para a China e Israel.

A academia, um pilar já abastado do establishment americano, recebe com sua ideologia uma noção de direito ao apoio do governo. Enquanto as mensalidades e outros custos estudantis dispararam por décadas, muitas vezes mais rápido do que a inflação, e a maioria das receitas dos formandos definhou, as universidades financiaram alegremente seu enriquecimento nas costas de estudantes cada vez mais endividados. Sobrecarregados com dívidas, os jovens evitam atividades empreendedoras e até mesmo o casamento. Conforme a abertura de empresa estagna nos EUA, eles se direcionam para uma dependência socialista.

O Google, a empresa suprema do Vale do Silício, nasceu no Gates Building em Stanford, que é cheio de professores prestigiados. Ele resume a fusão fechada e cara entre universidade, indústria e governo. Com o ex-presidente de Stanford, John Hennessy, que arrecadou US$360 milhões em ações do Google como doações para a universidade, em seu conselho, o Google representa ao mesmo tempo o melhor e o pior lado do casamento da academia e sua prole comercial.

64. Parece que quanto mais doutores formamos, menos revoluções científicas temos. Há mais cientistas trabalhando hoje do que em qualquer época da história humana. Pode ser porque a ciência está mais difícil, ou porque eles não são cientistas de verdade.

O 1517 e a Thiel Foundation não lançam meros desafios retóricos. Desde a criação do fundo, em 2014, ele financiou diretamente dezenas de empresas lideradas por desistentes da universidade e incentivou indiretamente centenas de outras. Os resultados estão entrando.

A Ethereum de Buterin lidera a cobrança. Em julho de 2017, a Ethereum Enterprise Alliance recebeu 34 grandes empresas em uma lista já repleta de nomes como Intel, J. P. Morgan, Mastercard e Samsung. Criada para construir e expandir padrões e arquiteturas baseadas na Ethereum, essa aliança confirma o amplo interesse na tecnologia do blockchain Ethereum nos mais altos níveis das finanças e da indústria.

No final de setembro daquele mesmo ano, a Toyota, maior empresa automobilística do mundo, anunciou, para a surpresa dos especialistas, que obteria sistemas lidar, um componente-chave para seus carros autônomos, da Luminar, uma startup desconhecida do Vale do Silício fundada pela 1517 (veja o Capítulo 9). Ao escolher a Luminar, a Toyota seguiu os passos de outras três grandes empresas automobilísticas, e a Luminar estava no caminho de dominar o mercado mundial de lidar.

Enquanto o Google construía seus data centers gigantes em todo o mundo para o Google Brain, o 1517 financiou os esforços de Stephen Balaban para construir data centers compactos e mais baratos que pudessem realizar as mesmas funções dentro das empresas. As máquinas de aprendizado profundo do Lambda Labs encontraram uma reação desejosa de empresas hesitantes em fazer upload de seu ativo mais valioso, os dados, a um servidor centralizado controlado por um concorrente como Google, Amazon ou Microsoft. Três das próprias gigantes — Apple, Amazon e Microsoft — já são clientes Lambda Lab, com muitas outras, incluindo GE e IBM; sem contar MIT, Princeton e Los Alamos. Balaban vê o maior mercado de computação na nuvem como um próximo passo. "No futuro", ele prevê, "nos tornaremos um serviço de computação distribuído como PG&E, vendendo os ciclos computacionais excedentes de nossos consumidores em nosso marketplace".

O blockchain transforma a arquitetura da internet de baixo para cima. A Ethereum de Vitalik Buterin transforma a rede de um conjunto de hierarquias paroquiais para uma *heterarquia* global ancorada em um novo modelo de segurança. Austin Russell está trazendo inovações de *hardware* únicas para um Vale cheio de pretensiosos onívoros de software e evangelistas da computação centralizada. Stephen Balaban está transformando o movimento de nuvem em uma "tempestade", levando os supercomputadores de terceirizados e centralizados para distribuídos e personalizados.

42. Os irmãos Wright — com uma biblioteca caseira, nenhuma graduação e uma bicicletaria — deram início à era do voo. Seu principal concorrente, Samuel P. Langley, um professor de matemática com subsídios do governo dos EUA e do Smithsonian, bateu no Potomac.

Por um lado, as fraternidades de Thiel são um meio engenhoso de um investidor de risco encontrar os talentos empreendedores mais motivados, capazes e até mesmo impacientes na nova geração de estudantes. A fortuna de Thiel começou com o PayPal, mas atingiu seu apogeu quando persuadiu o Mark Zuckerberg de 18 anos a retirar o Facebook da Harvard para o Vale do Silício e abri-lo para o mundo.

Quando os fóruns e redes sociais da internet como MySpace estavam fervilhando com anonimatos sombrios, Thiel percebeu que a internet precisava de *rostos*. Ele buscou a responsabilidade de identidades reais por trás de posts da internet. Também sabia que quem geralmente sustenta as ideias mais transformadoras são alguns dos empreendedores mais jovens, desde o desistente da Harvard, Bill Gates da Microsoft, ao aluno de Stanford, Larry Page do Google. Se você é um investidor de risco com desejo de conquistar grandes mudanças na economia e na sociedade, lembre-se de que uma grande atenção na juventude é essencial para obter sucesso.

Atraindo dezenas de milhares de inscritos todos os anos, a Thiel Fellowship unge apenas 20. Russell em 2013 e Buterin em 2014 eram membros dos primeiros grupos. Buterin já está bem encaminhado para se tornar o Larry Page da nova geração revertendo a revolução hierárquica de Page.

Porém, ver essa juventude como mero duto das ambições de um investidor de risco seria se esquecer de sua importância como símbolo e protagonista de um novo sistema de mundo. Peter Thiel é conhecido como empreendedor e financiador, mas seu chamado mais profundo é como filósofo visionário e crítico contrário da regra predominante da academia.

Na recepção de Vitalik Buterin e outros Thiel Fellows de 2014, Thiel disse: "Esperamos que [eles] inspirem pessoas de todas as idades ao demonstrarem que curiosidade intelectual, coragem e determinação são mais importantes do que credenciais para melhorar a civilização." Credenciais são um meio de a antiga ordem acadêmica perpetuar a si e suas hierarquias. Com o custo muito elevado, as universidades canalizam os alunos em corredores ressonantes de um establishment educacional reacionário que imagina que placebos socialistas, políticas de identidade, quimicofobia, hedonismo estéril, monumentos solares druídicos, moinhos de vento aborígenes e grandes muros de baterias são *progressistas*. Atraí-los para longe disso é um ato revolucionário.

36. Não existe lei de ferro na economia que diga que a mensalidade deveria aumentar — cada vez mais — ano após ano. Em muitos pontos, as universidades são as mesmas ou piores ao ensinar aos alunos como se estivessem no início da década de 1980. Mas hoje os estudantes estão pagando quatro vezes mais do que pagavam na época. Imagine pagar mais a cada ano por passagens de uma companhia aérea cujos aviões voassem mais devagar e caíssem com mais frequência, mas que gastassem sua receita em um terminal e lounge incrivelmente maravilhosos. Você colocaria o adesivo dela na janela de trás do seu carro?

Thiel Chamou isso de "bolha educacional" reforçada pelo politicamente correto. O sistema de mundo do Google reverbera ideologias, indulgências, títulos e vieses da academia. Thiel e o 1517 estão convocando os alunos a se rebelarem contra seu confinamento ideológico e pensar novamente.

Eles não admitem a ideia de uma América estagnada e complacente, onde empresas de informação se cristalizam em poucas keiretsu gigantes, as aberturas de empresas encolhem, as IPOs murcham e a criatividade definha. E nós também não deveríamos admitir.

O mundo não vai esperar.

Capítulo 20

Neutralizando a Rede

Você se sente *sozinho* quando acessa a internet? Você vaga de um site a outro, sozinho na nuvem, acompanhado, mas não sacudido por uma multidão invisível, que visita as mesmas páginas ao mesmo tempo, lê as mesmas notícias, assiste aos mesmo cantores. Essa multidão compartilha invisivelmente seus interesses por corridas em trilhas, carga fiscal, Leonard Cohen, Teoria da Informação, atletismo, Joan Didion, processadores de rede, March Madnes, Art Tatum, belas mulheres, Yo-Yo Ma, Federal Communications Commission, paisagens montanhosas ou blockchain. As multidões estão com você, mas inalcançavelmente afastadas. Na maior parte do tempo você não está interessado nos outros, mas de vez em quando não seria gratificante encontrar vozes familiares na internet?

Páginas com seções de comentários refletem essa solidão e pedido de socorro. É possível sentir isso na intensidade das respostas e nas tentativas de abordar outros comentadores em um diálogo atrofiado por escrito. Como Leonard Cohen diz em sua música, é "almost like the blues" [quase uma melancolia, em tradução livre].

Estou jantando com Daniel Berninger, que quer me contar sobre seus esforços para ajudar e a decisão de seu governo de impedi-lo. Ele acredita que, se eles conseguirem evitar que ele busque esse pequeno avanço para a internet, também serão capazes de parar as novas gerações de tecnologia da mesma forma. Hoje, estão ameaçados US$300 bilhões em transformações sem fio sob a nova arquitetura de 5º geração do 5G e das agora ascendentes blockchains da vida após o Google.

Um pensador original de barba elegante e jovial de 40 e tantos anos, Berninger começa buscando uma internet mais gregária. Não seria melhor se as páginas da internet fossem agregadas a vozes de alta definição? Você clicaria em um ícone e seria transferido a um operador humano, ou em um mundo de Google "Home", um autômato. O "operador" o coloca em uma conversa com uma voz HD que, a sete kilohertz (diferente dos três kilohertz habituais) e uma taxa de amostragem duplicada, demonstra uma acústica excepcionalmente clara e nítida. Números de telefone ou buscas tradicionais são desnecessários. Você pode ou não falar conforme sua vontade. Tão claro quanto a telepresença.

Hello Digital é o nome da empresa com essa ideia, que Berninger reconhece que pode não ser tão boa — "conhecimento tem a ver com o passado; empreendedorismo tem a ver com o futuro" —, mas é óbvio que não é papel do governo impedi-la.

Berninger chega ao jantar no descolado University Club em DC vestindo jeans do Vale do Silício e sem paletó, o que é um problema. *Mamãe não deixa usar jeans no U Club.* Talvez eles estivessem mais adequados como figura virtual na página online do University Club. Talvez não. Berninger tem sorte, a anfitriã uniformizada me informa seriamente: "Não há membros do conselho aqui hoje."

Puxa, ele teria sido preso? Não, mas ele se arriscou a ser barrado na entrada do salão de jantar.

Mas Dan nem se abalou. Ele é todo sorrisos, com uma inclinação a desafiar autoridades, e o U Club ficou contente em fazer uma concessão. Ele deveria entender para que esses clubes servem — oferecer protocolos para a comunicação entre espíritos semelhantes —, e muitos de nós não gostaríamos que fossem diferentes, mesmo que suas regras acabassem provocando contratempos com um fanfarrão do Vale do Silício vestindo calças jeans.

Um cético acerca dos regulamentos por décadas, Berninger está atualmente levando seus protestos até a Suprema Corte. Acontece que a ideia da Hello Digital viola certas regras confusas da Comissão Federal de Comunicações, e todos os requerentes desse tipo precisam se unir ao movimento da firma de advogados K Street. Chame Dick Wylie, Bert Rein e seus 234 advogados na Ordem dos Advogados da FCC.

Espremendo-se em um paletó preto concedido bem a tempo pela anfitriã do University Club, Berninger se acomoda confortavelmente de volta em sua cadeira, um rebelde em repouso em Washington, pronto para contar sua história. Engenheiro de sistemas elétricos, Berninger passou a maior parte de sua vida comercial como um alegre disruptor do setor de telecomunicações. Ele começou no Bell Laboratories, onde em 1995 embarcou em estudos de como o voice-over-the-internet protocol (VoIP) afetaria as empresas de telecomunicação. Permitindo ligações pela internet, o VoIP libertou os telefones das confusões e inconvenientes da public switched telephone network (PSTN) [rede pública de telefonia comutada].

Começando pela ocupação dos circuitos de um grande servidor de computadores na Free World Dialup em 1994, o VoIP prosseguiu para uma pequena placa em uma caixa de rede na Vocaltec em Israel, que desenvolveu o primeiro sistema VoIP bem-sucedido em 1996. Ele finalmente migrou para chips únicos na Vonage. Berninger seguiu os passos da tecnologia. Hoje em chips Broadcom custando poucos dólares, o voice over IP de *alta definição* poderia estar discretamente disponível em todas as páginas online. "Hello Digital."

Conforme ele trabalhava nas disputadas fronteiras entre diferentes redes — a então não regulamentada internet e a mesquinha PSTN, "local" e "longa distância" —, a FCC perseguia cada um de seus passos. Ao lançar o ITXC pela Vocaltec com seu colega da AT&T, Tom Evslin, Berninger abalou a indústria com a ideia de telefonia de longa distância como um produto da internet. ITXC decolou rapidamente para um valor de mercado de 8 bilhões de dólares antes da queda das pontocom. Tornando-se uma das maiores fornecedoras de VoIP, o empreendimento seguinte de Berninger, Vonage, atingiu um pico de 1,4 milhão de clientes em 2004. No entanto, ela acabou sendo paralisada por pedidos de patente ilusórios, mas frequentes, da Verizon, que extraíram quase US$150 milhões da empresa.

Foi sua experiência com a Hello Digital, porém, que o tornou um litigante libertário.

Os sistemas existentes de voz apenas pela internet, como Skype na Microsoft, Google Hangouts e Facebook Messenger, funcionam suficientemente bem, às vezes até extraordinariamente. Mas eles fracassam em tirar vantagem da convergência espontânea de interesses em sites específicos. Eles não oferecem fontes adicionais de receita para páginas da internet com conteúdos independentes. E são incapazes de incluir a mágica da voz em alta definição. "As pessoas não sabem que querem isso, mas, quando conseguem, todas as outras formas de telefonia parecem inadequadas."

A voz em HD confiável exige um link ponta a ponta, como uma chamada telefônica, em vez de uma conexão de internet qualificada e altamente buferizada. Como ele colocou em sua "Declaração de Daniel Berninger" perante a FCC, "como a latência, a instabilidade e a perda de informações... ameaçarão a qualidade e destruirão a proposta de valor do serviço HD, é imperativo que os operadores de rede priorizem esse tráfego...", e eles "esperam e exigem uma compensação razoável".

Berninger sabia que, por causa da Open Internet Order de 2015 da FCC, esse novo uso da telefonia online chamaria a atenção na Comissão. Naquele ano, o diretor da FCC, Tom Wheeler, declarou a internet como parte da PSTN e a regulamentou como um serviço público sob o Title II do Telecom Act de 1996. Mas o que poderia dar errado com as pequenas aplicações de Berninger? A Hello Digital parecia simplesmente uma nova forma de melhor acústica vocal e espírito de comunidade na rede. Mas, após alguns meses de espera, Berninger descobriu que era um passo largo demais.

Segundo a FCC, proteger um link ponta a ponta era ilegal perante as regras de "neutralidade da rede", que pode-se dizer que proibiam o favorecimento de alguns bits — digamos, bits de voz sensíveis ao tempo — sobre outros bits, como, por exemplo, textos mais flexíveis ou transmissões de e-mail. Então, adeus à Hello Digital.

Berninger, entretanto, não é alguém que possa ser colocado de lado com facilidade, nem por uma decisão suprema da maior autoridade em telecomunicações do país. A extensão de regulamentos federais de telecomunicações à internet o irritou, principalmente devido ao entendimento de que um endereço de protocolo de internet é simplesmente uma forma diferente de número de telefone.

Se a FCC era responsável pelos números de telefone, dizia o argumento, também era responsável pelos endereços de IP. E se era responsável pelos endereços de IP, era responsável pela internet. Com o espaço de endereços limitado da IPV4 sendo rapidamente convertido em IPV6 para acomodar os galáticos bilhões de itens na Internet das Coisas, por que a FCC não deveria se responsabilizar por essas bilhões de coisas — um belo horizonte em expansão contínua para a burocracia. E, segundo a ordem da FCC, se quaisquer novas formas de endereço forem desenvolvidas, nós também somos donos delas! Estão sujeitos à sua jurisdição de comunicações quaisquer novos esquemas de endereço que possam ser apresentados por traiçoeiros empreendedores não neutros.

Berninger decidiu abrir um processo, mas descobriu que o custo de fazer negócios com a K Street era exorbitante. Contratar Wylie Rein, principal advogado de comunicações de Washington, aumentaria seu custo legal anual de US$200 mil para US$500 mil. O processo começaria com uma sequência de comentários e reações conforme o Administrative Procedure Act, seguido por petições por ordens de suspensão depois que a petição de rotina foi negada. Ele teria que esperar que o processo fosse listado no Registro Federal, e passasse por rejeição pelo complacente com as leis do Tribunal de Apelos dos EUA para o D.C. Circuit. Finalmente, em junho de 2016... ali está!... no rol de causas pendentes da Suprema Corte: *Berninger vs. Federal Communications Commission*. Berninger espera que a Suprema Corte, que já protegeu a rede das regulamentações uma vez, decida a seu favor. Apesar de Ajit Pai, o novo presidente de desregulamentação da FCC, ter suspendido algumas das regras de neutralidade da rede definitivamente no final de 2017, Berninger quer libertar a rede da supervisão da FCC para sempre.

Se o pequeno passo da voz de alta definição exige o alinhamento das justiças e administradores abrangendo boa parte do judiciário federal e também do Congresso e da Casa Branca, quais meandros confrontarão as transformações históricas da vida após o Google? Agora está a caminho um surto nas telecomunicações ainda mais abrangente desde a criação da internet. Possibilitando a mudança da Lei de Bell na arquitetura computacional — dispersando as nuvens de condensação de data centers e abrindo os céus dos links centrífugos de blockchain —, temos a melhoria radical na infraestrutura chamada de 5G.

Adotada a princípio por empresas de telecomunicação em todo o mundo, o 5G é a quinta geração de padrões de tecnologia wireless. Expandindo a rede em diversos novos domínios de espectro de alta frequência e milímetro-onda e cobertura de antenas em ampla multiplicação, ela promete um aumento de 100 vezes na largura de banda sem fio ao longo dos próximos 5 anos. A tecnologia também torna boa parte da atividade de espectro da FCC obsoleta.

Suportando cerca de 20 gigabits onipresentes por segundo de capacidade, o 5G se alimenta da invenção da empresa israelita ASOCS, cujos dispositivos permitem o deslocamento do processamento de voz de banda base para longe das gigantescas torres de antenas de volta às estações base de celular. Removendo computações complexas e a proteção climática dos sistemas de antena, o 5G permite a implantação de milhões de antenas ocultas e simplificadas. A cobertura pode ser movida das gigantes torres cercadas para postes de cerca rurais, postes telefônicos, parquímetros, postes de luz e muros de prédios, dentro e fora, em todo o país. Muito mais do que o mal batizado, e obrigatório pela FCC, Universal Service Fund, que se tornou um fundo irresponsável e lento para os políticos, o 5G é capaz de tornar a banda larga tão universal quanto a TV e os celulares.

Apesar de reduzir centenas de vezes os custos por bit das telecomunicações, a implantação dessas mudanças não será barata. O custo estimado da melhoria 5G é de US$300 bilhões, que é quase o custo da implantação original de toda a infraestrutura de telecomunicações.

Muito além da mera voz de alta definição, o 5G é a infraestrutura tecnológica para uma futura revolução nas redes. Ela permite novos sistemas de segurança distribuídos para a Internet das Coisas, os registros da nova criptoeconomia de micropagamentos do blockchain, e as plataformas de realidade virtual e aumentada das comunicações avançadas da internet. Ela é especialmente importante para os planos ambiciosos de Urs Hölzle para o Google.

Levantar esse volume de capital é obviamente incompatível com as suposições estáticas do Title II, que torna a internet um serviço público como a rede elétrica. Não é possível arrecadar US$300 bilhões para reformar um serviço regulamentado. A supervisão da FCC implica na ameaça de controles de preços elaborados e a regulamentação de toda a nova conexão — Hello Digital! — diante de regras advindas não apenas da FCC como também de oficiais feudais e metropolitanos.

Apesar de a infraestrutura de comunicações estar entre os setores mais competitivos, o tamanho gigantesco de sua planta, equipamentos e equipe de trabalho a torna um alvo convidativo para todos os níveis de governo em busca de tarifas, taxas, impostos, propriedade, "investimentos", contribuições de campanha e outras indulgências. Para levar o serviço de telefonia fixa para localidades rurais como Aspen, Colorado, e guetos como Palo Alto, o Universal Service Fund taxa cada conexão. O pote de ouro chegou a mais de US$160 bilhões entre 2010 e 2018. Além disso, o decreto da FCC para manter linhas fixas ociosas custa às empresas de telecomunicação cerca de US$25 bilhões ao ano apenas em custos de eletricidade.

"Como empreendedor, o regime regulatório atual nas telecomunicações me atinge de duas formas", diz Berninger. "Meus esforços na busca por um modelo de negócios, e potenciais financiadores, são destruídos pela regulamentação. Meu novo serviço de colocar voz por trás de sites se parece um pouco com um serviço de conferência. Atualmente, o Title II diz que as empresas de telecomunicação devem pagar 20% do lucro ao governo para pagar pela banda larga universal. Bem, fim da linha. Eu não tenho nenhuma empresa assim.

"Além disso, nenhum financiador quer nada com um setor regulamentado. A reclassificação do Title II estancou o financiamento dos investidores. Digamos que eu tenha um milhão de dólares e queira investir em algum lugar. Seria preciso avaliar minhas perspectivas de sucesso, que serão uma função das regras que enfrentarei. Se a FCC estiver ali, então, é o fim do jogo, porque eu não sei quais são as regras."

As regras da FCC dividem a tecnologia da informação em segmentos, seja software versus plataformas, wireless versus cabeamento, aplicativos versus operadoras ou conteúdo versus conduíte. Como manifestação dessa grande divisão em mercados de capital temos a valorização das empresas relevantes. As mais largamente favorecidas são as de software e aplicativos de conteúdo em detrimento do regime regulamentado das de conduítes, fabricação e hardware que possibilitam uma rede.

Empresas favorecidas como Google, Facebook, Netflix, Apple e Amazon mostram uma valorização de suas receitas entre 8 e 40 vezes. Em contrapartida, empresas como AT&T, Verizon, T-Mobile e os concorrentes intermediários locais que suprem o núcleo da rede mostram valorizações entre 20 e 80 vezes *menores* — entre 0,5 e 1,5 vezes suas receitas. Ainda assim, o desempenho dos magníficos produtos e serviços do Google et al. é absolutamente dependente dos investimentos das empresas de infraestrutura.

Um resultado do regime regulatório e tributário é que a maior parte da fabricação dos hardwares e infraestruturas de telecomunicações e computadores foi terceirizada para a China e outros territórios estrangeiros. Hoje, o Vale do Silício é uma pradaria verde com quase nenhum silício à vista e nenhuma fabricação significativa de chips, fibra óptica ou sistemas complexos. Por causa do tratamento diferenciado, as empresas de hardware para telecomunicações estão lançando seus fundos de investimento na pradaria verde. Em vez de um direcionamento total ao 5G, a Verizon comprou a AOL e o Huffington Post, e a AT&T namora a Time Warner. Essas são basicamente usuárias de banda em vez de fornecedoras de banda.

Ao longo da próxima década, as políticas regulatórias determinarão se o 5G acontecerá nos EUA ou se será relegado primeiramente aos países estrangeiros; também determinarão se a promessa da segurança na internet proporcionada pelas inovações de blockchain serão realizadas nos EUA ou se a internet continuará caindo em jardins murados governados por Google, Apple e Facebook.

Hoje, os sinais não são promissores. O Google e o Facebook controlam atualmente quase 70% de todas as comunicações na internet, e os links internos do Google são maiores em largura de banda transversal do que toda a internet. Mas a breve incursão do Google na infraestrutura local — Google Fiber —, lançada corajosamente como um plano nacional para levar links de gigabit por segundo a toda a nação, minguou em alguns projetos conturbados. As campanhas sobreviventes do Google Fiber são em Kansas City, Austin, Provo, Atlanta, Charlotte e quatro outros locais menores. Reunidos, esses projetos não conseguiram atingir a modesta meta do Google de 5 milhões de assinantes.

O Google começou como uma empresa de internet engatinhando na World Wide Web com suas miraculosas habilidades de busca. Hoje, como declara Eric Schmidt, ela está mudando de "busca" para "sugestão", utilizando inteligência artificial para desintermediar a internet. Em vez de ser direcionado a uma página online pelo sistema do Google, você é cada vez mais suprido pelas próprias respostas direcionadas do Google, aperfeiçoadas por seus sistemas de aprendizado profundo e sua adaptação superinteligente a todos os seus desejos.

Todas essas ambições do Google dependem da rápida expansão da largura de banda através do 5G e outros empreendimentos que implicarão centenas de bilhões de dólares de investimento. O Google precisa das companhias de telecomunicação e das fornecedoras de infraestrutura. Ele precisa de uma economia mundial próspera repleta de empreendedores reagindo a preços reais. A empresa deveria abandonar suas políticas autocomplacentes e hipocrisia egoísta.

A Hello Digital é apenas o começo.

Em 2002, Berninger identificou 10 "Mitos das Políticas de Telecomunicações dos EUA" que servem como justificativas para regulamentações governamentais intensificadas.[1] Dezesseis anos depois, a mudança mais significativa é a inclusão do Google e seus lobistas por trás dessa mitologia essencial.

O primeiro mito de Berninger foi que a política é independente da tecnologia — que os serviços de comunicação são definidos pela lei em vez da engenharia. Muitos analistas, como o estimável Tim Wu em *Impérios da Comunicação* e *The Attention Merchants* ["Os Mercadores de Atenção", em *tradução livre*], parecem acreditar, portanto, que as operadoras enfrentam uma tentação irresistível de manipular o conteúdo que transmitem, a menos que o governo possa impor regras de "neutralidade de rede".[2] Eles enxergam forças insidiosas entre AT&T e Verizon, Comcast e Time Warner, interferindo e suprimindo conteúdos de que não gostam e favorecendo conteúdos que corroboram seus interesses. Sem a vigilância constante de advogados e da supervisão da FCC, tudo estaria perdido para os críticos das companhias de telecomunicação na rede.

Apesar de ele fazer um esforço louvável para compreender a tecnologia, Wu é professor de direito e um consultor da Federal Trade Commission rodeado de advogados que acreditam reger o mundo. Mas as leis de comunicação são uma ação de posse sobretudo perversa e mal concebida contra perturbações constantes forjadas por engenheiros.

Os engenheiros sabem que voz, vídeo, jogos interativos 3D, realidade virtual, transações financeiras, ligações para a polícia, streaming de música, mensagens, redes de entrega de conteúdo, e-mail, sistemas de ID de rádio, downloads de software, Internet das Coisas e links máquina a máquina são tecnologicamente diferentes em quase todos os aspectos. Nenhuma operadora é capaz de tratar todos da mesma forma. Uma lei que exija que todos sejam tratados da mesma forma é meramente uma ordem de litigância constante e, assim, um poder governamental damocleano e arbitrário.

Na prática, essas diferenças não causam nenhum problema. Se você tem o melhor conduíte, quer que o conteúdo de todos o utilizem; se tem o melhor conteúdo, quer que esteja no conduíte de todos. Então, a manipulação tendenciosa simplesmente não acontece, apesar das alegações oportunas e dos medos histéricos. Se, porém, você criar leis e fizer a FCC impô-las, a cultura da K Street garantirá que as redes se tornem uma arena para o ativismo perpétuo da K Street, enriquecendo os associados de Wu, a quem apenas os leviatãs são capazes de pagar.

Na prática, o único fator que faz alguma diferença real para a neutralidade da internet é o investimento em largura de banda. Se a largura de banda for escassa, precisará ser alocada de forma preferencial, independentemente das leis. A neutralidade da rede ficará fora do jogo. Se a largura de banda for abundante, as leis de neutralidade serão desnecessárias, porque tudo encontrará um conduíte. Por mais estranho que pareça, a principal ameaça à real neutralidade da rede hoje é a campanha nacional pela "neutralidade da rede", que afasta investimentos em largura de banda, levando as empresas de telecomunicação a irresponsáveis "jogadas de conteúdo" e a tratar a internet como um sistema estático de soma zero.

Não disposto a pagar a outras empresas para entregar sua panóplia de produtos gratuitos, o Google apoia a neutralidade da internet como meio de reduzir a intervenção governamental em prol do seu mundo livre. O Google aparentemente acredita que isso é capaz de manipular o governo e a mídia de modo mais eficiente do que as operadoras relativamente precárias, e parece ter razão. Mas os interesses do Google dependem afinal da abundância da largura de banda, que exige o mesmo investimento e inovação que são penalizados pelas leis de neutralidade da rede.

O segundo mito de Berninger diz que a internet é basicamente uma sobreposição à PSTN e por isso deveria ser regulamentada da mesma maneira. Hoje, entretanto, não existe praticamente nenhuma sobreposição, já que a maioria dos links de internet utiliza o espectro wireless e vão para smartphones. O restante passa por cabos coaxiais de TV, conexões por fibra, micro-ondas ou satélite. As antigas gaiolas de cobre da PSTN têm pouco a ver com ela. Mas como a PSTN é sobretaxada e sobrerregulamentada e a internet é muito menos regulamentada e tarifada, defensores do grande governo, como os lobistas do Google, querem a rede vista como uma faceta das telecomunicações. Um posicionamento incrivelmente raso.

O terceiro mito acredita que a internet substituirá a PSTN. Claro, da mesma forma e nível com os quais as estradas substituíram as ferrovias. As ferrovias continuam; como continuarão as redes concentradas em diversas comunicações especializadas ou protegidas de linhas fixas de voz e vídeo com foco nas necessidades governamentais. Os políticos raramente renunciam a seus domínios regulatórios.

O mito número quatro diz que a internet é uma arena libertária que prosperará melhor se o governo ficar fora do caminho. Em um mundo ideal, isso poderia ser verdade, mas, como muitos perceberam, o mundo não é o ideal. Como o governo está envolvido com a rede em todos os níveis possíveis, em todos os ramos e em todas as escalas de governo, esse parecer libertário é teologia vazia.

Contudo, um mito de governo menos difundido, e curiosamente compartilhado pelos libertários do grande governo no Google, permitiu que os reguladores expandissem muito sua intervenção, retardando seriamente o progresso nas telecomunicações. Esse é o mito de que o espectro eletromagnético é um recurso natural escasso semelhante a "propriedades de frente para o mar" e que o governo domina em nome do povo e pode vendê-lo à própria vontade.

Ao longo dos últimos 25 anos ou mais, os leilões do governo de diversas faixas de "ar" trouxeram cerca de US$60 bilhões. Apesar de essa quantia ser trivial para governos que gastam entre 4 e 5 trilhões de dólares anualmente, o dinheiro sujo dos leilões se assoma muito para os reguladores da FCC, que podem se disfarçar de "centro lucrativo" governamental. Para um setor de telecomunicações que já está entre os mais taxados de todos os negócios dos EUA, os leilões representam um imposto substancioso sobre as comunicações móveis.

A ciência por trás dos leilões está muito desatualizada e é sustentada principalmente por advogados. Os smartphones na internet, com sua tecnologia celular de potência cada vez menor, diferem radicalmente de estações de rádio e TV, espalhando seus sinais de centenas de milhares de watts pelo país. O modelo aéreo de rádio e TV é tão obsoleto e poluente quanto uma usina de etanol.

O espectro celular utilizável é produto de engenheiros criativos que desenvolveram um conjunto em constante expansão de transmissores e receptores, misturadores e osciladores, masers e lasers e tubos de ondas progressivas, klystrons e radiadores e sensores de micro-ondas, além de microcomputadores cada vez mais compactos para controlá-los. Antigamente, todos os transmissores eram fixados em suas frequências e incapazes de avaliar as condições em seu caminho. Mas avanços nos microchips tornaram a maior parte desses equipamentos flexível, "inteligente" e programável.

A tecnologia de "rádio definido por software", que permite que os sistemas evitem interferências e transmitam em canais abertos, esta cada vez mais acessível. Operando em potências cada vez menores, com direcionamento e controle cada vez maiores, os novos sistemas de antena são capazes de restringir seu alcance aos comunicadores locais. Muitos sistemas de celular concentram um raio em cada telefone. As frequências no ar são menos parecidas com trilhos de ferrovias e mais com os céus abertos da aviação ou estradas livres para automóveis. Em vez de limpar a estrada de todos os outros tráfegos, os sistemas dominantes de rádio de "espectro alargado" permitem que os transmissores e receptores compartilhem a estrada. Eles precisam de controles de tráfego em vez de alocações fixas.[3]

Sob o regime oneroso dos leilões, essas bandas de comunicação estão disponíveis principalmente para empresas enormes. Então, os leilões funcionam como um imposto que restringe a inovação e a competição nas telecomunicações. A supressão dos impostos do setor progride mais do que anula a receita gerada por ela. O apoio do Google a esse sistema reflete meramente seu poder como um leviatã comunicador.

O mito número 5 acredita que a Lei de Comunicações de 1934 aplica-se a todas as comunicações. Essa lei se baseou na suposição de que a tecnologia define e identifica serviço: de que o conduíte define o conteúdo. Esse conceito é incompatível tanto com a Teoria da Informação quanto com a internet que se baseia nela. Um produto dos dias antigos, quando transmissão significava TV e fios de cobre definiam a telefonia, essa lei é ridícula em uma era de redes digitais multipropósito utilizando todo tipo de canal desde fibra óptica a satélites e a comunicadores por campo de proximidade para vídeo, voz, dinheiro e maquinário.

O mito número 6 consiste no fato de que o Universal Service Fund, um imposto nas telecomunicações, tem algo a ver com o fornecimento do serviço aos pobres e a áreas rurais. Links de linhas de telefonia fixa são muito menos disponíveis aos pobres e a áreas remotas do que os relativamente não regulados celulares ou televisores, que na realidade são praticamente universais. O USF é simplesmente um fundo secreto de US$160 bilhões para políticos e burocratas pagarem aos constituintes e passarem leis de telecomunicações de seu interesse.

O sétimo mito — todos precisamos de uma base de igualdade — é apenas mais um pretexto para a intervenção política. Como não há bases de igualdade em nenhum lugar da tecnologia, no capitalismo ou no espectro eletromagnético, esse mito incita as demandas por intervenção em todo lugar.

O oitavo mito diz que o investimento inadequado nas telecomunicações é resultado de incentivos insuficientes aos fornecedores da rede, que deveriam ser subsidiados pelo governo. Embora o governo devesse comprar quaisquer sistemas de comunicação seguros que fossem necessários, não existe a necessidade de programas que subsidiem o serviço de banda larga comum. A banda larga deve ser lucrativa ainda que o Google insista em fornecê-la gratuitamente.

O motivo dos investimentos inadequados é que, exceto pelo álcool e o tabaco, as telecomunicações são o setor com maior tributação e regulamentação do país, que possui capitalização intensa e muda mais rapidamente do que qualquer outro. Hoje, com o 5G e o blockchain, o setor está entrando em uma era de novas oportunidades. Ainda assim, empresas como o Google impelem os políticos a tratarem essa arena turbulenta como um serviço público.

O nono e décimo mitos são na verdade repetições dos mitos anteriores sobre o alcance das leis de telecomunicação, como as de 1934 e 1996, que foram promulgadas para administrar o que foi visto como um monopólio natural e que é hoje o mercado mais competitivo na economia mundial: comunicações de todos os tipos convergindo em redes mundiais de vidro, luz e ar. Mas os reguladores seguem com novos princípios legais para suas intervenções cada vez mais ociosas.

Encarregada de defender a emergente economia do blockchain de tais regulamentações em Washington, Perianne Boring da Câmara de Comércio Digital sente-se como Alice na festa do chá do Chapeleiro Louco.[4] Todos têm uma resposta diferente tanto para a charada da inovação criptográfica, como para a da neutralidade da internet. A U.S. Commodity Futures Trading Commission enxerga as moedas virtuais como uma "commodity", mas o dinheiro não pode ser parte daquilo que mensura. A SEC, como vimos, trata cada vez mais os tokens como "títulos". A Rede de Combate a Crimes Financeiros do U.S. Treasury Department acredita que os criptoativos constituem "transmissões" de dinheiro, e parecem querer que sejam tratados como crimes em potencial. O IRS [Receita Federal dos EUA] trata as moedas virtuais como "propriedades" e sugere avaliar os ganhos e perdas de capital em cada transação, enterrando potencialmente o setor em papeladas contábeis.

"Commodity? Título? Moeda? Propriedade? O que é isso?" Pergunta Perianne. "Eu não tenho a menor ideia", responde o Chapeleiro Louco, cumprindo a regra de Washington: "Caso se mexa, tribute. Se continuar se mexendo, regulamente. Se parar de se mexer, conceda subsídios." Já que a explosão cambriana da inovação criptográfica não vai parar de se mexer, ela enfrenta uma ameaça crescente de tributação e regulamentação, enquanto todas as facções regulatórias buscam jurisdição sobre ela.

Confrontada com a prosperidade semelhante da internet, a FCC e o Congresso a permitiram prosperar, com enormes benefícios à economia dos EUA e do mundo. Uma política semelhante de restrições tributárias e regulatórias são necessárias para esse novo surto de criatividade empreendedora. Ela não vai parar de se mover. Torne-a um serviço público, e ela se moverá para outros países.

O Google, talvez a principal empresa de tecnologia do mundo, deveria saber disso melhor do que ninguém. Mas a mitologia que inunda o sistema de mundo do Google é agora uma ameaça real ao próprio Google como um líder tecnológico. Na economia tecnológica em evolução, moldada por inovações criptográficas, a empresa precisará concorrer novamente. Orgulhar-se de sua prevenção do mal, seus produtos gratuitos e sua influência em Washington não trará proveitos. Ele enfrentará um novo mundo, onde seu centro não resistirá.

Sobretudo, precisará da propagação do 5G e dos enormes investimentos que ela implica. Ele precisará da criatividade do novo movimento de blockchain. Como Hölzle disse aos engenheiros de fibra óptica, o Google precisará de largura de banda enormemente expandida, assim como precisará atrair investimentos novamente. O Google terá que se tornar realmente empreendedor para competir sob um novo sistema de mundo.

Capítulo 21

O Império Contra-ataca

Nos pavilhões do criptocosmo, todos sorrimos e aplaudimos quando um coro de grisalhos leões do establishment se levantaram em sinal de condenação ao cripto. Jamie Dimon do JPMorgan Chase ("É uma fraude"), Warren Buffett e Charlie Munger do Berkshire Hathaway ("É veneno para ratos") e Paul Krugman de Princeton e do *New York Times* ("É mau") eram exatamente o tipo de "homens brancos idosos" a quem Marc Andreessen definiu como completamente errados a respeito da tecnologia "quase 100% das vezes". Aos nossos ouvidos contrários, esses caras ultrapassados estavam cantando em um coro contraposto de afirmação.

Mas, então, em dezembro de 2017, surgiu uma publicação de blog escrita por Kai Stinchcombe, um jovem e cínico consultor financeiro e empreendedor que descreve a si mesmo como "qualquer coisa que seja o oposto de um futurista". Sua declaração de que "após anos de esforços incansáveis e bilhões de dólares investidos, ninguém apresentou realmente um uso para o blockchain — além de especulação financeira e transações ilegais" viralizou. Anunciando que a festa cripto acabou, ele disse que é hora de guardar suas tralhas, bonés e canecas do bitcoin, livros e folhetos, e é hora de encerrar os CoinSummits, fintech hackathons, jubileus de ofertas iniciais de moeda e revistas do blockchain. Com uma nota de moralismo, ele nos chamou para, em vez disso, retornar à laboriosa criação de confiança e valor real na economia mundial existente.[1]

Anteriormente escondido na multidão junto ao cortejo de Satoshi, Stinchcombe deu um passo corajoso à frente para nos dizer que não somente o próprio criador do pseudônimo simplesmente é um palerma, como também são acéfalos todos os seus generais investidores defensores do "blockchain". O que inclui você, Tim Draper, e você, Peter Thiel, e você aí, Marc Andreessen.

"Os blockchains não apenas são uma péssima tecnologia", escreveu Stinchcombe, "como também são uma péssima perspectiva do futuro". Não são somente destrutivos, mas o são de uma forma "permanente", direcionando o mundo a um caminho diametralmente errado. Quanto melhor ficar, pior será.

Ele reconheceu que "uma estrutura de dados fundamentada em uma cadeia de pequenos arquivos contendo hashes de arquivos anteriores" pode resolver os problemas inexistentes no estabelecimento de uma base de dados imutável. Mas quem quer isso? Imutável? Sério? Independentemente do tamanho do erro ou da fraude, ela não pode ser revertida?

Obviamente, Vitalik Buterin não quer tal sistema. Quando a Ethereum DAO foi hackeada em cerca de US$150 milhões, ele entrou em sua base de código exercendo seu "hard fork" pessoal e rescindiu a transação. Você quer que todas as baboseiras contratuais de "termos e condições" que assina na internet para diversas assinaturas digitais vitalícias ou pílulas fálicas eternas sejam definitivas? Ou prefere chamar um "terceiro de confiança", seja a Visa, a Amazon, a Federal Trade Commission ou até mesmo Preet Bharara, para corrigir os erros?

Stinchcombe deixou claro que blockchains e contratos inteligentes não evitam a necessidade de confiança, regulamentação, imposição da lei, governo ou intermediários confiáveis. Não posso dizer que ele esteja errado nessas afirmações um tanto quanto óbvias. Em um artigo anterior, ele sugeriu audaciosamente que, após 10 anos de experiências e alegações ambiciosas, ainda não há "casos de uso" viáveis para as criptomoedas ou blockchains. "Até mesmo Ripple, apesar de muitos anúncios de seu blockchain e criptomoeda XRP, não usa realmente esses dispositivos para a maioria de suas conversões de moedas regulares", escreveu Stinchcombe. Ripple prefere recorrer aos mais líquidos e simples, e menos voláteis e complexos dólares, ienes, iuanes e euros.

Da mesma forma, todos os outros profetas do blockchain ou hashchain — de Dan Larimer, na EOS, a David Sønstebø, na IOTA, Leemon Baird, na Hashgraph, e Mike Hearn, na R3 — empregam terceiros confiáveis, "testemunhas" eleitas, acionistas designados, "instituições conceituadas", consórcios corporativos, pools de mineração, reguladores justos ou "coordenadores intervenientes" em algum lugar para fazer o sistema funcionar.

Stinchcombe aponta que os "contratos inteligentes" simplesmente retiram o ponto de confiança de advogados usando frases em letras miúdas que relembram o inglês e o passam para engenheiros de software no GitHub escrevendo códigos ininteligíveis em uma de suas dezenas de linguagens exóticas. Solidity, alguém? Ruby-on-Rails? PHP? Haskell? Python? Exceto para uma elite de programadores criptopunk (você sabe, aqueles caras superinteligentes com rabos de cavalo, ideias de labirintos conspiratórios e uma crença confusa de que o mundo pode muito bem ser uma simulação alienígena), os contratos inteligentes são o grau máximo de opacidade. Para todos, exceto os programadores, "código aberto" é apenas um tipo diferenciado de ingrediente extremamente secreto. Linguagens de software fazem até os jargões legais parecerem transparentes.

Então, por que eu acho que as contestações de Stinchcombe são irrelevantes? Ou categoricamente erradas, como em Ripple, cuja moeda é a mais amplamente utilizada em todo o criptocosmo. Desde sua origem em um white paper obscuro em um fórum criptopunk incompreensível, essa onda empreendedora tem apenas 10 anos. Seus produtos continuam subdesenvolvidos e cheios de bugs, mas há milhares de companhias assim, e sua criatividade é extraordinária. Stinchcombe vê todas as falhas e limitações da maioria das soluções existentes, mas isso não o torna mais inteligente do que os autores. O trabalho deles é tão inovador e criativo quanto os produtos do surgimento das novas empresas e tecnologias da internet da década de 1990.

Stinchcombe escreve do útero do establishment financeiro consagrado, que recentemente paralisou o capitalismo mundial com uma recessão global de dez anos. Ele acredita na eficácia da comercialização de divisas, da lei Dodd-Frank, dos bancos centrais, dos gigantescos bancos comerciais garantidos pelo governo como "importantes para o sistema", da regra de Volker, da Comissão de Títulos e Câmbio, das leis de abuso de informação privilegiada, e da mágica das taxas de juro zero e da flexibilização quantitativa. Ele é parte do problema.

Ele vê a estrutura das finanças globais como algo estático e capaz apenas de melhorias incrementais. Imagine, diz ele, as complexidades globais resolvidas por um cartão Visa. A resposta dele às pessoas que estão frustradas com as burocracias existentes é não se esconder atrás de alguma criptovariação de Rube Goldberg, mas simplesmente "votar" por sua exclusão. Boa ideia, Kai!

Se você quer redes sociais melhores, não as estrague com blockchains "imutáveis", apenas crie regulamentações melhores. (Mais normas para a rede!) Se quiser serviços mais responsivos para os pobres, não ofereça colocar as contestadas escrituras de seus terrenos em uma base de dados imutável; ofereça-se para fazer pesquisas de título e desenvolvimento de comunidades, sirva em sopões comunitários ou se torne advogado e disponibilize suas habilidades na Defensoria Pública. (Mais programas de ação comunitária e processos judiciais!) Os Bancos Centrais, como ele nos garante, são "equipados por representantes eleitos". Se vocês, "o povo", realmente querem um sistema bancário não regulamentado, apenas votem pela remoção desses políticos em exercício. Por que não? São eles que nomeiam esses gestores de moeda imperiais, acumulando-se sobre a bolha de pagamentos por transferência e subornando os eleitores com promessas impossíveis de pensões infinitas. (Se não for capaz de votar por sua exclusão, então simplesmente adicione mais dinheiro fiduciário e dívidas na vasilha catastrófica de US$280 trilhões.)

Passaremos por essas prescrições sem comentários. A premissa do movimento das criptomoedas é o reconhecimento de que as velhas burocracias do socialismo e do capitalismo clientelista fracassaram. Esse é o problema, não a solução.

Um dos motivos para a confusão é a percepção de Stinchcombe, estimulada pelo próprio criptomovimento, de que os contratos inteligentes e as moedas mundiais são algo totalmente novo. Ele sugere que a desintermediação de terceiros confiáveis é um distanciamento radical impulsionado por um apocalipse blockchain. Mas todos os avanços por meio da mecanização e da indústria, do tear à máquina de costura, ao linotipo, à cisalha, à central telefônica e ao roteador de internet para a World Wide Web, exigiram o abandono de algum nível de controle humano para linguagens de máquina de diversos tipos. Uma máquina de solda por controle numérico é governada por um contrato inteligente. Da mesma forma que um caixa eletrônico ou outras máquinas de venda automática. O mesmo acontece com um processador de rede em um switch top-of-rack em um data center.

O motivo pelo qual pessoas como Stinchcombe consideram os blockchains e outras tecnologias similares como inovadores e ameaçadores é porque aceitam a escatologia da era Google. Elas veem os avanços da automação, aprendizado de máquina e inteligência artificial como se estivessem ocupando um panorama limitado do domínio e controle humanos que no fim das contas será esgotado em um universo robótico — Vida 3.0. Mas Charles Sanders Peirce, Kurt Gödel, Alonzo Church, Alan Turing, Emil Post e Gregory Chaitin contestaram essa suposição no nível mais fundamental da própria lógica matemática.

A matemática não é um sistema fechado ou limitado, ela se amplia em todos os passos para um universo de imaginação humana. Como a lógica triádica de Peirce elucida, cada símbolo gera sua própria infinidade de interpretações imaginativas. Um símbolo e seu objeto são incoerentes sem um intérprete (Peirce diz "interpretador"). Chaitin celebra esse regime como uma nova matemática de criatividade que se abriu depois que Gödel e Turing contestaram a hipótese de Hilbert de um universo matemático completo e consistente.

A conclusão inevitável é que as máquinas baseadas em lógica matemática não podem esgotar o domínio humano; podem apenas expandi-lo. Todo novo mecanismo libera a mente humana para aventuras e conquistas mais criativas. Expectativas por sacrifícios humanos ao deus Moloque das máquinas estão em discordância com a natureza e a verdade.

Blockchains, hashchains, blockstacks, contratos inteligentes, emissões de token e criptomoedas são novos jeitos de abordar os males da era do Google: segurança de internet permeável, dinheiro não lastreado, regulamentação excessiva, concentração de rede, atrasos oficiosos e diminuição dos retornos do big data. Todos esses problemas advêm da hipertrofia dos terceiros confiáveis que precisam ser reduzidos a sistemas mais simples controlados por agentes individuais mais próximos ao real ponto de serviço. Alguns desses terceiros confiáveis são operadores financeiros, motores de busca, redes sociais ou varejistas globais geridos por enormes aglomerações de Servidores Sereia. Outros exemplos de excesso são os sistemas monetários geridos por Bancos Centrais, parlamentos e tesouros agitando o dinheiro como uma varinha mágica em vez de empregar a régua do ouro. Tudo precisa ser descentralizado e trazido de volta para a gestão privativa que entenda as restrições empresariais e as reais oportunidades de investimento.

O império pode achar que Satoshi e seus seguidores estão em terreno instável, mas os imperadores e seus cortesãos deveriam observar sua torre de US$280 trilhões de dívidas, que está começando a balançar. Suas próprias fortunas podem cair com ela. Governos e investidores em todo o lugar deveriam abraçar a explosão de criatividade no cripto, preparando um novo sistema financeiro de mundo para quando a piñata de moedas fiduciárias finalmente estourar.

CAPÍTULO 22

O Defeito do Bitcoin

M ike Kendall, com quase 1,95m de altura, precisou se encolher um pouco para conseguir se encaixar na altura máxima para pilotos da Força Aérea. Magro, de cabelos loiro escuro e olhos pequenos, ele hoje pilota aviões Airbus 321 para a American Airlines, e durante os últimos 20 anos seu passatempo tem sido estudar o dinheiro a uma altitude de cerca de 35 mil pés.

Seu blog se chama "Man on the Margin" [Homem à Margem, em tradução livre]. Lá em cima, em meio às nuvens muitas horas ao dia, ele fica obrigatoriamente preocupado com mapas, métricas, padrões e estados fundamentais. Perfeitamente ciente das correlações e divergências entre mapas e territórios, medidas e miragens, ele não quer que seus postes de sinalização mudem, muito menos que caiam, enquanto ele está no alto em espaço e tempo.

Os empreendedores, também "no alto em espaço e tempo", dependem de mapas e métricas para guiar seus investimentos e empresas. O espaço registra o avanço geográfico do empreendimento horizontalmente em todo o mundo; o tempo projeta a dimensão vertical que leva a economia para o futuro. O dinheiro é uma métrica central para ambos, com as taxas de câmbio mediando transações internacionais, e taxas de juros guiando o movimento pelo tempo. Quando os sinais e indícios de tempo e espaço são embaralhados por intervenções governamentais ou por "limites", ou controles arbitrários, o comércio pode afundar, e os horizontes de investimento encolhem em ambas as direções.

Ao examinar esse problema, Kendall primeiro ficou fascinado com o sistema de mundo de Isaac Newton — seu padrão-ouro perdurável como dinheiro exemplar — e então ficou intrigado com o bitcoin de Satoshi como imitação do ouro. Para entender as perspectivas para o bitcoin e outras criptomoedas e tokens, é necessário compreender a centralidade do ouro.

O ouro solucionou ambos os enigmas horizontal e vertical do dinheiro. Como um índice universal de valor, ele silenciou as voláteis mudanças e oscilações das taxas de câmbio. Como um padrão permanente, ele tornou as taxas de juros um guia confiável para empreendedores assumindo compromissos na obscuridade do tempo.

Assim, o padrão-ouro forneceu mapas e métricas que permitiram aos empreendedores agir de forma confiante através do tempo e espaço. Eles tiveram a certeza de que em um mundo inseguro e em mudanças constantes as réguas monetárias não mudariam quando eles trouxessem seus produtos para o mercado.

Apesar de algumas pessoas acreditarem que os garimpeiros esgotarão o suprimento de ouro no futuro, existem poucas evidências neste sentido. Enquanto os futuristas discutem a mineração de meteoros ou dos oceanos e seus leitos, de aterros sanitários e da lua, a probabilidade de haver um excedente de ouro parece ilusória. O mercado dá seu próprio parecer sobre esse assunto, não demonstrando qualquer sinal de "pico de ouro". O estoque existente de 187 quilotons de ouro está dividido de forma equilibrada entre usos financeiros e decorativos. Quaisquer insuficiências gerarão simplesmente uma troca entre essas duas aplicações.

Apesar de o garimpo ter elevado o suprimento de ouro entre 1,5% e 2,5% ao ano por séculos, o estoque de ouro é enorme comparado a seu fluxo. A quantidade de ouro em inventário é muito maior do que sua taxa anual de produção, tornando o ouro peculiarmente resistente a choques de fornecimento.

Grandes novas descobertas de ouro, da América do Sul no século XVI à África do Sul no século XIX, tiveram um efeito relativamente pequeno nos preços. As reservas acumuladas podem se alternar entre os dois principais usos do ouro: dinheiro ou joia. O dinheiro é joia líquida; e a joia é dinheiro cristalizado. O metal bruto pode ser transformado em enfeites, e joias podem ser derretidas e transformadas em moedas, conforme a necessidade da economia registrada pelo preço do ouro. Os resultados do garimpo respondem de forma muito mais lenta.

Se os avanços tecnológicos fossem capazes de aumentar drasticamente a produção de ouro, seu uso como métrica decairia e o preço real despencaria. Mas, ao longo de milênios de avanços científicos e descobertas metalúrgicas, o ouro permaneceu estável. Em compensação à melhoria da tecnologia de mineração, há a dificuldade cada vez maior de extração em jazidas cada vez mais profundas e atenuadas.

Como expliquei em *Scandal of Money* ["O Escândalo do Dinheiro", em tradução livre], esta anulação bruta do progresso técnico torna o preço do ouro uma função do *tempo* necessário para extraí-lo.[1] Em um mundo repleto de paixões humanas subjetivas, cobiça, avidez e desejos, o tempo é um fator econômico que é indiscutivelmente objetivo. Assim, empresta substância subjetiva aos movimentos do dinheiro.

O dinheiro é basicamente uma medida da escassez inexorável do tempo na economia. Imagine um mundo de permutas. As taxas de câmbio entre maçãs e casas, por exemplo, seriam determinadas pelos tempos diferentes necessários para produzir uma unidade incremental. Quando uma economia de permuta se torna uma economia comercial, esses fatores de tempo comuns passam a ser manifestados em dinheiro.

Hoje, vivemos em uma economia mundial na qual uma miríade de bens e serviços são trocados em padrões imprevisíveis em tempo e espaço. Para mediar as trocas e prioridades das escolhas econômicas, o dinheiro precisa ser escasso. O que permanece escasso quando todo o restante se torna abundante é o *tempo*. O dinheiro estável confere uma cadência harmônica na dança da atividade econômica; sem ele, os dançarinos se afundam em caos e cacofonia.

Como o Rei Midas descobriu, o ouro (e todos os candidatos a dinheiro real) não é a riqueza em si, mas uma métrica de riqueza. Enquanto alguns defensores do ouro — inclusive eu antigamente — insistem que sua taxa de crescimento lenta, mas constante, de 2% garante um fornecimento de dinheiro em expansão em sintonia com o crescimento econômico, Nathan Lewis diz que somos "idiotas". Ele mostra corretamente que, sob um padrão-ouro, *o suprimento de dinheiro não tem praticamente nada a ver com o suprimento de ouro*:

> Gosto de tomar o exemplo dos EUA. Em 1775, a quantidade total de moedas em circulação (principalmente moedas de ouro e prata) era estimada em US$12 milhões. Em 1900, era de US$1.954 milhões — um aumento de 163 vezes!
>
> Durante esse período, a quantidade de ouro no mundo aumentou cerca de 3,4 vezes, em virtude da mineração.
>
> Obviamente, os dois não têm nada a ver um com o outro...
>
> Por exemplo, entre 1880 e 1900, a base monetária na Itália de fato encolheu 4,8%. Entretanto, a base monetária dos EUA cresceu 81% ao longo dos mesmos anos. Ambas utilizavam sistemas padrão-ouro. Então, [sob um padrão-ouro], o "suprimento de dinheiro" não somente não está relacionado à produção do garimpo de ouro, como dois países podem obter resultados incrivelmente diferentes durante o mesmo período.[2]

Como o ouro não se deteriora, todas as 187 mil toneladas de ouro garimpadas ao longo dos séculos continuam disponíveis para uso como dinheiro. Mantendo a neutralidade em tempo e espaço, o ouro não é inflacionário ou deflacionário, não penaliza credores ou devedores. Ele é uma régua e unidade de contabilização para os bens e serviços do mundo.

Apesar da rejeição quase unânime ao padrão-ouro por parte de economistas respeitáveis, os Bancos Centrais em todo o mundo têm aumentado suas posses de ouro. Enquanto os cultos debatem, os atuantes racionais do mercado praticam um padrão-ouro real. Minha resposta a tais contradições tem sido consultar pilotos comerciais e outros autodidatas como Nathan Lewis e Steve Forbes mais do que acadêmicos universitários. A resposta de dezenas de investidores da geração Y tem sido comprar bitcoins e outros criptoativos. A pergunta é se algum desses dispositivos será capaz de preencher o papel histórico do ouro.

Satoshi acreditava que seu algoritmo de mineração estava imitando o ouro. Em *Scandal of Money*, aceitei essa alegação. O bitcoin anulou arduamente os avanços da tecnologia por meio de seus ciclos de mineração de 10 minutos e processos de sorteio. Em 2017, porém, comecei a prestar mais atenção em Mike Kendall, que estava vasculhando o modelo econômico do bitcoin como possível sucessor do padrão-ouro. Enviei a ele um rascunho da pré-publicação do livro de Saifedean Ammous, *The Bitcoin Standard* ["O Padrão Bitcoin", em tradução livre],[3] que apresentava o bitcoin como um substituto satisfatório para o padrão-ouro. Ammous, que combina sofisticação econômica e financeira com uma graduação em engenharia, estudou o bitcoin e o ouro durante os últimos sete anos.

Expondo "o canto da sereia dos golpistas e economistas bobos da corte", Ammous declara, "ao contrário dos princípios mais notavelmente errôneos e centrais da teoria de dinheiro do estado, *não foi o governo que declarou o ouro como dinheiro, porém foi apenas por meio da posse de ouro que os governos foram capazes de emitir qualquer forma de dinheiro*".[4]

Prosseguindo para o bitcoin, ele afirma: "Nakamoto inventou a escassez digital... um bem digital que é escasso e não pode ser produzido infinitamente... um bem digital cuja transferência o impede de ser propriedade do remetente..."

"O limite de quantidade que podemos produzir de qualquer bem nunca é sua prevalência no planeta, mas o esforço e tempo dedicados a produzi-lo. Com essa escassez absoluta", escreve Ammous, "o bitcoin é altamente vendável ao longo do tempo".

Kendall ficou impressionado, mas, quando investigou, descobriu um erro fundamental: a crença de que o suprimento de dinheiro pode e deve ser determinado pelo suprimento de bitcoin ou ouro — em outras palavras, que o ouro (ou o bitcoin imitando o ouro) deveria servir não somente como uma régua ou unidade de contabilização, mas sim como o meio real de todas as trocas.

Tal dinheiro monolítico também foi o erro de Murray Rothbard, um expoente idiossincrático da Teoria Austríaca que acreditava que qualquer padrão-ouro autêntico deveria ter 100% de lastro em ouro. Ele sequer acreditava em reserva bancária fracionada, intrínseca ao papel dos bancos, que necessariamente fazem a intermediação entre poupadores em busca de segurança e liquidez e empreendedores as destruindo por meio de investimentos de longo prazo. O valor das economias líquidas é necessariamente dependente das conquistas de empreendimentos não líquidos e de longo prazo. Não há modo de evitar a disparidade de maturidade entre economias e investimentos exceto pela abolição do capitalismo.

Da mesma forma, o bitcoin e outras criptomoedas não podem se tornar dinheiro significante sem sistemas para fazer a intermediação entre poupadores e investidores. O dinheiro não pode ser simplesmente um contrato inteligente. Ele implica atos contínuos de discrição inteligente na concessão de empréstimos e investimentos em resposta às mudanças nos mercados e tecnologias, enquanto, nas palavras de Hayek, "o padrão-ouro força os governos a controlarem a quantidade de dinheiro de maneira que mantenha seu valor constante".[5] Cameron Harwick da George Mason University faz a observação crucial de que o bitcoin não pode ser bem-sucedido como contrato inteligente; ele precisa ser complementado por uma função bancária empresarial:

> Se a principal fonte de volatilidade do bitcoin for a demanda volátil, podemos esperar a emissão e circulação de passivos resgatáveis de bitcoin para estabilizar a demanda por (e portanto o valor do) bitcoin permitindo que as flutuações sejam suportadas pelas mudanças no suprimento de passivos em vez de pelo nível de preço ou pelo volume de transações.[6]

Uma moeda não pode ser deixada em piloto automático; ela precisa de oráculos para ser canalizada aos usos empresariais mais promissores.

Kendall conclui: "A diferença entre a economia monetária Clássica [o padrão-ouro] e a economia de Rothbard é que a economia Clássica foi posta em vigor. Ela tem 300 anos de história de sucesso monetário com um padrão-ouro. Em contrapartida, a visão monetária de Rothbard jamais foi posta em vigor, mas agora tem uma oportunidade de provar sua viabilidade com o bitcoin. O bitcoin com seu suprimento absolutamente limitado define o sistema rothbardiano."

"Porém, existe uma razão para o mundo não ter adotado o sistema monetário rothbardiano até agora. Ele não funcionaria, e o bitcoin da forma como foi projetado não funcionará como moeda funcional."

Conforme Kendall vasculhou mais fundo o bitcoin, ficou cada vez mais preocupado com o que encontrou. "Ao mesmo tempo em que Satoshi foi mais do que brilhante ao criar o blockchain como base para o bitcoin, ele não tinha qualquer compreensão sobre moedas como unidade de contagem. Ao limitar o suprimento de bitcoin a 21 milhões de unidades durante um período de 131 anos, Satoshi projetou o bitcoin como uma moeda deflacionária. Devido a seu projeto deflacionário, o bitcoin é usado mais como uma aposta de investimento volátil" do que como uma régua ou unidade de contabilização.

Como Ammous aponta: "O motivo pelo qual Satoshi escolheu 100 milhões de unidades por bitcoin foi que o suprimento total de dinheiro mundial na época era de cerca de US$21 trilhões, e ele queria que a menor unidade de bitcoin fosse equivalente a um centavo caso toda a economia mundial fosse convertida para o uso do bitcoin. [Se isso tivesse acontecido em 2009], cada Satoshi valeria um centavo de dólar americano e cada bitcoin valeria cerca de US$1 milhão."

Em sua fantasia de Craig Wright, "Satoshi" acredita que quase todos os padrões-ouro anteriores foram profundamente deficientes. Recentemente, na Bitcoin Investment Conference de outubro de 2015, Wright declarou que 100% de lastro em ouro é necessário para um padrão-ouro válido. O "padrão câmbio-ouro até a década de 1930", diz ele, não era um padrão-ouro real pois não era 100% baseado em ouro.

Conforme observou Kendall, "pelo mesmo motivo que você não pode ter um padrão 100% ouro — não há ouro suficiente para nossa vasta economia internacional e isso seria altamente deflacionário — o limite fixado do bitcoin também é altamente deflacionário e impraticável. Para chegar a essa conclusão, Wright precisa ignorar, ou não entender, os 300 anos de história dos padrões-ouro britânicos, norte-americanos e internacionais combinados e seu sucesso comprovado".

Concordei que o papel mais crucial do dinheiro é como unidade de contabilização, uma régua de valor que possibilita transações através de tempo e espaço. Mas eu havia suposto que a taxa de crescimento do bitcoin ao longo do século atual acomodaria as necessidades da economia por uma régua estável.

O que me esqueci ao comparar o bitcoin e o ouro foi que o bitcoin é o próprio meio de transação em vez de uma métrica estável para a valoração de dinheiro fiduciário. Para o ouro, as transações são incidentais; para o bitcoin, as transações são o ponto-chave. Portanto, ao contrário do ouro, o bitcoin deve aumentar seja em volume ou em valor se o sistema quiser obter sucesso.

Em debates com Steve Forbes, resisti bravamente à sua visão de que o bitcoin poderia servir para transações e como armazenamento de valor, ele não poderia desempenhar o valor central de uma moeda como unidade de contabilização e régua. Eu disse: *espera aí* — ouro e bitcoin convergirão. Pareceu-me que o bitcoin se assemelha ao ouro, crescendo lentamente, talvez um pouco deflacionário, mas, como eu disse em *Scandal of Money*, não tão deflacionário a ponto de causar mais do que um leve declive a favor dos poupadores. Esse viés é favorável ao crescimento.

Como Ammous coloca: "A prosperidade só acontece quando não existe jeito fácil de as pessoas produzirem dinheiro, e em vez disso precisam produzir coisas úteis."[7]

Quem liga para o que acontecerá em 2140, quando o algoritmo de Satoshi ordenar uma suspensão na mineração de bitcoin? Eu tenho 78 anos! Estamos em uma crise *agora*, com dívidas e outros passivos governamentais se acumulando acima dos US$100 trilhões só nos EUA, maior do que o produto mundial bruto de US$78 trilhões, e com dívida mundial de US$257 trilhões. Considerei um pequeno viés deflacionário como uma correção razoável ao inchaço da dívida que atualmente aflige a economia mundial, com dívidas se acumulando além das taxas de crescimento do produto mundial bruto.

Confirmando a visão de Forbes, porém, Kendall demonstrou acima de qualquer picuinha que o bitcoin, da forma como é hoje, não pode ser uma moeda, porque moedas criam valor ao mensurá-lo e o preço do bitcoin muda conforme a demanda. Você poderia dizer que o preço do dólar também muda com a demanda. Como mostro em *Scandal of Money*, isso tem acontecido desde 1971, e tais flutuações são o calcanhar de Aquiles do dólar como moeda de longo prazo.

"Nenhuma outra unidade básica de medida", diz Kendall — seja o segundo, o metro, o ampere ou o quilograma — "muda seu valor com a demanda. Elas são *padrões*" baseados em constantes físicas. Se o dinheiro é uma régua, não pode reagir a demandas.

"Se o bitcoin é incapaz de realizar os papéis necessários de moeda, sua utilidade como moeda em longo prazo é nula... O bitcoin desapareceria no éter de onde veio... Como o bitcoin limitou seu suprimento a uma quantidade fixa que já foi realizada em sua maior parte, ela terá uma vida útil curta como moeda funcional."[8] Kendall aponta que outras criptomoedas estão seguindo os passos deflacionários do bitcoin com seus algoritmos de mineração.

Comparando suas taxas de emissão, Kendall mostra que o bitcoin pouco se assemelha ao ouro. Se imitasse a taxa de crescimento de 1,6% da produção de ouro durante os últimos 100 anos, o número atual de bitcoins — 16.651.130 — cresceria até 116 milhões de unidades até a data final de Satoshi em 2140, muito mais que seus 21 milhões estipulados. Se o bitcoin equiparasse a maior taxa histórica de crescimento do ouro de 2,5%, chegaria a 347.119.614 unidades. Como conclui Kendall, o limite total de 21 milhões de unidades de bitcoin "é altamente deflacionário ao longo do tempo e impraticável".

Se as pessoas acreditarem no esquema, a maior parte da riqueza mundial poderia fluir para o bitcoin e pânicos de compra periódicos como a Crise das Tulipas, a Companhia dos Mares do Sul e outros desarranjos catalogados em 1841 por Charles Mackay no *Memorando de Extraordinários Engodos Populares e a Loucura das Multidões*.[9] Esse resultado poderia ser gratificante aos atuais proprietários de bitcoin, mas obviamente levaria a intervenções governamentais, confiscos, crises e outras reações que acabariam com esse projeto humano até então redentor.

O esquema de Satoshi é assintomático com o modelo de tempo do dinheiro, parando lentamente a passagem do tempo e suspendendo-o em 2140. Para Kendall, isso é como retirar a pista de pouso enquanto o avião ainda está no ar. O tempo, entretanto, continua para sempre em seu ritmo inalterável.

Esse defeito do bitcoin representa uma oportunidade enorme para outras criptomoedas, mas até hoje poucas delas — no movimento embriônico de "moeda estável" — refletem qualquer noção de moeda como régua. Kendall observa: "O valor do ether é determinado por seu suprimento e demanda, que são determinados por seus algoritmos de mineração, que por sua vez são determinados por nerds tecnológicos sem qualquer compreensão real de moeda como unidade de contabilização." Vitalik Buterin deveria prestar atenção.

Craig Wright ainda declara o "bitcoin como a solução para tudo", ele continua sendo um "maximalista do bitcoin", mas o fato é que o bitcoin é incapaz de preencher seu papel básico como moeda. Seu destino histórico é oferecer um refúgio para governos maníacos e Bancos Centrais, e ser um ancoradouro para uma grande inovação, o blockchain.

Capítulo 23

A Grande Dissociação

A revolução na criptografia causou uma grande dissociação dos papéis do dinheiro, prometendo reverter a estagnação da era Google, que tem sido uma época de associar e agregar todos os ativos digitais do mundo.

A associação corresponde à Lei de Coase: empresas se expandem até que os custos de realizar uma tarefa dentro da empresa excedam os custos de realizá-la fora. Don e Alex Tapscott apontam que essa lei funciona para os dois lados: empresas que acham que os custos de operações internas excedem os custos de terceirização deveriam reduzir, encolher seu alcance e separar operações. Em uma palavra, dissociar.[1]

Somando um argumento tecnológico à Coase, Clayton Christensen mostra que a integração — basicamente a associação de componentes em um sistema contínuo — é desejável contanto que uma tecnologia fique aquém das necessidades de um mercado. Todas as interfaces entre os componentes devem ser otimizadas ao ponto de a necessidade do mercado ser satisfeita. Então, onde o desempenho insuficiente satisfizer o mercado, a modularidade — utilizando interfaces e componentes padronizados — reduzirá os custos e expandirá a fatia de mercado.[2]

No blockchain do bitcoin, as empresas aceitam soluções complexas distribuindo constantemente um livro-razão de 120-gigabyte pela rede quando a maioria das funções poderia ser realizada de forma 10 mil vezes mais eficiente dentro da hierarquia de uma única empresa. Por que as empresas fariam isso? O propósito de incorrer nos custos da cadeia é abordar os marasmos da centralização, insegurança e esclerose afligindo a atual economia da informação.

O *New York Times* põe a culpa da maioria dos males de nossa economia — baixo crescimento do PIB, baixa produtividade e até o declínio da natalidade — na dispersão dos recursos em criptomoedas.[3] Mas a criptoinovação aborda as estagnações empresariais representadas pelo declínio das aberturas de empresas, das IPOs e da imensa dispersão de recursos representados pelos US$5,1 trilhões ao dia de câmbio ocioso de moedas. Além de abordar a crise de segurança com uma nova arquitetura de internet. Ao desintermediar as transações, as criptomoedas também oferecem uma solução para a hipertrofia das finanças — quase 40% dos lucros empresariais — que também coincidiu com o declínio do crescimento do PIB.[4]

As empresas estão abandonando a hierarquia e buscando a heterarquia pois, como dizem os Tapscotts, "a tecnologia blockchain oferece um meio viável e eficaz não somente para excluir intermediários, como também para diminuir radicalmente os custos transacionais, transformando as empresas em redes, distribuindo poder econômico e possibilitando tanto a criação de riqueza quanto um futuro mais próspero".[5]

O bitcoin se dedicou a romper a transbordante piñata diária de US$5,1 trilhões de moedas modernas e estimular uma criptocópia. Mas as unidades de contabilização — as réguas monetárias — permaneceram no mundo fiduciário e do ouro. Então o principal papel do bitcoin atualmente é contribuir com as tecnologias dos blockchains para o mundo.

Na Grande Dissociação, o blockchain gera tokens de funcionalidade (de BAT para atenção à GNT para supercomputação, e RNDR para funções de processamento gráfico). Ela cria meios de câmbio (bitcoin, ether, Monero, Zcash), armazena valor (bitcoin, ether e outras), pinos de segurança (Blockstack, Rivetz), linguagens de software (Solidity, Golem), e medidas de riqueza. Ela produziu até "moedas estáveis" para servirem como unidades de contabilização, ou dinheiro real (DGX da DigixDAO e G-Coin da Emergent, atreladas a ouro, e Tether, atrelada ao dólar). E, então, o movimento blockchain desenvolveu meios de intermediação entre esses diversos tokens, formas e vertentes de fundos, como a XRP de Ripple, Bancor e TREZOR.

Com os papéis do dinheiro altamente dissociados, também serão dissociadas as aglomerações cada vez maiores de poder econômico. Os conglomerados financeiros estão entrando em transações, empréstimos, crowdfunds e criptoativos. O conteúdo promete escapar de seu confinamento nos silos gigantes do Google, da Amazon e seus rivais e se distribuir novamente pela rede, com a gestão de direitos digitais incorporada no blockchain.

Mais importante, o movimento cripto liderado pelo bitcoin reafirmou o princípio da escassez, desmascarando a falácia dos pródigos bens gratuitos e dinheiro gratuito da era Google. Serão tornados obsoletos todos os prodígios extravagantes doados pelo Google, e os prós e contras do Google promovidos como anúncios, bem como o Google Minds fantasiando com mentes superiores em máquinas conscientes.

Os cientistas sempre entenderam o papel crucial da mensuração no comércio e na indústria, e o novo movimento está enraizado na primazia da escassez do tempo em todas as réguas e na economia. Os construtores e criadores do mundo, lançando suas aventuras de *zero a um*, convocam componentes de todos os cantos da Terra. Isso implica a interoperação destes componentes — modelos de chip de Tel Aviv a serem inscritos em silício em uma fundição em Taiwan para serem encaixados em placas em Palo Alto, inseridos na fabricação de sistemas em Shenzhen e comercializados em Cupertino. Para que esses produtos integrados funcionem juntos, seus fabricantes precisam confiar em sistemas imutáveis de mensuração, geralmente reduzidos a picômetros e picossegundos.

O Sistema Internacional de Unidades (abreviado como "SI" do francês *Système internationale*) definiu sete métricas-chave, cada uma baseada em uma constante da física: o segundo de tempo, o metro de comprimento, o quilograma de peso, o grau Kelvin da temperatura termodinâmica, o ampere da corrente elétrica, o mol de massa molecular e a candela de luminosidade. Essas medidas não são *flutuantes* pois sua constância fundamenta e interconecta toda a confusão mundial da indústria humana que nos mantém vivos e prósperos.

Ao longo da história humana, as pessoas compreenderam que o dinheiro tem um papel-chave como régua. Ao contrário da visão apaixonada de Craig Wright, as moedas *não* são commodities, parte do que medem. Réguas não podem ser parte daquilo que calibram, elas precisam ter suas raízes em uma matriz de mensuração fora do alcance do comércio. Ciclos autorreferenciais — sejam físicos medindo átomos com átomos, ou filósofos avaliando mentes com mentes, ou economistas mensurando commodities com commodities — condenam seus usuários à futilidade gödeliana.

O regime SI confirma que o *tempo* é fundamental a todos os padrões de medida imutáveis. Todas as sete unidades-chave dependem de constantes físicas, frequências e comprimentos de onda que são, de uma forma ou de outra, cerceados pela passagem do tempo. Como único elemento irreversível no universo, com direcionalidade conferida pela entropia termodinâmica, o tempo é o quadro de referência definitivo para todos os valores medidos.

Como Roberto Unger e Lee Smolin escrevem em *The Singular Universe and the Reality of Time* ["O Universo Singular e a Realidade do Tempo", em tradução livre], "o tempo é real. De fato, é a característica mais real do mundo... assim queremos dizer que ele não emerge de nenhum outro aspecto da natureza... O tempo não emerge do espaço, apesar de o espaço possivelmente emergir do tempo".

A vida econômica está sujeita a essa realidade. Regido pela velocidade da luz e pela duração da vida, todo comércio deve obedecer à cadência do cosmos tanto quanto aos ciclos do relógio.

A era Google está chegando ao fim porque o Google tenta burlar as restrições da escassez e segurança econômica tornando seus bens e serviços gratuitos. O Mundo Grátis do Google é um jeito de desafiar descaradamente a centralidade do tempo na economia e ir além das carteiras de seus consumidores diretamente para apreender seu tempo.

Os Servidores Sereia das finanças e inteligência artificial também tentam burlar a escassez do tempo por meio da multiplicação das transações e aceleração dos algoritmos além das fronteiras inexoráveis da velocidade da luz e da duração da vida. O sucesso excepcional dos quants nas finanças não demonstra uma compreensão nova e mais profunda das realidades das empresas e tecnologias, ele simplesmente se move para uma escala de tempo além das transações e métricas de valoração reais no mundo.

Derivativos, exchange traded funds (ETFs) e outras formas ilusórias de liquidez, escreve Mervyn King, ex-diretor do Bank of England, "separando a escala de balanço bancário da escala das reais atividades empresariais domésticas... o empréstimo a empresas é limitado pela quantidade que querem pegar emprestado, [mas] não existe limite correspondente no volume de transações em instrumentos financeiros derivativos". Como os aliens no episódio "Wink of an Eye" de *Star Trek*, invisíveis por ocuparem um escala de tempo acelerada que lhes permite dominar os seres humanos, os flash boys em ambos os litorais operam além da cronologia real, a cadência do cosmos.[6]

Da mesma forma, a chamada superinteligência não obtém sucesso por uma compreensão profunda dos jogos Go, xadrez ou Atari, para citar seus exemplos mais famosos. A super-IA obtém sucesso acelerando muito a velocidade de realização do jogo, capturando boa parte da possibilidade de espaço de um regime limitado e determinístico. Leve isso a um domínio ilimitado e não determinístico, como carros autônomos ou robôs generalistas, e ele acabará fracassando sem novos sistemas sensoriais e orientação humana.

Restabelecendo as conexões entre computação, finanças e IA nas métricas inexoráveis de tempo e espaço, a grande dissociação do movimento blockchain pode restaurar a realidade econômica. O surgimento de métricas atreladas à escassez dos desdobramentos do tempo a partir da criptoconfusão. Satoshi estava certo em imitar o ouro, mas como ele não compreendeu totalmente as origens de seu sucesso, errou em seus parâmetros para o bitcoin.

O erro de Satoshi concede oportunidades para outros apenas até o ponto em que eles compreenderem a natureza do dinheiro e do tempo. Avaliando o cenário, da Ethereum a Cardano, Hedera, Blockstack e assim por diante, não está claro quais soluções serão capazes de funcionar. Mas podemos ficar confiantes de que, em meio à criatividade cornucopiana do novo mundo cripto, soluções completas para os problemas do dinheiro estão sendo desenvolvidas. E esperamos que essas soluções venham sem o caos geopolítico advindo de uma série de crises financeiras.

Aqui estão os principais projetos, agregados quase que diariamente por novos rivais na criatividade.

Bitcoin, com 10 anos de idade, é o pioneiro, possui a maior capitalização de mercado e é o blockchain mais robusto e testado. Pode servir como armazenamento de valor e via para grandes transações internacionais. Com teto de 21 milhões de unidades, não pode ser considerado uma unidade estável de contabilização. Concentrando-se em segurança, sua linguagem "script" é útil, mas não totalmente Turing, desprovida de ciclos recursivos. Então, é limitado tanto em sua capacidade de acomodar contratos inteligentes quanto em sua vulnerabilidade a hacks. Sua extensão Lightening lhe concede escalabilidade potencial para transações menores. Suas figuras-chave são Satoshi e Nick Szabo, que lhe prenunciaram com o bit gold.

Ethereum, com sete anos de idade, ainda é a plataforma mais versátil para contratos inteligentes e ofertas iniciais de moeda. Sua linguagem de software, Solidity, é totalmente Turing. Sua moeda — ether — comanda a segunda maior capitalização de mercado entre as criptomoedas. Sua métrica "gas", definindo pagamentos pelo uso de energia em computações, blinda o sistema contra spam e ataques de negação de serviço. Mas, responsivo aos avanços computacionais, o gas não torna o ether uma unidade de contabilização estável. O líder da Ethereum, Vitalik Buterin, talvez seja a figura mais impressionante produzida até então no criptocosmo. Outros envolvidos no desenvolvimento inicial da Ethereum incluem o cofundador afastado Charles Hoskinson.

Bitmain, uma startup chinesa miraculosa, começou a projetar circuitos integrados de aplicação específica (ASICs — circuitos integrados de aplicação específica) para a mineração de bitcoins em 2012. Cinco anos depois, em 2017, ela aparentemente ofuscou a Nvidia como a produtora de chips mais lucrativa do mundo, com lucros divulgados próximos a US$4 bilhões. Os ASICs da Bitmain realizam peta-hashes por segundo — ou seja, 10^{15}, ou milhares de tera-hashes —, que, por essa medida, os tornam os dispositivos computacionais mais poderosos do mundo. Pressionada pelo governo chinês, a Bitmain desde então se espalhou pelo mundo e lançou uma divisão para construir dispositivos de inteligência artificial e aprendizado de máquina. Não aposte contra eles.

A *Blockstack* é uma plataforma para segurança e identidade para uma nova internet descentralizada que tem operado na rede há quatro anos, com centenas de milhares de usuários. Ela oferece um serviço de nome de domínio enraizado no blockchain do bitcoin, um fundo de investimento de US$25 milhões, e um modelo escalável que reserva o blockchain para pointers de endereços de memória em vez de um armazenamento de dados em si. Assim, ela usa o blockchain pelo que um blockchain pode oferecer — segurança, identidade e confiança — enquanto libera o blockchain daquilo que não pode oferecer — grandes velocidades transacionais e espaço de armazenamento. Suas principais figuras são Muneeb Ali, Ryan Shea, Luke Nelson e Michael J. Freedman de Princeton.

NEO é uma rival da Ethereum dominante na China. Um tipo de sistema operacional para o On-Chain, o projeto de hiperlivro-razão da China para que as empresas atuem em conformidade com os regimes regulatórios, o CEO da NEO, Hong Fei, é experiente na política. Fonte da DNA ("distributed network architecture" [arquitetura de rede distribuída] da China), a NEO é o alicerce para uma plataforma de contratos inteligentes adaptável para a política da Asia, que, apesar da resistência política, ainda é notavelmente o coração do movimento cripto.

Cardano, em preparo em todo o mundo, foi batizada em homenagem a Girolamo Cardano, que originou a teoria da probabilidade no século XVI. Criação de Charles Hoskinson, primeiro CEO da Ethereum e da Bit-shares, é escrita na inovadora, mas onerosa, linguagem Haskell. Utilizando um software baseado em funções matemáticas, é verificável por meio de métodos matemáticos formais. Ele busca ser escalável (gerando novos recursos conforme se expande), testável e sustentável. Hoskinson se concentra em fazer as coisas da maneira certa — revisão por pares, código verificável, rigor algorítmico —, mas mais importante é fazer as coisas certas. Cardano pode desconhecer a diferença.

EOS é o terceiro maior projeto lançado pelo hábil criptoveterano Dan Larimer, após *Steemit* (um blockchain estilo Reddit) e *Bit-Shares* (um câmbio distribuído iniciado com Hoskinson). Ainda se acredita que Steemit e BitShares sejam responsáveis por uma grande parte de todas as "transações" blockchain, mas como eles são principalmente gratuitos, é difícil dizer o que isso significa. O EOS promete uma nova plataforma de contratos inteligentes que é gratuita e programável em linguagens convencionais como Java e C-world. Ele está no processo de uma trajetória de arrecadação de fundos que pode estar a caminho de exceder um bilhão de dólares antes de acabar. Um libertário culto, Larimer deveria concentrar suas declarações públicas mais nas virtudes de seu software e menos nos supostos defeitos devastadores e fraquezas pessoais de seus concorrentes.

A *IOTA* não é um blockchain de maneira alguma, mas sim um *emaranhado* de transações encadeadas onde cada negociador verifica duas outras transações para qualificar a sua. Originada em uma comunidade de cripto nerds na Noruega, ela busca ser altamente escalável e adaptável para uma Internet das Coisas. Parece que o dinheiro está jorrando.

Outras representantes do criptomovimento pós-bitcoin incluem *RaiBlocks*, que descreve a si mesma como uma hashgraph para pessoas em vez de coisas, e minha favorita, *Jonetix*, de Cupertino. Iniciada por Paul Wu, ex-Intel, e Nick Tredennick, ela inventou uma criptochain inquebrável para a IoT que gera suas próprias chaves a partir de movimentos aleatórios das moléculas nos substratos do chip.[7]

Talvez o novo agente mais maravilhoso seja a *Hashgraph*, lançada por uma empresa do Texas há muito escondida chamada Swirlds ("shared worlds" [mundos compartilhados, em tradução livre]).[8] Um aclamado esquema inventado pelo matemático Leemon Baird da Carnegie Mellon, ele alega competir com todos os blockchains e não ser relacionado à tecnologia blockchain. Mas ela, e sua nova filial pública Hedera, vêm do mesmo criptocosmo que os blockchains que busca substituir.

Utilizando muitas das mesmas criptoferramentas lançadas pelo bitcoin, a Hash-graph copia seus "turnos" de blocos. Mas eles ainda implicam a compilação de uma porção de transações, inserindo-as por hashing na raiz de uma "árvore de Merkle" e depois anexando-as a uma corrente. Como diz o white paper da Hedera, "no final de cada turno, cada nó calcula o estado compartilhado após processar todas as transações que foram recebidas naquele turno e antes. Ela então assina digitalmente uma hash daquele estado compartilhado, a coloca em uma transação e a 'fofoca' para a comunidade".[9]

Isso é simplesmente o que Satoshi prescreveu para o bitcoin, que também usa um "protocolo fofoca" para propagar o estado do sistema e uma árvore de Merkle para fazer hash dos blocos individuais. A Hashgraph descreve a cadeia como "endereços públicos-chave"; essa também é a essência da cadeia do bitcoin. E, da mesma forma que o bitcoin, os endereços retornam a um "Gênesis". Seja um "bloco Gênesis" ou um "turno Gênesis", é simplesmente uma questão de comer uma maçã ou engolir o Leemon.

O que Leemon Baird inventou é um novo mecanismo de consenso que busca substituir a laboriosa operação de mineração de prova de trabalho do bitcoin e Ethereum e eliminar as ramificações em seus processos. Apesar de também alegar mirar nas muitas marcas de "prova-de-participação" com suas próprias tentações "tudo ou nada", a Hashgraph contém um mecanismo próprio de prova de participação. "Cada nó emite um voto para cada moeda de Hedera" que detém.[10]

A invenção vital se chama "votação virtual", pela qual a memória em cada nó porta um graph das transações relatadas a ela por outros nós no processo universal de fofoca. Não é preciso que haja nenhuma votação real, pois o hash graph em cada nó coleta informações suficientes para ordenar e reconciliar todas as transações objetivamente em tempo. O processo fofoca de propagação de informação também oferece um consenso sobre o estado do sistema, sem qualquer outra comunicação. Se funcionar — e ninguém provou que não funciona —, esse sistema virtual de votação é um golpe, uma ratoeira melhor e mais rápida, e está pegando muitos ratos (uniões nacionais de crédito, sistemas de saúde e grandes bancos não nomeados).

A Hedera pública, porém, é parte de um sistema centralizado — um consórcio e conselho Hashgraph — dirigido por um grupo de 39 "organizações mundiais conhecidas e respeitáveis". Baseado no modelo Visa, o conselho pode revisar o software e as regras, uma característica que altera a natureza da fera. A questão central é se sua gerência escolherá um modelo de moeda estável (ouro ou outra escassez verdadeiramente baseada em "tempo") ou se penderá para o dólar ou para um modelo fiduciário indireto, como commodities, em um ciclo autorreferencial. Muitas de suas "instituições respeitáveis" provavelmente preferirão os modelos falidos do sistema existente.

Ao contrário das outras criptomoedas, a Hedera carece de programabilidade de código aberto, imutabilidade e permanência de registros com rótulo de horário, mas ela é uma invenção galvânica e escalável que deixará sua marca. Sem fazer mudanças na arquitetura da internet, ela representa uma ameaça relativamente pequena à ordem estabelecida. Mas acomodará qualquer forma de contrato inteligente ou outra aplicação sobre si. Ela é programável não apenas em Java como também na Solidity, da Ethereum.[11]

Como as "stablecoins" afinal dominarão o espaço das moedas como réguas, um dos projetos mais intrigantes é o DigixDAO, outra empresa chinesa. A primeira ICO no blockchain Ethereum, ela surpreendeu o mundo arrecadando US$5,5 milhões em um dia. A DXC é uma moeda baseada em ouro, garimpada por métodos humanos e registrada em um blockchain. Superando todos os outros criptoativos durante o massacre do início de 2018, a DigixDAO pode ter comprovado sua tese de que a atrelação ao ouro é capaz de permitir que um stablecoin sirva como unidade de contabilização.

Diversas outras empresas estão seguindo esse caminho de lançamento de moedas digitais baseadas em ouro. A mais formidável parece ser a G-Coin da Emergent Technologies, dirigida pelo empreendedor em série Brent de Jong, que vê a G-Coin como o proporcionamento de um caminho para um novo padrão-ouro. Com 250 engenheiros e escritórios em 70 países em todo o mundo, a Emergent oferece a G-Coin como uma versão ocidental da chinesa DigixDAO. Os ativos de ouro por trás da G-Coin são rastreados da mina para a transação em um blockchain licenciado que fornece um modelo possível para supply chains em muitos setores. De Jong é um empreendedor e investidor experiente dedicado a utilizar o blockchain para tornar o ouro a "moeda mais líquida da Terra" baseada em "ouro depositado, livre de conflitos e responsavelmente garimpado".

A Lei de Bell condena a existente recentralização da computação e garante a urgência por uma nova arquitetura. Olhe e veja, aqui está. Ela se baseia na mesma criptografia que Claude Shannon e Alan Turing desenvolveram durante a Segunda Guerra Mudial, que agora oferece uma nova arquitetura computacional fundamentada em blockchains, hashes matemáticas e a um conjunto de invenções associadas na Grande Dissociação.

A nova arquitetura oferece alternativas para os 5 trilhões ao dia de dinheiro apostado. Ela traz alternativas à internet insegura de hoje, essa web permeável em que Equifax ou Yahoo podem perder centenas de milhões de itens de dados pessoais em um instante, e todos os cinco leviatãs da internet apenas exigem mais senhas e nomes de usuário.

Todas essas desordens de nosso dinheiro e nossa tecnologia da informação podem encontrar soluções no novo movimento de criptomoedas que começou em 2009 com Satoshi e bitcoin e acabará com as novas tecnologias do criptocosmo. Apesar de o bitcoin talvez não representar, afinal, o potencial para um novo padrão-ouro, sua tecnologia subjacente dissociará os papéis do dinheiro. Isso pode finalmente esclarecer e capacitar a distinção necessária entre o meio de câmbio e a régua.

Serão desagregadas todas as GAFAM (conglomerados Google, Apple, Facebook, Amazon e Microsoft) — as nuvens de computação e comércio concentrados. Um novo paradigma de hardware está indo além do digital e do silício para analógicos, nanotubos de carbono, chips híbridos com sensores e uma abundância de antenas 5G. Até mesmo o próprio dinheiro está sendo desagregado e reinventado. As nuvens estão se dispersando nos céus — a *computação no céu* renderizada em seu notebook e smartphone e se espalha por blockchains, transparente e transformativa.

O teste final é se o novo regime serve à mente e consciência humanas. A medida de toda inteligência artificial é a mente humana. Ela consome pouca energia, é distribuída mundialmente, tem baixa latência em proximidade a seu ambiente, é inexoravelmente limitada em tempo e espaço e é criativa à imagem de seu criador.

Epílogo

O Novo Sistema do Mundo

P eyton Manning, grande quarterback campeão, avalia rapidamente o campo à sua frente. De seu palanque no segundo andar do Capital Hotel em Little Rock, ele enxerga uma figura familiar no canto. É a forma de 1,93m de Hunter Hillenmeyer. Atuante por sete anos como defensive back no Chicago Bears, ele é agora um estrategista e porta-voz da empresa de Nashville, Strivr, possivelmente a líder mundial em encontrar novos mercados valiosos para a realidade virtual.

Esses dois carismáticos ex-jogadores da NFL estão em Little Rock para a Summit Conference da Stephens, Inc., paladina dos bancos e investimentos, cujo diretor, Warren Stephens, é amigo de Manning e investidor em Hillenmeyer.

Certo de que o loiro, e não equipado, Hillenmeyer dificilmente invadiria o palco e o derrubaria, Manning prossegue com suas observações sábias sobre futebol americano e vida empresarial. Defendendo o "aprender fazendo, e melhorar sempre", Manning conduz seu tema diretamente na direção de Hillenmeyer.

Nesta conferência, na qual Strivr exibe sua engenhosa tecnologia de treinamento imersivo, Hillenmeyer é uma estrela maior do que Manning. Ele ressalta que a Lei de Moore trouxe o preço dos equipamentos de realidade virtual para um décimo ou menos do que custava no auge de Doug Trumbull e Jaron Lanier. Hoje, os headsets Oculus Rift do Facebook custam menos de mil dólares — ainda inviavelmente caros para o mercado consumidor, mas baratos em comparação com os sistemas anteriores de realidade virtual (VR, na sigla original).

O "aprender fazendo" é de longe a forma mais eficaz de treinamento, e a Strivr se concentrou nos detalhes da entrega de uma experiência completa de aprendizado virtual. A chave é invadir o córtex frontal do usuário, que é a parte do cérebro que "pensa", decide e soluciona problemas, que sabe que a experiência virtual não é real. Contornando esses lobos de inteligência, a VR opera no chamado cérebro reptiliano por trás dele, no qual uma suspensão de incredulidade permite que a memória seja impressa como uma experiência "real". Ao estimular essa mudança de fase cerebral, a realidade virtual pode acelerar o processo de aprendizado para a maioria dos trabalhos.

Sou convocado da plateia para participar de uma demonstração no palco a respeito do que Hillenmeyer está falando. Eu visto o headset Oculus, e depois de um certo malabarismo com meus óculos — ops! — acabo perdendo meu córtex frontal. Ele deve estar perdido em algum lugar, mas mergulhado em meio a um amontoado de Dallas Cowboys como quarterback, fui engolido. Virtualmente na pele de Dak Prescott, estou me preparando para fazer um passe para o wide receiver Cole Beasley. Totalmente imerso no jogo, eu quase caio do palco, me esgueirando da corrida enquanto completo o passe perfeitamente.

Depois de um período no laboratório de VR da Stanford auxiliando o time de futebol americano da universidade, Hillenmeyer criou seu princípio de aventura: as oportunidades da realidade virtual estão em eventos que são muito *raros, impossíveis, perigosos ou caros* para que as pessoas comuns os experimentem. Meu passe para os Cowboys, em que a VR me protege de qualquer chance de ser pisoteado por um defensive end de 136 quilos, representa essas quatro condições.

Na década de 1970, a realidade virtual inovou no treinamento de pilotos em simuladores de voo e preparo de engenheiros de plataformas petrolíferas em células de treinamento para fins específicos. Então, ela prosperou como equipamento de teste e projeto de produtos. Como Lanier aponta em *Dawn of the New Everything* ["A Aurora do Novo Tudo", em tradução livre], "qualquer veículo que você utilizou nos últimos 20 anos, quer rode, flutue ou voe, teve um protótipo em VR".[1]

O exemplo atual de Hillenmeyer de um evento VR *raro* é a corrida de "Black Friday" pós-Ação de Graças no Walmart, cuja Walmart Academy é uma grande cliente da Strivr. Por causa da taxa de turnover na mão de obra da Walmart, cerca de 40% dos gerentes jamais experimentaram esse tornado anual. A Strivr mergulha os trainees no caos e lhes permite concluir transações sem que sejam pisoteados e, de acordo com o Walmart, os trainees que praticaram utilizando a VR tem desempenho mais confiante e eficaz nas condições reais.

Na categoria *impossível*, Hillenmeyer cita o programa da Strivr para treinar o time Olímpico de esqui dos EUA. Reunida em Park City, Utah, a equipe usou a VR para experimentar o percurso em declive na Coreia do Sul, local dos jogos de inverno de 2018. Mikaela Shiffrin, Lindsey Vonn e os outros atletas olímpicos puderam experimentar o percurso, repetindo visceralmente cada um dos detalhes, sem risco de sofrer uma lesão ou algo pior.

Em um perfil do Shiffrin na revista *New Yorker*, Nick Paumgarten escreve, "qualquer um pode cometer um erro desastroso (sair da pista, pendurar-se em uma beirada, escolher o caminho errado) ou ter azar (equipamentos defeituosos, tempestades de neve, rajadas de vento). E intoxicação alimentar? Ou até mesmo geopolítica: o tempo pareceria inoportuno para um festival esportivo na península coreana".[2] É melhor ficar em Park City o quanto for possível e testar as ladeiras coreanas em realidade virtual.

Talvez o mais valioso dos softwares de treinamento da Strivr seja o dos bombeiros, cuja taxa de câncer pulmonar é 50 vezes maior que a do restante da população. Todos os anos, os bombeiros precisam treinar em ambientes enfumaçados nos quais inalam vapores tóxicos. Utilizando a Strivr, seria possível experimentar uma visão esfumaçada sem inalar fumaça. Ainda mais vital, eles aprendem a identificar os sinais visuais e auditivos da iminência de uma "ocorrência de língua de fogo" onde as chamas podem repentinamente acertá-los.

Os mercados da Strivr indicam a gama de oportunidades da VR. Cada regime de treinamento é diferente dos outros e implica conhecimento íntimo de um ambiente específico. Cada sessão VR exige um processo caro e demorado de renderização das imagens para o ambiente 3D.

"O hype da VR", escreveu o CEO Danny Belch no blog da Strivr, "não é mais um hype... é real. O fato de Walmart e United Rentals estarem usando a VR terá um impacto grande e duradouro no setor de VR". Especializada na locação de equipamentos de construção, a United Rentals enfrentou o problema de induzir seus clientes a aprenderem práticas de segurança in loco. "Eles simplesmente não o fazem." Usando a VR, porém, a empresa reduz os riscos de responsabilidade enquanto melhora a segurança e a produtividade.

A implantação de VR do Walmart em 200 lojas com milhares de gerentes é a maior de todas. Na história da tecnologia, o Walmart pode se provar como a principal matriz de sucesso. A Lowe's seguiu o mesmo caminho com a adoção generalizada de realidade virtual para treinar seus clientes em técnicas de reforma caseira.

Entrando na fase de "acontecimento", a realidade virtual permeia o venerável *Internet Trends Report* ["Relatório de Tendências da Internet", em tradução livre] de Mary Meeker da Kleiner, Perkins, Caufield & Byers. Ela relata que os consumidores estão comprando headsets em um ritmo lento, mas contínuo, enquanto as empresas de jogos ganham muito dinheiro em títulos com VR. Os empreendedores costumam ser fãs de jogos, observa Meeker, citando Elon Musk, Reid Hoffman e Mark Zuckerberg. Os jogos interativos mundiais estão se tornando comuns, com 2,6 bilhões de jogadores em 2017, um crescimento de até 26 vezes em pouco mais de uma década. As receitas dos jogos mundiais geraram mais de US$100 bilhões em 2017, e a China é hoje líder de mercado.

Digo à equipe da Strivr — Hillenmeyer e Belch — que a OTOY está projetando uma plataforma computacional global para a renderização de VR em qualquer lugar de forma barata. Balch acha que isso seria empolgante, abrir novos mercados para o software da Strivr em todo o mundo. Não há motivo para que a realidade virtual se reduza a mercados raros, impossíveis, perigosos ou caros se pode ser onipresente.

Projetada para melhorar as habilidades e o aprendizado humanos, a realidade virtual é o oposto da inteligência artificial, que tenta melhorar o aprendizado por meio de máquinas. A realidade virtual reafirma a supremacia da mente sobre a matéria, ela é fundamentada na singularidade das mentes humanas em vez de em uma falsa singularidade das máquinas.

Exigindo um sensório cada vez maior de interfaces e transdutores com seres humanos, a VR fomenta uma indústria de extensões protéticas — óculos, luvas, pisos rolantes, sínteses táteis e fusões sensoriais — que ampliam as fronteiras da experiência humana, transmitindo afinal movimento, força, resistência, calor, nitidez e outros efeitos interativos. Da mesma forma que a Strivr é capaz de treinar bombeiros e esquiadores, esses avanços são capazes de melhorar o treinamento de enfermeiras, serviços de emergência, cirurgiões e até mesmo físicos.

No final de 2017, entrevistei Jules Urbach da OTOY quando ele ainda estava absorto em uma entrevista anterior naquele mesmo dia com a celebridade, física e escritora Lisa Randall de Harvard, também paradigma do TED talks, escritora best-seller do *New York Times* e mais uma candidata a viver para sempre sem acreditar em Deus. Randall havia ido à OTOY para debater sobre a ferramenta de renderização de VR Octane de Jules, que mede e interpreta os movimentos, reflexos, refrações e interações dos fótons. Ela o viu como um modelo empiricamente testado de comportamento fotônico que poderia trazer pistas da natureza multidimensional da luz.

Autora de livros sobre a compreensão das "dimensões ocultas" do universo, Randall havia dito a Jules que o processo de renderizar imagens oferece um novo modo de decifrar o cosmos. Tudo começa com os fótons, e os fótons remontam ao Big Bang. Na criação de imagens geradas por computador, a OTOY mapeia um minibang das emissões e reflexos de raios fotônicos em um cenário terrestre. Renderizar algoritmos é uma busca empírica para explicar a realidade, tendo o esclarecimento humano tanto como fonte quanto como objetivo.

É também um caminho para a compreensão da consciência humana. Como Lanier destaca, a VR coloca o ser humano consciente no centro da esfera, permitindo que você "sinta sua consciência" em sua forma mais pura. "Ali está você, o ponto fixo em um sistema em que todo o resto pode mudar... Na VR, sua entrada é *você*."[3]

O sistema de mundo do Google se concentra no ambiente material em vez da consciência humana, na inteligência artificial em vez da inteligência humana, no aprendizado de máquina em vez do aprendizado humano, em buscas relativísticas em vez da busca pela verdade, em copiar em vez de criar, em aplicar hierarquias humanas em um universo plano em vez de empoderar seres humanos em um universo hierárquico. Ele busca singularidades em máquinas em vez de mentes humanas.

O novo sistema de mundo precisa reverter essas posições, exaltando as singularidades da criação: a mente acima da matéria, a consciência humana acima dos mecanismos, a inteligência real acima da mera busca algorítmica, o aprendizado com propósito acima da evolução irracional, e a verdade acima da possibilidade. Um novo sistema é capaz de abrir uma era heroica de conquistas humanas.

Impulsionar tais avanços será uma mudança de foco dos frutos da computação para suas raízes em confiança e segurança. A teoria da informação sempre expôs a realidade em dois aspectos. Por um lado, ela mensura e permite a comunicação, transmissão, redundância e cópia confiável pelo tempo e espaço. Por outro lado, se concentra na decodificação e decifração das dimensões ocultas da realidade envoltas em ruídos. De um lado, é uma máquina copiadora; de outro, é uma máquina da verdade tentando corrigir os estados fundamentais do mundo.

Em 1948, quando Shannon desenvolveu sua Teoria da Informação no MIT e no Bell Labs, o mundo estava preocupado com a comunicação por meio de um canal ruidoso. Questões de veracidade e consequência foram transferidas a questões de sinal e ruído. A Teoria da Informação começou com a "Teoria das Comunicações para Sistemas Secretos". Esse artigo provou que um one-time-pad perfeitamente randomizado compõe um código inquebrável. Esse é um pilar da teoria da informação conforme ela define uma coluna de um contínuo entre ruído (ruído branco, puramente aleatório) e ordem perfeita (previsível, determinístico e livre de informações).

A atenção de Shannon focou os domínios férteis do meio, batizados de estocásticos (probabilidade controlada ou limitada), que constitui o desafio das comunicações, códigos, criptografia e decodificação. Nessa busca, ele enfrentou o problema de encontrar sentido em montanhas de dados brutos. O trabalho de Shannon apontou para os domínios do big data, aprendizado de máquina e inteligência artificial que abasteceram a era Google.

O resultado é uma arquitetura de internet desequilibrada com aplicativos gratuitos que podem fazer qualquer coisa que você quisesse e são permeáveis em seus protocolos subjacentes para estabelecer identidades, direitos de propriedade e outras facetas do estado fundamental do sistema. Uma stack de internet permeável e perfurada permite que o dinheiro e o poder sejam sugados para o topo.

Sendo uma máquina copiadora mundial, a internet é fundamentada no estabelecimento de origens, fatos, verdades, rótulos de horário, estados fundamentais e identidades. Fake news e tentativas de phishing dificilmente são distinguidas de eventos reais e comunicações edificantes.

Agora é hora de ir além dos caminhos perigosos da internet e oferecer uma base de dados imutável na qual construir novas estruturas de confiança e verdade: portadores de baixa entropia para uma era de alta entropia de criatividade e realizações humanas. A nova era irá além das cadeias de Markov de estados probabilísticos desconectados para hashes de blockchain de história e futurismo, confiança e verdade.

O oposto às cadeias de Markov sem memória são os blockchains. Enquanto as cadeias de Markov ganham eficiência e velocidade ofuscando rigorosamente o passado, os blockchains perpetuam cuidadosamente o passado em cada bloco com uma hash matemática. Talvez 10 mil vezes mais lentas de computar do que as cadeias de Markov, cada hash contém uma assinatura indelével de todas as transações remontando ao bloco original. As cadeias de Markov lhe dizem o futuro estatisticamente provável sem saber o passado; os blockchains permitem o futuro da vida real ao registrar indelevelmente o passado.

Dessa forma, os blockchains preservam e ampliam a informação, enquanto as cadeias de Markov se arriscam a destruí-la com a suposição da aleatoriedade. Removendo as intenções específicas e planos, histórias e identidades de seu cálculo, os modelos de Markov representam um afastamento do conhecimento real que cria e constitui riqueza. O sistema de mundo da próxima era verá a ascensão de memória e especificidade, invenção e factualidade, rótulos de tempo e títulos — o que Chaitin, o maior teórico da informação vivo, chama de "a nova matemática da criatividade", a matemática da liberdade humana que segue Gödel e Turing e suas provas de incomputabilidade e incompletude.

O universo é hierárquico e multidimensional. Não pode ser reduzido a sequências bidimensionais. Uma indústria computacional para um mundo de informação deveria ser orientada às dimensões criativas da realidade virtual em vez de ao universo plano da superstição materialista. Um sistema de mundo bem-sucedido deveria se dedicar a renderizar toda a complexidade da vida e mente humanas.

Alguns Termos de Arte e Informação para a Vida após o Google

*B**itcoin*: um método de transações seguras baseado na ampla publicação e descentralização de um livro-razão pela internet. Os sistemas atuais de cartão de crédito, em contrapartida, se baseiam em sigilo e centralização e utilizam redes protegidas e data centers com firewall cheios de informações pessoais dos negociadores.

O livro-razão público de transações do bitcoin é compilado em blocos a cada cerca de 10 minutos, começando com os blocos recentes e retornando ao "bloco Gênesis", criado por Satoshi Nakamoto, pseudônimo do inventor do bitcoin. Cada bloco é confirmado quando ao menos metade dos participantes no processo de verificação do bitcoin — os "mineradores" — faz a hash do bloco matematicamente com todos os blocos anteriores desde o bloco Gênesis. Para mudar ou rescindir uma transação, portanto, mais da metade dos computadores no sistema precisa concordar em recomputar e reiterar todas as transações desde o Gênesis.

Os bitcoins não são moedas, mas métricas ou réguas para transações que são permanentemente registradas no blockchain.

Blockchain: uma base de dados, semelhante a um cadastro de imóveis, expandido a eventos, acordos, patentes, licenças ou outros registros permanentes. São todos matematicamente hasheados juntos a partir da origem da série, com cada registro distribuído e publicado nos nós de internet descentralizados.

Entropia de Boltzmann: calor (a energia total de todas as moléculas em um sistema) sobre temperatura (a energia média das moléculas). Ludwig Boltzmann (1844-1906) identificou essa diferença com *informações faltantes*, ou incerteza acerca do arranjo das moléculas, abrindo assim caminho para Claude Shannon e a teoria da informação. Ambas as formas de entropia registram a desordem. A entropia de Boltzmann é analógica e governada pelo logaritmo natural, enquanto a *entropia de Shannon* é digital e governada pelo log 2.

Lei de Chaitin: Gregory Chaitin, inventor da teoria da informação algorítmica, ordena que não se pode usar uma matemática estática, eterna e perfeita para modelar a vida criativa dinâmica. A matemática determinista aprisiona o matemático em um processo mecânico que não pode gerar inovação ou surpresa, aprendizado ou vida. É preciso transcender a matemática newtoniana da física e adotar a matemática pós-moderna — a matemática que segue Gödel (1931) e Turing (1936), a matemática da criatividade.

Crescimento econômico: aprendizado testado pela falseabilidade ou possível falência. Esse entendimento do crescimento econômico decorre do insight de Karl Popper de que uma hipótese científica deve ser enquadrada em termos que são falsificáveis ou refutáveis. As garantias governamentais impedem o aprendizado prejudicando, assim, o crescimento econômico.

Todos os negócios e indústrias em expansão estão seguindo uma *curva de aprendizado* que ordena uma queda de quase 20% a 30% nos custos a cada duplicação do total de unidades vendidas. As curvas de aprendizado clássicas são a Lei de Moore em microchips e a Lei de Metcalfe na rede. Raymond Kurzweil generalizou a ideia como uma "lei de aceleração de retornos", um conceito que Henry Adams apresentou em um gráfico de curva de aprendizado em *O Ensino de Henry Adams* e aplicou ao aumento da emissão de energia.

O crescimento econômico como um processo de aprendizado não ganha diretamente do "aprendizado de máquina", a menos que os símbolos processados sejam interpretados por seres humanos.

Política expansionista fiscal e monetária: a tentativa dos Bancos Centrais de simular a atividade econômica por meio da venda de títulos públicos para pagar por um déficit governamental.

Os keynesianos, principalmente de esquerda, acreditam que os bancos centrais vendem títulos e concedem um estímulo fiscal permitindo um maior gasto governamental. Os monetaristas, principalmente de direita, acreditam que os bancos centrais estimulam a atividade econômica por meio da criação de dinheiro para *comprar* títulos públicos. Esse dinheiro novo vai para os antigos proprietários dos títulos comprados, principalmente os bancos, que recentemente têm usado os fundos para comprar mais títulos do Tesouro. Assim, o keynesianismo e o monetarismo convergem na expansão do poder de gasto do governo.

Em uma economia da informação, ambas as medidas tentam usar o poder governamental para forçar o crescimento. Mas crescimento econômico é *aprendizado* (acúmulo de conhecimento testado), e o aprendizado não pode ser forçado.

Teorema da incompletude de Gödel: a descoberta de Kurt Gödel na lógica matemática de que qualquer sistema formal poderoso o suficiente para expressar as verdades da aritmética será incompleto e dependente de axiomas não redutíveis ao sistema — verdades que não podem ser provadas dentro do próprio sistema. No desenvolvimento dessa prova, Gödel (1906–1978) inventou a máquina matemática que usava números para incorporar axiomas e assim previu as descobertas da ciência da computação. Ao mostrar que a matemática não poderia ser hermeticamente selada, ou fisicamente determinista, Gödel abriu caminho para a matemática pós-moderna: uma matemática de software e criatividade. John von Neumann (1903–1957) foi a primeira pessoa a valorizar e divulgar a importância da demonstração de Gödel em 1931 de que as declarações matemáticas podem ser verdadeiras, mas improváveis.

Como von Neumann viu, a prova de Gödel dependia de sua invenção de uma "máquina" matemática que utilizasse números para codificar e provar algoritmos também expressos em números. Essa invenção, absorvida por von Neumann e Alan Turing, lançou a ciência da computação e a teoria da informação e permitiu o desenvolvimento da internet e do blockchain.

Ouro: o elemento monetário, número atômico 179, testado por séculos e considerado singularmente adequado como dinheiro. Os cinco metais preciosos na Tabela Periódica são ródio, paládio, prata, platina e ouro. O ródio e o paládio são elementos raros que não foram descobertos até o século XVIII. O ponto de fusão da platina é de 1.768°C, impossibilitando seu manuseio sem tecnologias avançadas. A prata mancha e corrói, e sua reatividade a torna mais tratável para usos mais industriais do que o ouro. Apenas o ouro pode servir como uma régua durável e imutável para o valor. Geralmente considerado como dinheiro por ser uma commodity útil — bonito, brilhoso, divisível, portátil, escasso e conversível a joias —, o ouro é na verdade o elemento monetário porque é inútil. O dinheiro não é valioso por ser na verdade uma joia; a joia é valiosa por ser na verdade dinheiro. O ouro é uma métrica de valorização baseada no tempo necessário para extrair um grama a mais, o que mudou pouco ao longo dos séculos, enquanto o ouro se tornou mais difícil de extrair de jazidas mais profundas e atenuadas. A métrica do ouro não é, portanto, uma função da tecnologia e do progresso industrial, parte do que mensura, mas sim uma medida pura de valor.

Hash: conversão de um arquivo digital de comprimento variável em uma série de caracteres de comprimento específico — no Secure Hashing Algorithm (SHA-256 usado na criptografia do blockchain do bitcoin), o resultado é sempre 32 bytes (256 bits). As hashes são impeditivamente difíceis de inverter; o conhecimento da hash não transmite o conhecimento do arquivo, mas o conhecimento do arquivo é rapidamente convertido na hash. Qualquer mudança no arquivo muda drasticamente o resultado da hash. Portanto, as hashes revelam qualquer manipulação no dado hasheado. A hash mais comum é a checksum no final de todos os pacotes de internet. As hashes são a tecnologia possibilitadora das blockchains e hashgraphs.

Hashgraph: uso de blocos encadeados (chamados de "turnos") de hashes em uma estrutura arbórea, com um algoritmo engenhoso chamado de "votação virtual", que atinge o consenso sem qualquer cotação real ou *prova de trabalho,* um processo complexo e trabalhoso que é bom evitar sempre que possível. Esse sistema rápido e eficiente é bastante capaz de prevalecer como a camada base dos blockchains.

Hipertrofia das finanças: o crescimento das finanças acima da taxa de crescimento do comércio que mensura e intermedeia. Por exemplo, o câmbio internacional de moedas é cerca de 73 vezes mais volumoso do que todo o comércio mundial de bens e serviços, e estima-se que seja 100 vezes mais volumoso do que todas as transações do mercado acionário. A negociação de futuros de petróleo cresceu 100 vezes em cerca de três décadas, de 10% da produção de petróleo em 1984 para 10 vezes a produção de petróleo em 2015. Os derivativos imobiliários são hoje nove vezes o PIB mundial. Isso não é capitalismo, é hipertrofia das finanças.

Teoria da informação: iniciada por Kurt Gödel quando ele transformou a lógica em matemática funcional e algoritmos. A teoria da informação evoluiu por meio das mentes de Claude Shannon (1916-2001) e Alan Turing (1912-1954) até seu papel atual como filosofia matemática. Ela reproduz as criações e comunicações humanas como transmissões por um canal, seja um fio ou o mundo, diante do poder do ruído, com seus resultados medidos por suas "notícias" ou surpresas, definidas como *entropia* e consumadas como conhecimento.

A entropia é maior ou menor dependendo da liberdade de escolha do remetente. É um índice libertário. Quanto maior for o alfabeto de símbolos — ou seja, quanto maior o conjunto de mensagens possíveis —, maiores as possibilidade do compositor e maior a entropia e a informação da mensagem.

A teoria da informação possibilita e descreve nosso mundo digital e analógico.

Via Principal: o símbolo da economia real de trabalhadores pagos por hora ou mês e excluídos das voltas circulares de enriquecimento de Wall Street. Talvez a rua onde você mora, a Via Principal é o lugar dos negócios e empregos locais.

Lei de Metcalfe: o valor e o poder de uma rede crescem pelo quadrado do número de nós compatíveis que interliga. Batizada em homenagem ao engenheiro Robert Metcalfe (1946-), um coinventor da Ethernet, essa lei é um indicador bruto e profundamente contraintuitivo. (A internet vale menos do que o quadrado de seus 6 bilhões de dispositivos conectados.) Mas a lei se aplica a redes menores, e explica os vetores de criação de valor de empresas como Facebook, Apple, Google e Amazon, que hoje dominam a capitalização do mercado de ações. A Lei de Metcalfe pode muito bem ser aplicada à promessa das novas moedas digitais e por fim garantir o sucesso de uma nova camada de transações para a pilha de softwares da internet.

Lei de Moore: o custo-benefício na indústria duplica a cada dois anos, um andamento que corresponde intimamente a um ritmo mais rápido no número de transistores produzidos, significando uma curva de aprendizado. Formulada pelo fundador da Intel, Gordon Moore (1929–) e inspirada pela pesquisa do professor da Caltech, Carver Mead, a Lei de Moore se baseou originalmente na duplicação bienal da densidade de transistores em um chip de silício. Ela agora depende principalmente de outros vetores de aprendizado, como processamento paralelo, multissegmentação, tensões mais baixas e arquiteturas de chip tridimensionais. Como uma curva de aprendizado, a Lei de Moore é um princípio importante da teoria da informação.

Ruído: interferência em uma mensagem. Qualquer influência do conduíte sobre o conteúdo: um distúrbio indesejado em um canal de comunicações. O ruído costuma ser a distorção do conteúdo por seu conduíte. Uma mensagem de alta entropia (cheia de surpresa) exige um canal de baixa entropia (sem surpresas). Surpresas no sinal são informação; surpresas no canal são ruído.

Tríade de Peirce: o teorema do matemático e filósofo Charles Sanders Peirce (1839–1914) sustentando que todos os sistemas de símbolos e sinais (como software e matemática) são insignificantes sem um intérprete. A tríade é composta de um sinal (ou símbolo), um objeto e um intérprete humano. A retirada do intérprete esvazia a tríade, permitindo que seja preenchida por ideologias e artifícios (ou seja, "aprendizado de máquina" e "inteligência artificial").

Criptografia de chave pública: a maior parte da criptografia é simétrica: a mesma chave (ou sequência de números digitais) ao mesmo tempo codifica e decodifica a mensagem. Isso não tem problema quando você é capaz de entregar a chave pessoalmente ao destinatário.

Mas a economia da internet depende de transações contínuas com pessoas que você nunca vê. A resposta para esse problema são os pares de chaves assimétricas, geradas juntas, com a chave que codifica a mensagem — a chave pública —, incapaz de decodificá-la, e com uma chave privada para decodificação. Todos os blockchains dependem de chaves públicas como endereços para transações que podem ser consumadas por suas chaves privadas.

Uma vantagem importante nas chaves privadas é usá-las para codificar arquivos a serem decodificados pela chave pública relacionada. Esse processo permite assinaturas digitais que autenticam a origem da mensagem. Você sabe que a mensagem se originou com uma chave privada única que foi gerada em um par com a chave pública que você possui. Isso significa que o dinheiro pode ser assinado, como um cheque, garantindo a autenticação sem necessariamente revelar a origem da assinatura.

Essa técnica reconcilia dois objetivos aparentemente conflitantes das criptomoedas: privacidade e certificação, a necessidade de transações confiáveis integradas sem a exposição de dados pessoais e a necessidade de acessar e demonstrar registros confiáveis de propriedade e histórico para fins legais. Assim podemos ter transações semelhantes às com dinheiro (sem segredos expostos) com registros robustos, confiáveis e imutáveis quando exigidos por tribunais ou pela Receita Federal. Identidade e propriedade podem ser ocultadas quando for oportuno e provadas conforme o necessário.

Compare esse sistema com o sistema atual no qual identidade e propriedade são constantemente expostas para externos não confiáveis, mas não podem ser comprovadas sem depender de terceiros ou procuradores possivelmente corruptos ou falsos.

Dinheiro real: uma régua, uma métrica de valor, refletindo a escassez e a passagem irreversível do tempo — baseado em entropia, distribuído igualmente e fundamentado nos limites físicos da velocidade da luz e da duração da vida. Tanto o bitcoin quanto o ouro são dinheiro real neste sentido. O dinheiro monopolizado pelo governo não é.

Sand Hill Road: a arborizada residência dos investidores de risco da Califórnia e seus "unicórnios", estendendo-se da Camino Real, próxima a Stanford, à Route 280 e adentro das nuvens e riqueza de Woodside e Vale do Silício. Perdendo sua liderança em capital empreendedor para China, Israel, Ofertas Iniciais de Moeda (ICOs) em todo o mundo e outros sites de arrecadação de fundos, esse assento de luxo está se enchendo de advogados e políticos.

Entropia de Shannon: mensurada de forma mais simples pelo número de dígitos binários necessário para codificar uma mensagem, ela é calculada como a soma dos logaritmos base 2 das probabilidades dos componentes da mensagem. Os logaritmos de probabilidades entre 1 e 0 são sempre quantidades negativas; a entropia é apresentada positivamente por um sinal de menos na frente dessa soma. O sinal de menos levou alguns teóricos ilustres a caírem no erro da ideia de negentropia, o que é um paradoxo — probabilidade maior do que 100%. Contraintuitivamente, informações inesperadas são um tipo de desordem. O alfabeto é ordenado; cristais são ordenados; flocos de neve são ordenados. *Hamlet* e Google são alfabetos lindamente desordenados transmitindo informações inesperadas.

Máquina de Turing: inspirado pela prova de Gödel, Turing idealizou um modelo computacional universal abstrato composto de uma unidade de controle administrando um conjunto de instruções lendo, escrevendo e movendo um espaço por vez para trás e para a frente ao longo de uma fita infinitamente longa dividida em quadrados ao longo de seu comprimento. Ele provou que essa máquina hipotética era capaz de realizar qualquer função computacional. O Vale do Silício tem comemorado desde então, apesar de suas provas suplementares de que a maioria dos números não pode ser gerada por um processo computacional. O computador universal de Turing era incapaz de calcular se qualquer programa específico jamais travaria. A máquina de Turing era um computador generalista, pois comandava tempo e espaço infinitos. Necessariamente restritos a usos específicos, os computadores reais não são mentes.

Riqueza: conhecimento testado. A lei física impõe que a matéria é conservada: os recursos materiais não mudaram desde a Idade da Pedra. Todos os avanços econômicos permanentes vêm do aumento do conhecimento por meio do *aprendizado*.

Bibliografia

Livros:

Abu-Mostafa, Yaser S. et al *Learning from Data: A short course* (AMLbook.com).

Ali, Muneeb. *Trust to Trust Design of a New Internet*, junho de 2017. Uma tese apresentada ao corpo docente da Princeton University na candidatura ao doutorado em filosofia. https://muneebali.com/thesis.

Ammous, Saifedean. *The Bitcoin Standard* (Nova York, Wiley, 2018).

Antonopoulos, Andreas M. *Mastering Bitcoin: Unlocking digital cryptocurrencies* (Sebastopol, CA: O'Reilly Media, 2015).

Auletta, Ken. *Googled: A história da maior empresa do mundo virtual*.

Beltrami, Edward. *What Is Random? Chance and Order in Mathematics and Life* (Nova York: Springer-Verlag, 1999).

Berlinski, David, *O Advento do Algoritmo, A Ideia que Governa o Mundo*.

Bernstein, Jeremy. *Quantum Profiles* (Princeton: Princeton University Press, 1991).

Briggs, William. *Uncertainty: The soul of modeling, probability and statistics* (Suíça: Springer International Publishing, 2016).

Burniske, Chris e Jack Tatar, *Criptoativos: O guia do investidor inovador paro o bitcoin e além* (Alta Books, 2018).

Casey, Michael J. e Paul Vigna, *The Truth Machine: The blockchain and the future of everything* (Nova York: Macmillan, 2018).

Chaitin, Gregory J. *Conversas com um Matemático.*

Chaitin, Gregory J. *Proving Darwin: Making biology mathematical* (Nova York: Pantheon Books, 2012)

Chaitin, Gregory J. *Thinking About Gödel and Turing: Essays on complexity, 1970-2007* (Hackensack, NJ: World Scientific Publishing Co., 2007).

Chesterton, G.K. *Tremendas Trivialidades*

Cleland, Scott e Ira Brodsky. *Busque e Destrua: Por que você não pode confiar no Google.*

Craig, Sir John. *The Mint* (Cambridge, UK: University Press, 1953).

Crease, Robert P. *Os 10 Mais Belos Experimentos Científicos.*

Christensen, Clayton e Michael E. Raynor. *O Crescimento pela Inovação: Como crescer de forma sustentada e reinventar o sucesso.*

Dally, William James e Brian P. Towles, *Principles and Practices of Interconnection Networks* (São Francisco: Morgan Kauffmann Publishers, 2004).

de Antón, Francisco Pérez. *In Praise of Francisco Marroquín.* (Guatemala: Universidad Francisco Marroquín, 1999).

Denton, Michael J., *Nature's Destiny: How the laws of biology Rrveal purpose in the universe* (Nova York: The Free Press, Simon & Schuster, 1998).

Derbyshire, John. *Unknown Quantity: A real and imaginary history of algebra* (Washington, DC: Joseph Henry Press, 2006).

Dyson, George, *Turing's Cathedral: The origins of the digital universe* (Nova York: Pantheon Books, 2012).

Edwards, Douglas. *Estou com Sorte: Confissões do funcionário número 59 do Google.*

Erickson, Jon, *Hacking: The art of exploitation*. 2° edição. (São Francisco: No Starch Press, 2008).

Gelernter, David. *Mirror Worlds* (Nova York: Oxford University Press, 1992).

Gilder, George. A *Vida após a Televisão*

Gilder, George. *Microcosm: The quantum revolution in economics and technology* (Simon & Schuster, 1989).

Gilder, George. *Telecosmo: A era pós-computador.*

Gilder, George. *The Scandal of Money: Why Wall Street recovers but the economy never does* (Washington, DC: Regnery, 2016).

Harari, Yuval Noah. *Homo Deus: Uma breve história do amanhã.*

Hölzle, Urs. *The Datacenter as a Computer* (San Raphael, CA: Morgan and Claypool Publishers, 2013).

Kelly, Kevin. *Inevitável: As 12 forças tecnológicas que mudarão o nosso mundo.*

Kessler, Andy. *How We Got Here: A Silicon Valley and Wall Street primer* (Escape Velocity Press, 2004).

Kidder, Tracy. *The Soul of a New Machine* (Boston: Little Brown & Company, 1981).

Kurzweil, Ray. *Como Criar uma Mente: Os segredos do pensamento humano.*

Langville, Amy e Carl D. Meyer, *Google's Page Rank and Beyond: The science of search engine rankings* (Princeton: Princeton University Press, 2006, 2011).

Lanier, Jaron. *Dawn of the New Everything* (Nova York: Macmillan, Henry Holt & Company, 2017).

Lanier, Jaron. *Who Owns the Future?* (Nova York: Simon & Schuster, 2013).

Lanier, Jaron. *Gadget. Você não é um Aplicativo.*

Levy, Steven. *Google. A Biografia: Como o Google pensa, trabalha e molda nossas vidas.*

Lewis, C. S. *O Peso da Glória.*

Lewis, Nathan K. *Gold: The final standard* (New Berlin, NY: Canyon Maple Publishing, 2017).

Lewis, Nathan K. *Gold: The monetary polaris* (New Berlin, NY: Canyon Maple Publishing, 2013).

MacCormick, John. *Nine Algorithms that Changed the Future: The ingenious ideas that drive today's computers* (Princeton: Princeton University Press, 2012).

McKay, Charles. *Memorando de Extraordinários Engodos Populares e a Loucura das Multidões.*

Marx, Karl. *A Ideologia Alemã.*

Mauldin, John e Jonathan Tepper. *Code Red: How to protect your savings from the coming crisis* (Hoboken, NJ: John Wiley & Sons, 2014).

O'Hagan, Andrew. *The Secret Life: Three true stories of the digital age* (Nova York: Farrar, Strauss, & Giroux, 2017).

Oram, Andy, *Peer-to-Peer: O poder transformador das redes ponto a ponto.*

Peirce, Charles S., editado com uma introdução por Morris R. Cohen, com um ensaio adicional por John Dewey, *Chance, Love, and Logic: Philosophical essays* (Nova York: Barnes & Noble, 1923).

Popper, Nathaniel, *Digital Gold: Bitcoin and the inside story of the misfits and millionaires trying to reinvent money* (Nova York: HarperCollins, 2015).

Rand, Ayn. *A Revolta de Atlas.*

Rifkin, Jeremy. *Sociedade com Custo Marginal Zero.*

Sabino, Carlos e Wayne Leighton, *Privatization of Telecommunications in Guatamala: A tale worth telling*, Case Study (The Antigua Forum, 2013).

Schmidt, Eric e Jonathan Rosenberg, com prefácio de Larry Page. *Como o Google Funciona*.

Shannon, Claude, com Sloane, N.J.A. e Aaron D. Wyner, ed, *Collected Papers* (Piscataway, NJ: IEEE Press, 1993).

Stephenson, Neal. *Reamde* (Nova York: HarperCollins, 2011).

Stephenson, Neal. *Snow Crash*.

Stephenson, Neal. *The System of the World*, (Nova York: HarperCollins, 2004).

Stoll, Clifford. *Silicon Snake Oil: Second thoughts on the information highway* (Nova York: Doubleday, 1995).

Taplin, Jonathan. *Move Fast and Break Things: How Facebook, Google and Amazon cornered culture and undermined democracy* (Nova York: Little Brown and Company, 2017).

Thiel, Peter, com Blake Masters. *De Zero a Um*.

Thierer, Adam e Clyde Wayne Crews Jr. *What's Yours is Mine: Open access and the rise of infrastructure socialism* (Washington, DC: Cato Institute, 2003).

Sweigart, Al, *Cracking Codes with Python, an Introduction to Building and Breaking Ciphers* (São Francisco: No Starch Press, 2018).

Tapscott, Don e Alex Tapscott. *Blockchain Revolution: Como a tecnologia por trás do bitcoin está mudando o dinheiro, os negócios e o mundo*.

Tegmark, Max. *Vida 3.0*.

Turner, Fred. *Burning Man at Google: A cultural infrastructure for new media production* (Sage Journal, 2009).

Turing, Alan. "On Computable Numbers, With An Application to the Entscheidungsproblem" (Princeton: Princeton Graduate Press, 1936).

Turing, Alan. *Systems of Logic*, editado e apresentado por Andrew W. Appel (Princeton, NJ: Princeton University Press, 2012).

Vigna, Paul e Michael J. Casey, *The Age of Cryptocurrency: How bitcoin and digital money are challenging the global economic order* (Nova York: St. Martin's Press, 2015).

Whiteside, D.T. *The Mathematical Papers of Isaac Newton*, (Cambridge, UK: University Press, 2008).

Wu, Tim. *The Attention Merchants: The epic scramble to get inside our heads* (Nova York: Alfred A. Knopf, 2016).

Wu, Tim. *The Master Switch: The rise and fall of information empires* edição revisada (Nova York: Vintage Books, 2011).

Yockey, Hubert. *Information Theory, Evolution, and the Origin of Life* (Nova York: Cambridge University Press, 2005).

Periódicos

Andreessen, Marc. "Why Bitcoin Matters", *The New York Times*, 21 de janeiro de 2014.

Andreessen, Marc. "Why Software is Eating the World", *Wall Street Journal*, 20 de agosto de 2011.

Appelbaum, Binyamin. "Is Bitcoin a Waste of Electricity, or Something Worse?" *New York Times*, 28 de fevereiro de 2018.

Arthur, W. Brian. *McKinsey Quarterly*, outubro de 2017.

Auspitz, Josiah Lee, "The Wasp Leaves the Bottle: Charles Sanders Peirce", *The American Scholar*, 2001, 602–19.

Ayau, Manuel F. "Philosophy Statement and Inaugural Address", Uni- versidad Francisco Marroquin, 1972.

Bell, Gordon "Bell's Law for the Birth and Death of Computer Classes". *Communications of the ACM*. 51 (1), janeiro de 2008.

Boring, Perianne. "Protecting Blockchain from the Mad Hatter", *The Hill*, 21 de novembro de 2017.

Dally, William James e John Nickolls "The GPU Computing Era", *IEEE Micro*, março/abril de 2010.

Dally, William James et al "Scaling the Power Wall: A path to exascale", *IEEE Micro*, setembro/outubro de 2011.

Eich, Brendan. Brave Software, *Basic Attention Token (BAT), Blockchain Based Digital Advertising*, White Paper (13 de março de 2018).

Gilder, George. "The Information Factories", *Wired*, 1º de outubro de 2006.

Hajdarbegovic, Nermin. "Lingusitic Researchers Name Nick Szabo as Author of the Bitcoin Whitepaper", *Coindesk*, 16 de abril de 2014.

Levy, Steven. "Inside Deep Dreams: How Google made its computers go crazy", *Wired*, 11 de dezembro de 2015, https://www.wired.com/2015/12/inside-deep-dreams-how-google-made-its-computers-go-crazy/.

Lewis, Nathan K. "The Gold Standard and the Myth about Money Growth", *Forbes.com*, 16 de fevereiro de 2012.

Lieber, Franz. "Appointment in Tomorrow", *Galaxy Science Fiction*, julho de 1951.

Nelson, Jude e Muneeb Ali, Ryan Shea, Michael J. Freedman. "Extending Existing Blockchains with Virtualchain", Workshop on Distributed Cryptocurrencies and Consensus Ledgers, Chicago, IL, julho de 2016.

O'Hagan, Andrew. "The Satoshi Affair", *London Review of Books*, Vol. 38, número 13, 30 de junho de 2016. Também, *The Secret Life: Three true stories of the digital age* (Nova York: Farrar, Strauss, & Giroux, 2017). Rabiner, Lawrence. "Hidden Markov Models", *Proceedings of the IEEE*, fevereiro de 1989.

Roberts, Jeff John e Adam Lashinsky, "Hacked: How companies fight back", *Fortune*, 22 de junho de 2017.

Shannon, Claude Elwood. "A Mathematical Theory of Communications" em *The Bell System Technical Journal*, outubro de 1948.

Tredennick, Nick e Brion Shimamoto, "Embedded Systems and the Microprocessor", *Microprocessor Report* (Cahners) 24 de abril de 2000.

von Hilgers, Philipp e Amy Langville, "The Five Greatest Applications of Markov Chains", *Proceedings of the Markov Anniversary Meeting.* Boson Press, 2006.

Notas

Prólogo: De Volta para o Futuro — A Viagem

1. Josiah Lee Auspitz, "The Wasp Leaves the Bottle", *The American Scholar*, 2002, 602-19; Charles Sanders Peirce, *Chance, Love and Logic: Philosophical essays* (Nova York: Barnes & Noble, 1923), editado com uma introdução por Morris Cohen e com um ensaio por John Dewey.
2. Neal Stephenson, *Snow Crash*, 24. "Então Hiro não está realmente aqui. Ele está em um universo gerado por computador... No jargão, este lugar imaginário é conhecido como Metaverso."
3. C. S. Lewis, *O Peso da Glória*, 16-29. "Transposição" é o segundo ensaio.
4. George Gilder, *A Vida após a Televisão*. "Descobriremos que a televisão não era uma tecnologia com poderes supremos, mas sim com falhas mortais. No início, os poderes eram crescentes; agora as falhas dominam. As limitações culturais da televisão, toleráveis quando não havia alternativas, são inadmissíveis face às novas tecnologias da computação no horizonte atualmente — tecnologias nas quais, felizmente, os EUA lideram o mundo." Na época, chamei o novo dispositivo de "telecomputador". Meu amigo Bruce Chapman, fundador do Discovery Institute, sugeriu que eu trocasse a palavra pela mais elegante "teleputer" nas edições seguintes, e aceitei a dica.
5. Gilder, *A Vida após a Televisão* (1994), 20.
6. Ibid., 20 e passim. As edições anteriores não trazem este específico sobre o teleputer, apesar e eu tê-lo usado regularmente em palestras no início da década de 1990.

Capítulo 1: Não Roube Este Livro

1. W. Brian Arthur, "Where is Technology Taking the Economy?" *McKinsey Quarterly*, outubro de 2017.
2. Yuval Noah Harari, *Homo Deus: Uma breve história do amanhã*.
3. Jeff John Roberts e Adam Lashinsky, "Hacked: How companies fight back", *Fortune*, 22 de junho de 2017. "Porém, no final dos dias os humanos são tão culpados quanto o software. 'O ponto fraco da segurança não são as falhas técnicas, mas a péssima implementação dos processos ou da engenharia social', diz Asheem Chandna." Investidor com a Greylock Partners e diretor da Palo Alto Networks, "Chandna observa que a maioria dos ataques de hacker acontecem de duas maneiras, nenhuma das duas envolvendo um alto nível de sofisticação técnica: um empregado clica em um link ou anexo malicioso — talvez em um e-mail que pareça ser de seu chefe — ou alguém rouba o login de um funcionário e consegue acesso à rede da empresa".
4. Karl Marx, *A Ideologia Alemã*, 53.
5. William F. Buckley Jr., *Cancel Your Own Goddam Subscription* (Nova York: Basic Books, 2007), 21-24. J. R. Nyquist, "How to Immanentize the Eschaton", *Financial Sense, Applying Common Sense to Markets*, 6 de julho de 2009. "Em 1969, um garoto de 16 anos escreveu para o colunista conservador William F. Buckley, Jr., 'só para descobrir o que, por Deus, a frase 'imanentizar a escatologia' significa.' Buckley respondeu: 'Escatologia significa, mais ou menos, a coisas finais da ordem do tempo; imanentizar significa, mais ou menos, causar a inerência no tempo. De modo que imanentizar a escatologia é causar a inerência na experiência mundana e se sujeitar ao domínio humano que está além do tempo e, portanto, extraterreno. Tentar tal coisa é negar a transcendência de Deus; supor que esta utopia seja para este mundo.' A resposta de Buckley me parece bem-humorada pois 'imanentizar a escatologia' significa basicamente suscitar o fim do mundo (ou seja, 'as coisas finais na ordem do tempo'). Pode-se dizer que aqueles que negam a transcendência de Deus levam dentro de si o apocalipse enquanto tentam construir sua utopia tola. Qual a melhor maneira de suscitar o fim dos tempos? Aqueles que nos libertariam do racismo, sexismo e classicismo, buscando 'o mundo unificado', não percebem que a humanidade não é perfectível; que qualquer tentativa de tornar o homem perfeito é como confundir os instintos básicos, quebrando qualquer ordem viável que tenhamos conseguido conquistar."

6. Ronald H. Coase, *A Firma, O Mercado e O Direito*, 7. "O limite para o tamanho da firma se define onde seus custos para organizar uma transação se tornam iguais ao custo de levá-la ao mercado."

Capítulo 2: O Sistema de Mundo do Google

1. Stephenson pegou o título emprestado do próprio Newton, que intitulou o terceiro volume de sua *Principia*, "De mundi systemate".
2. D. T. Whiteside, *The Mathematical Papers of Isaac Newton*, (Cambridge: Cambridge University Press, 2008), xxix.
3. Franz Lieber, "Appointment in Tomorrow", *Galaxy Science Fiction*, julho de 1951.
4. Para minhas explorações desta teoria veja *Knowledge and Power* (2013), estendido em *The Scandal of Money* (2016).
5. Nathan K. Lewis, "The World's Experience with Gold Standard Systems", Capítulo 5 em *Gold: The monetary polaris* (New Berlin, N.Y.: Canyon Maple Publishing, 2013).
6. Ibid.
7. David Hilbert, citações, verbete da Wikipedia.
8. Gregory J. Chaitin, *Thinking about Gödel and Turing: Essays on complexity, 1970-2007* (Hackensack, N.J.: World Scientific Publishing Co., 2007), 281 e passim.
9. William Briggs, *Uncertainty: The soul of modeling, probability and statistics* (Suíça: Springer International Publishing, 2016), 32.
10. Hubert Yockey, *Information Theory, Evolution, and the Origin of Life* (Nova York: Cambridge University Press, 2005). *Information Theory and Molecular Biology* (1992).
11. George Dyson, *Turing's Cathedral: The origins of the digital universe* (Nova York: Pantheon Books, 2012), 252. Ele cita a tese de Turing orientado por Alonzo Church em Princeton: Alan Turing, "Systems of Logic Based on Ordinals", 161.
12. Werner Heisenberg, que havia apresentado o princípio da incerteza à física em 1927, estava na plateia na apresentação de Gödel sobre a incompletude em 1930, mas não foi capaz de valorizá-la como uma generalização de seu próprio insight. Depois Gödel sabidamente empurrou o físico John Wheeler para fora de seu escritório quando Wheeler sugeriu que poderia

haver uma conexão entre o princípio da incerteza na física e o princípio aparentemente semelhante na computação.

13. Chaitin, *Proving Darwin: Making biology mathematical* (Nova York: Pantheon Books, 2012), 212. Como Hubert Yockey, Chaitin prova que Darwin é improvável, mas matematicamente inteligível. Veja também, Chaitin, *Thinking about Gödel and Turing*, 333. "O número *omega* é a probabilidade de que um programa de computador autônomo, escolhido aleatoriamente... acabe parando, em vez de continuar calculando para sempre... Surpreendentemente, o valor numérico preciso de *omega* é incomputável, na verdade, irredutivelmente complexo. [Isso] pode ser interpretado de forma pessimista, indicando que há limites ao conhecimento humano. A interpretação otimista, que eu prefiro, é que o *omega* mostra que ninguém é capaz de fazer cálculos matemáticos mecanicamente e que intuição e criatividade são essenciais. Aliás, de certa forma, o *omega* é a essência cristalizada e concentrada da criatividade matemática."

Capítulo 3: As Raízes e Religiões do Google

1. http://citeseer.ist.psu.edu/stats/articles. Contei os artigos de Stanford e Google.
2. Uma explicação lúcida sobre o PageRank e a tecnologia de buscas é o livro de John MacCormick, *Nine Algorithms that Changed the Future: The ingenious ideas that drive today's computers* (Princeton: Princeton University Press, 2012), 10–37.
3. Larry Page, praticamente todas as suas citações são acessíveis no Google!
4. David Gelernter, *Mirror Worlds* (Nova York: Oxford University Press, 1992).
5. Page, ibid.
6. Se preferir a versão em texto além de todos os recursos de busca do Google sobre a saga de seus inventores e fundadores, está tudo suntuosamente descrito no livro de Steven Levy, *Google. A Biografia: Como o Google pensa, trabalha e molda nossas vidas*, ou na prosa sedosa da especialista em mídias do *New Yorker*, Ken Auletta, *Googled: A história da maior empresa do mundo virtual*. A visão olímpica do alto é exposta por Eric Schmidt e Jonathan Rosenberg, com prefácio de Larry Page, *Como o Google Funciona*.
7. Fred Turner, *Burning Man at Google: A cultural infrastructure for new media production* (Sage Journal, 2009).

8. O sensacionalista, litigioso e eloquente Scott Cleland e o especialista em tecnologia Ira Brodsky soltam a versão guiada por drone da história anti-Google: *Busque e Destrua*. Discordo de suas animosidades e crenças em uma solução legal antitruste contra o Google, mas o livro é cheio de observações incisivas sobre a estratégia e os negócios do Google.
9. Cleland, ibid., 82.

Capítulo 4: O Fim do Mundo Livre

1. Jerry Bowyer, "Will Bitcoin Kill Don Draper? The Real End of an Era", *Forbes.com*, 31 de maio de 2015.
2. Douglas Edwards, *Estou com Sorte: As confissões do funcionário número 59 do Google*, 11.
3. Jeremy Rifkin, *Sociedade com Custo Marginal Zero*. Veja a palestra no Google em https://www.youtube.com/watch?v=5-iDUcETjvo
4. Edwards, xi, Introdução.
5. Jonathan Taplin, *Move Fast and Break Things: How Facebook, Google and Amazon cornered culture and undermined democracy* (Nova York: Little Brown and Company, 2017), 126 e passim.
6. Daniel Colin James, "This Is How Google Collapsed", *Hacker Noon: Where hackers start their afternoons*, 27 de abril de 2017. https://hackernoon.com/how-google-collapsed-b6ffa82198ee
7. Ibid. A maioria destes números vêm do blog de Daniel Colin James.

Capítulo 5: Dez Leis do Criptocosmos

1. "Segurança por Último" é o princípio do inventor da Ethernet, Bob Metcalfe.
2. A origem da imagem dos unicórnios M&A e das gazelas IPO é o filósofo e investidor William Walton.

Capítulo 6: O Golpe do Data Center do Google

1. George Gilder, "The Information Factories", *Wired*, 1 de outubro de 2006. A princípio fiz esta viagem como editor contribuinte da *Wired* e boa parte

da prosa no capítulo, inclusive os parágrafos de abertura, apareceram originalmente na revista *Wired*. Porém, todos os dados e temas foram atualizados e reinterpretados 12 anos depois para este livro.

2. The Dalles é apenas uma peça do império mundial de data centers do Google, que compreende cerca de 2 milhões de servidores em 15 locais de Cingapura a Quilicura, Chile.

3. Jaron Lanier, *Who Owns the Future?* (Nova York: Simon & Schuster, 2013), 53 e passim.

4. Gordon Bell, "Bell's Law for the Birth and Death of Computer Classes", *Communications of the ACM*. 51 (1), janeiro de 2008: 86-94.

5. Descrito por Tracy Kidder em sua obra prima, *A Alma da Nova Máquina*. Ninguém captou tão vividamente a saga de projetar novos computadores de softwares.

6. Urs Hölzle, palestra na Optical Fiber Conference em Los Angeles, CA, 11 de abril de 2017. Essa e muitas outras palestras de Hölzle estão disponíveis no YouTube, e sua análise mais ampla, com Luiz Barroso e Jimmy Clidaras, foi exposta em *The Datacenter as a Computer* (San Raphael, CA: Morgan and Claypool Publishers, 2013).

7. "The Information Factories", *Wired*, Ibid. veja nota 1.

8. Andy Bectolsheim, ibid., e como atualizado em Arista na "Cloud Hardware Conference" da Linley Group em 8 de fevereiro de 2017.

Capítulo 7: O Paradigma Paralelo de Dally

1. Esta viagem ao futuro com Bill Dally, 25 de agosto de 2017, seguiu uma longa entrevista na Nvidia em Mountain View, mais entrevistas nos anos seguintes na Caltech e no MIT, e a análise íntima de seu livro com Brian Towles, *Principles and Practices of Interconnection Networks* (São Francisco: Morgan Kauffmann Publishers, 2004), e artigos de Dally e seus colegas, incluindo "The GPU Computing Era", com John Nickolls, também na Nvidia, na *IEEE Micro*, março-abril de 2010, e "Scaling the Power Wall: A path to exascale", por Dally e 11 colegas, *IEEE Micro*, setembro-outubro de 2011. Nvidia acabou conseguindo conquistar a maior parte do que havia projetado nestas últimas publicações. Dally há muito me influenciou, mas obviamente não é responsável por qualquer uma de minhas visões expressas neste capítulo ou em qualquer outro lugar.

2. Nick Tredennick e Brion Shimamoto, "Embedded Systems and the Microprocessor", *Microprocessor Report* (Cahners) 24 de abril de 2000. Ele também costumava brincar sobre o cobiçado seguimento de "vendas zero" — chips feitos para o mercado aeroespacial e outros com demandas unitárias na casa das centenas de chips, ou menos.

3. HC03 (1991) agosto 26–27. Hot Chips: A symposium on high performance chips, patrocinado pelo IEEE Technical Committee on Microprocessors and Microcomputers em cooperação com ACM-SIGARTH. https://www.hotchips.org/archives/1990s/hc03/. Realizado no Stanford Memorial Auditorium, todos estavam lá, dos diretores da conferência John Hennessy e Forrest Baskett (Silicon Graphics) a Dally e Tom Knight da MIT, um batalhão da Texas Instruments, e David Perlmutter e Michael Kagan vindos diretamente da Intel Israel para promover o malfadado chip i860 "very long instruction word (VLIW)" que evoluiu para o também malfadado Itanium.

4. Uma introdução concisa à tecnologia do aprendizado de máquina é o livro de Yaser S. Abu-Mostafa, Malik Magdon-Ismail, Tsuan-Tien Lin, *Learning from Data: A short course* (AMLbook.com). Abu-Mostafa me apresentou à sua maestria no aprendizado de máquina em um jantar fascinante na Caltech Athenaeum em fevereiro de 2013.

5. John Markoff, "How Many Computers to Identify a Cat? 16,000", *The New York Times*, 25 de junho de 2012.

6. Claude Elwood Shannon, "A Mathematical Theory of Communication", publicado no Bell Systems Technical Journal em outubro de 1948 e disponível em N. J. A. Sloane, Aaron D. Wyner, edits, Shannon *Collected Papers* (Piscataway, N.J.: IEEE Press, 1993), seção 12: "Equivocation and Channel Capacity", 33.

7. Thiel continuou sua crítica em seu livro revelador *De Zero a Um*.

8. Talk of the Town, *New Yorker*, 6 de dezembro de 1958, https://www.newyorker.com/ magazine/1958/12/06/rival-2

Capítulo 8: Markov e Midas

1. Lawrence Rabiner, "Hidden Markov Models", *Proceedings of the IEEE*, fevereiro de 1989. Este artigo se tornou o sexto mais citado em todo o corpus da ciência da computação.

2. Philipp von Hilgers e Amy N. Langville, "The Five Greatest Applications of Markov Chains", em Amy N. Langville e William J. Stewart, eds., *Proceedings of the Markov Anniversary Meeting* (Altadena, Calif.: Boson Books, 2006), 156–57.
3. Claude Elwood Shannon, "A Mathematical Theory of Communications" em *The Bell System Technical Journal*, outubro de 1948, seção 4, "Graphical Representation of a Markov Process", em *Collected Papers* (Piscataway, N.J.: IEEE Press, 1993), 15. "Os processos estocásticos do tipo descrito acima ('O Discreto Canal sem Ruídos') são conhecidos matematicamente como processos discretos de Markov... [Uma] fonte [de informação] discreta, para nossos propósitos pode ser representada por um processo de Markov. O caso geral pode ser descrito da seguinte forma: existe um número finito de possíveis 'estados' de um sistema... além disso, existe um conjunto de probabilidades de transição... a probabilidade de que se o sistema estiver no estado Si irá a seguir para o estado Sj... presumimos que uma letra seja produzida por cada transistor... os estados corresponderão ao 'resíduo de influência' das letras anteriores."
4. Ray Kurzweil, *Como Criar uma Mente*, 143. Kurzweil explica que os Modelos Hierárquicos Ocultos de Markov e seus semelhantes se baseiam, como quase todo o aprendizado de máquina, em hierarquias de sequências lineares com pesos e aprendizado adaptativo nos links baseados na imersão nos dados.
5. Amy Langville e Carl D. Meyer, *Google's Page Rank and Beyond: The science of search engine rankings* (Princeton: Princeton University Press, 2006, 2011).
6. Kurzweil, *Como Criar uma Mente*, 153.
7. George Gilder, *Microcosm: The quantum revolution in economics and technology* (Nova York: Simon & Schuster, 1989), 262–89.
8. Jaron Lanier, *Who Owns the Future* (Nova York: Simon & Schuster, 2013), xxv.
9. Ibid.
10. Ibid., xxiii.
11. Hal Lux, "The Secret World of Jim Simons", *Institutional Investor*, novembro de 2000, https://www.institutionalinvestor.com/article/b151340bp-779jn/the-secret-world-of-jim-simons

12. Robert P. Crease, *O Prisma e o Pêndulo*, 59–76, Capítulo 4: "Newton's Decomposition of Light with Prisms".
13. Lanier, *Who Owns the Future*, xxvi. 14.
14. Ibid., 153.

Capítulo 9: Vida 3.0

1. Max Tegmark, *Vida 3.0: O ser humano na era da inteligência artificial*. Ele descreve a saga de organizar e fundamentar a conferência em um Epílogo, "O Conto da Equipe FLI [Future of Life Institute]", 316–35.
2. Tegmark, *Vida 3.0*, 4.
3. Ibid., 4.
4. Musk sobre IA: https://www.cnbc.com/2018/03/13/elon-musk-at-sxsw-a-i--is- more-dangerous-than-nuclear-weapons.html.
5. Hawking sobre IA. Isto lhe deu uma voz e ele a usou para alertar sobre a IA. https://qz.com/1231092/ai-gave-stephen-hawking-a-voice-and-he-used-it-to-warn-us- against-ai/
6. Ray Kurzweil popularizou em palestras a fábula do império da China e o inventor do xadrez. O imperador ficou tão grato pela invenção que ofereceu ao inventor qualquer coisa que ele pedisse. O inventor disse, "apenas um grão de arroz no primeiro quadrado do tabuleiro de xadrez... e o dobro dos grãos em cada quadrado dos subsequentes dos 64". Não sendo matemático, o imperador concordou prontamente com o processo exponencial. Para produzir 264 (menos 1) grãos, o imperador precisaria presentear o inventor com quase 18 milhões de grãos, ou todo o arroz jamais cultivado na terra vezes um fator. Como Kurzweil apontaria, os problemas do imperador começariam quando a dobra chegasse à segunda metade do tabuleiro de xadrez. Kurzweil especulou acerca de dois finais possíveis: um, o inventor toma o reino; dois, o inventor é decapitado. A lição para os inventores é *fique de olho no imperador.*
7. Tegmark, *Vida 3.0*, 158.
8. Ibid., 147.
9. Ibid., 245.
10. Ray Kurzweil, editor, *Kurzweil.ai.net*, com a IA significando Inteligência Acelerada.
11. G. K. Chesterton, *Tremendas Trivialidades*, 55.

12. Jaron Lanier, *Gadget: Você não é um aplicativo*, 17.
13. Charles Sanders Peirce, Chance, *Love and Logic: Philosophical essays*, editado com uma introdução por Morris R. Cohen e um ensaio suplementar por John Dewey (Nova York: Barnes & Noble, 1923). Uma introdução elucidativa a Peirce é o artigo de Josiah Lee Auspitz, "The Wasp Leaves the Bottle", *The American Scholar*, 2001, 602–19. Aplicando Peirce aos sistemas e softwares da informação temos o artigo de E. T. Nozawa, "Peircean Semeiotic: A new engineering paradigm for automatic and adaptive intelligent systems design" (Marietta, Georgia: Lockheed Martin Aeronautics), que mostra que "a Semiótica Peirceana [a ciência dos sinais e símbolos] tem um papel muito revolucionário a desempenhar no desenvolvimento avançado da Inteligência Artificial, Ciência Cognitiva", e outras ciências da informação.
14. Michael Denton, *Nature's Destiny: How the laws of biology reveal purpose in the universe* (Nova York: The Free Press, 1998), 324–27 no Capítulo 14: "O Sonho de Asilomar".
15. Leigh Cuen, "What Really Is Ethereum? Co-Founder Joe Lubin Explains", *International Business Times*, 24 de agosto de 2017, http://www.ibtimes.com/what-really-ethereum-co-founder-joe-lubin-explains-2578228.
16. Klint Finley, "Out in the Open: Teenage hacker transforms web into one giant bitcoin network", *Wired*, 27/01/14, https://www.wired.com/2014/01/ethereum/.

Capítulo 10: 1517

1. O site da Thiel Fellowship, About the Fellowship, http://thielfellowship.org/about/.
2. "Em 2012, entrei na University of Waterloo; em 2013 percebi que os criptoprojetos estavam tomando até 30h/semana de tempo, então saí, percorri o mundo, explorei muitos criptoprojetos, e finalmente percebi que eles estavam preocupados demais com aplicações específicas e não eram suficientemente generalistas — por isso o nascimento da Ethereum, que tem dominado minha vida desde então..." Vitalik Buterin, https://about.me/vitalik_buterin.
3. Site do 1517 Fund, About, http://www.1517fund.com/thesis/.

4. Pony Tracks "Weaponry"; Bruce Newman, "Tanks for the Memories: Historic collection of military might auctioned for more than $10 million" Mercury News, 13 de julho de 2014, https://www.mercurynews.com/2014/07/13/tanks-for-the-memories-historic-collection-of-military--might-auctioned-for-more-than-10-million/.

Capítulo 11: O Assalto

1. Hal Finney postou esta resposta a Satoshi em 16 de janeiro de 2009, no que hoje chama-se Bitcoin Forum.
2. Finney, ibid.
3. John Mauldin e Jonathan Tepper, *Code Red: How to protect your savings from the coming crisis* (Hoboken, N.J.: John Wiley & Sons, 2014).
4. Ayn Rand, *A Revolta de Atlas*.
5. Nermin Hajdarbegovic, "Lingusitic Researchers Name Nick Szabo as Author of the Bitcoin Whitepaper", *Coindesk*, 16 de abril de 2014. Ele apontou a uma equipe de especialistas em linguística forense na Ashton University em Birmingham, Inglaterra, liderada pelo professor Jack Grieve. A história também cita o pesquisador linguístico Skye Grey como tendo chegado à mesma conclusão em dezembro de 2013. Michael Chon da Booz Allen Hamilton, entretanto, publicou um artigo em 26 de dezembro de 2017, recorrendo a um conjunto de aplicativos que apontavam Szabo como autor do White paper, mas acusou Ian Grigg, um associado de Craig Wright, como autor dos e-mails de Satoshi. Grigg citou Wright e Kleiman como membros-chave da equipe de Satoshi. Independentemente do papel específico de Szabo, ele é o pensador mais original e interessante do grupo, e seu papel no bitgold é profético.
6. George Gilder, *Telecosmo: A era pós-computador*, 116–17. Este trecho de Marc Andreessen foi publicado a princípio na *Forbes ASAP* como "The Coming Software Shift" e republicado por Rich Karlgaard em 1996 sob o selo da Forbes American Heritage em uma coleção de meus artigos *ASAP* intitulada *Telecosmo*.
7. Clifford Stoll, *Silicon Snake Oil: Second thoughts on the information highway* (Nova York: Doubleday, 1995).
8. Marc Andreessen, "Why Bitcoin Matters", *The New York Times*, 21 de janeiro de 2014.

Capítulo 12: Encontrando Satoshi

1. Pense nisto como uma proposta de roteiro para um documentário dramático sobre Satoshi. Baseia-se totalmente em publicações registradas de Satoshi, intercaladas com outros expedientes característicos de ficções históricas.
2. O famoso white paper de Satoshi Nakamoto é "Bitcoin: A peer-to-peer electronic cash system" (2008).
3. A exposição mais fidedigna é a de Andreas M. Antonopoulos, *Mastering Bitcoin: Unlocking digital cryptocurrencies* (Sebastopol, Calif.: O'Reilly Media, 2015).
4. Foundation for Peer-to-Peer Alternatives, https://p2pfoundation.net.
5. Craig Wright, "Shinseiki Evangerion", *nChain: The future of bitcoin*, Arnhem, julho de 2007, https://www.youtube.com/watch?v=JdJexAYjrDw&t=49s.

Capítulo 13: A Batalha das Blockchains

1. Andrew O'Hagan, "The Satoshi Affair", *London Review of Books*, Vol. 38, número 13, 30 de junho de 2016; veja também *The Secret Life: Three true stories of the digital age* (Nova York: Farrar, Strauss & Giroux, 2017).
2. Craig Wright, "Future of Bitcoin Talk", Arnhem, The Netherlands, Youtube, https://www.youtube.com/watch?v=JdJexAYjrDw.
3. http://gavinandresen.ninja/satoshi (2 de maio de 2016).
4. Swirlds é uma plataforma para aplicações distribuídas baseada no algoritmo de consenso de "hashgraph" https://www.swirlds.com/. A IOTA é um livro-razão distribuído de código aberto que não usa um blockchain. Seu protocolo de prova quântica é conhecido como "Tangle." https://blog.iota.org/the-tangle-an-illustrated-introduction-4d5eae6fe8d4.
5. Saifedean Ammous, *The Bitcoin Standard* (Nova York: Wiley, 2018).
6. Chris Burniske e Jack Tatar, *Criptoativos: O guia do investidor inovador para o bitcoin e além*, 178-79.

Capítulo 14: Blockstack

1. Neal Stephenson, *Snow Crash*.
2. Stephenson, *Snow Crash*, 27. "O monorail é uma parte gratuita do software de serviços públicos que permite que os usuário mudem de localização na rua rápida e suavemente…" (Ibid).
3. Muneeb Ali, "Trust-to-Trust Design of a New Internet", (doctoral dissertation, Princeton University, junho de 2017), https://muneebali.com/thesis.
4. Tedx, Nova York, https://www.youtube.com/watch?v=qtOIh93Hvuw&t=28s.
5. Muneeb Ali, "Things Engineers Do to Move to the US", *Medium*, 26 de abril de 2015. https://medium.com/@muneeb/living-on-one-mcfish-a-day-for-the-american-dream-592ed97c1bab.
6. Andy Oram, ed., *Peer-to-Peer: O poder transformador das redes ponto*. Este livro é um tesouro das pesquisas da década de 1990 acerca de sistemas distribuídos e criptografia que floresceram na erupção de criptomoedas de nossa época. "Mojo", um dos primeiros criptotokens propostos, e eCash, são criptomoedas precursoras discutidas por Michael Freedman e outros. Freedman trabalhou em micropagamentos "provas de conhecimento zero", dinheiro digital, hashes matemáticas e outras buscas relevantes em MIT e Princeton. Em *Peer-to-Peer*, ele contribuiu em um capítulo sobre o "Free Haven" (um sistema de armazenamento anônimo em que os publicadores dos documentos determine sua vida útil), 159–187. O capítulo "Responsabilidade" (271–340) aborda micropagamentos, "hash cash", sistemas de reputação, gasto em duplicidade, prova de trabalho e outros assuntos comuns no blockchain. Os coautores com Freedman nos dois artigos foram Roger Dingledine, aluno de Ron Rivest, um dos inventores epônimos da segurança RSA e um entusiasta do dinheiro digital com Adi Shamir, e David Molnar, um proeminente cripto elitista de Berkeley, Harvard e Microsoft. Qualquer um desses caras teria competência para ser Satoshi.
7. Muneeb Ali, "Trust-to-Trust", 60.
8. Berners-Lee no programa Charlie Rose: https://charlierose.com/videos/29038.

Capítulo 15: Retomando a Rede

1. Muneeb Ali, "Trust-to-Trust", 31.
2. Jude Nelson et al, "Extending Existing Blockchains with Virtualchain", Workshop on Distributed Cryptocurrencies and Consensus Ledgers, Chicago, IL, julho de 2016.

Capítulo 16: A Corajosa Volta de Brendan Eich

1. Kevin Kelly, *Inevitável: As 12 forças tecnológicas que mudarão o nosso mundo* (Alta Books, 2017), 229.
2. Ibid., 229.

Capítulo 17: Yuanfen

1. Peter Thiel, com Blake Masters, *De Zero a Um*, 75.
2. Alexander Mordvintsev, Christopher Olah, e Mike Tyka, "Inceptionism: Going deeper into neural networks", Google Research Blog, 17 de junho de 2015, https://research.googleblog.com/2015/06/inceptionism-going-deeper-into-neural.html.
3. Steven Levy, "Inside Deep Dreams: How Google made its computers go crazy", *Wired*, 11 de dezembro de 2015, https://www.wired.com/2015/12/inside- deep-dreams-how-google-made-its-computers-go-crazy/.
4. "Here's How To Make Your Own Dreamscope A.I. Images" por "burnersxxx", 16 de julho de 2015, https://burners.me/tag/dreamscope/.

Capítulo 18: A Ascensão da Computação no Céu

1. Urs Hölzle, palestrante-chave na Optical Fiber Conference, Los Angeles, 11 de abril de 2017, https://www.youtube.com/watch?v=n9zEiGyvJ-A.
2. Ibid.
3. SWNS, "Americans Check Their Phones 80 Times a Day: Study", *New York Post*, 8 de novembro de 2017, https://nypost.com/2017/11/08/americans-check-their-phones-80-times-a-day-study/.

4. Muneeb Ali, "The Next Wave of Computing", agosto de 2017, https://medium.com/@muneeb/latest.
5. Ivan Liljeqvist, *Ivan on Tech*, https://www.youtube.com/watch?v=fEDKGyeF6fw.
6. OTOY, RenderToken White Paper, 17 de agosto de 2017, https://rendertoken.com/pdf/1.7RenderTokenWhitepaper.pdf.
7. Ibid.
8. Brendan Eich, "The Render Token", 25 de setembro de 2017, https://brendaneich.com/.

Capítulo 19: Uma Insurreição Global

1. "The World's Most Dangerous Cities", *The Economist*, 31 de março de 2017, https://www.economist.com/blogs/graphicdetail/2017/03/daily-chart-23.
2. Francisco Pérez de Antón, *In Praise of Francisco Marroquín* (Guatemala: Universidad Francisco Marroquín, 1999).
3. Manuel F. Ayau, Philosophy Statement and Inaugural Address, Universidad Francisco Marroquín, 1972.
4. Marla Dickerson, "Leftist Thinking Left Off Syllabus", *Los Angeles Times*, 6 de junho de 2008, http://www.latimes.com/world/mexico-americas/la-fi-guatemala6-2008jun06-story.html.
5. Carlos Sabino, Wayne Leighton, *Privatization of Telecommunications in Guatemala: A tale worth telling*, Estudo de Caso (The Antigua Forum, 2013); Rocio Cara Labrador e Danielle Renwick, "Central America's Violent Northern Triangle", Council on Foreign Relations Backgrounder, 18 de janeiro de 2018, https://www.cfr.org/backgrounder/central-americas-violent-northern-triangle. Giancarlo Ibárgüen on the War on Drugs: "Culpo a guerra contra as drogas nos EUA pelo que está acontecendo aqui na Guatemala". "The Drug War in Guatemala: A conversation with Giancarlo Ibárgüen", 21 de outubro 2011, *Reason.tv*, produzido por Paul Feine e Alex Manning, http://reason.com/blog/2011/10/21/reasontv-the-drug-war-in-guate. Mais fatos sobre a Guatemala (incluindo a impressionante taxa de mortalidade infantil): Guatemala country profile, *BBC News*, page [ultima atualização em 3 de julho de 2012 11:42 UK http://news.bbc.co.uk/2/hi/americas/country_profiles/1215758.stm#facts. A taxa de mortalidade infantil em 2017 era de 21 mortes a cada mil nascimentos. Haiti (46.8) e Bolívia (35.3) são os

únicos países piores no hemisfério ocidental para recém nascidos. COMPARAÇÃO DOS PAÍSES: TAXA DE MORTALIDADE INFANTIL, Agência de Inteligência Central, World Factbook, cálculos de 2017: https://www.cia.gov/library/publications/the-world-factbook/rankorder/2091rank.html. Maiores Mortalidades Infantis no Hemisfério Ocidental: 1. Haiti (#36), 2. Bolívia (#52), 3. Guatemala (#78) — entre parênteses está a posição do país na lista de 225 países do mundo.

6. Os 50 melhores lugares para estudar economia clássica, https://thebestschools.org/features/top-places-to-study-classical-economics/.

Capítulo 20: Neutralizando a Rede

1. "10 US Telecom Policy Myths", http://www.danielberninger.com/10myths.html.
2. Tim Wu, *The Master Switch: The rise and fall of information empires* edição revisada (Nova York: Vintage Books, 2011). Veja também, *The Attention Merchants: The epic scramble to get inside our heads* (Nova York: Alfred A. Knopf, 2016), em que (em uma nota de rodapé!), Wu reconhece que se distanciar de uma estratégia de negócios de rede neutra foi o que levou à queda da AOL: "Afinal houve uma oferta mais baixa pelo jardim murado do que toda a variedade oferecida na internet." Como ele conclui, a busca da riqueza de anúncios da TV em um meio não transmissor controlado pelos clientes jamais funcionaria. Wu nos trás uma ótima citação do CEO da AOL, Steve Case: "O que realmente me incomoda", disse ele, "é que os anúncios estão em um lugar onde os membros os verão".
3. Como concluo em *Telecosmo: A era pós-computador*, 163. "As rádios espertas não sugerem uma praia, mas sim as infinitas ondas do oceano em si... Em geral, o FCC não deveria estar envolvido no espectro de licenciamento. Ele deveria, em vez disso, emitir carteiras de motorista para rádios [todos transmissores eletromagnéticos]. Deveria ser colocada uma grande carga de provas sobre quaisquer prestadores de serviço com sistemas cegos ou muito potentes, que defendem que não podem operar sem uma licença exclusiva, que querem fechar a praia e proibir todos os outros de surfar."
4. Perianne Boring, "Protecting Blockchain from Mad Hatter", *The Hill*, 21 de novembro de 2017.

Capítulo 21: O Império Contra-ataca

1. 1. Kai Stinchcombe, "Ten years in, nobody has come up with a use for blockchain", Medium, 22 de dezembro de 2017, https://hackernoon.com/ten-years-in-nobody-has-come-up-with-a-use-case-for-blockchain--ee98c180100.

Capítulo 22: O Defeito do Bitcoin

1. George Gilder, "What Bitcoin can Teach", em *The Scandal of Money: Why Wall Street recovers but the economy never does* (Washington, DC: Regnery, 2016), 69–76.
2. Nathan K. Lewis, "The Gold Standard and the Myth about Money Growth", Forbes.com, 16 de fevereiro de 2012. Além disso, boa parte dos mesmos dados estão em *Gold: The final standard* (New Berlin, NY: Canyon Maple Publishing, 2017), 3.
3. Saifedean Ammous, *The Bitcoin Standard* (Nova York: Wiley, 2018).
4. Ibid., 40.
5. Friedrich Hayek, "Toward a Free Market Monetary System", *Journal of Libertarian Studies* 3 no. 1: 1–8.
6. Cameron Harwick, "Cryptocurrency and the Problem of Intermediation", *The Independent Review* (Spring 2016): 581.
7. Ammous., 16.
8. Resumindo esta posição contra Ammous temos o expoente do ouro, Ralph Benko. Veja "Why Bitcoin Never Was, Is Not, And Will Never Be the New Gold Standard", *Coin*, 7 de fevereiro de 2018, https://www.gcoin.com/blog/2018/2/7/why-bitcoin-never-was-is-not-and-will-never-be-the--new-gold-standard.
9. Charles Mackay, *Memorando de Extraordinários Engodos Populares e a Loucura das Multidões*, prefário por Andrew Tobias.

Capítulo 23: A Grande Dissociação

1. Don Tapscott e Alex Tapscott, *Blockchain Revolution: Como a tecnologia por trás do bitcoin está mudando o dinheiro, os negócios e o mundo*, 92–93, 142.

2. Clayton Christensen e Michael E. Raynor, *O Crescimento pela Inovação*, 126-143.
3. Binyamin Appelbaum, "Is Bitcoin a Waste of Electricity, or Something Worse?" *New York Times*, 28 de fevereiro de 2018.
4. O erro na contabilização do PIB que torna invisíveis as partes mais criativas da economia é retificado pelo novo conceito de Produção Bruta (PB) ou despesas domésticas brutas do economista Mark Skousen. Adotado pelo Federal Bureau of Economic Analysis em dezembro de 2013, a PB inclui gastos intermediários em bens de capital e commodities, não somente as vendas finais registradas no PIB. Como o PB inclui economias e formação de capital — criatividade empreendedora em cripto, por exemplo — o índice de Skousen se relaciona muito melhor com o crescimento subsequente do que o PIB, que sobe de forma anômala com dívidas governamentais e pagamentos por transferência. Enquanto os economistas desprezam a PB por considerar em duplicidade a venda de componentes de carros e o próprio carro, o PIB conta em duplicidade alimentos, remédios e outros apoios ao trabalho humano. A economia é uma multiplicação de bens e serviços sobrepostos sendo constantemente transformados. Qualquer mensuração disto incorre no problema de contagem em duplicidade.
5. Tapscott e Tapscott, 95.
6. Max Tegmark, *Life 3.0: Being human in the age of artificial intelligence* (Nova York: Alfred A. Knopf, 2017),153. Tegmark ressalta que uma inteligência artificial funcionando em um índice de uma operação por nanossegundo (trabalhando, assim, na frequência de relógio de gigahertz dos computadores atuais) seria como uma operação a cada quatro meses para nós.
7. Nick Tredennick e Paul Wu, *Transaction Security, Cryptochain, and Chip Level Identity* (Cupertino: Jonetix, 2018). Veja também Tredennick e Wu, "Transaction Security Begins With Chip Level Identity", Int'l Conference on Internet Computing and Internet of Things, ICOMP, 2017.
8. Leemon Baird, "The Swirlds Hashgraph Consensus Algorithm: Fair, fast, byzantine fault tolerance", Swirlds Tech Report, 31 de maio do 2016, revisado em 16 de fevereiro de 2018.
9. Leemon Baird, Mance Harmon e Paul Madsen, "Hedera: A Governing Council & Public Hashgraph Network: The Trust Layer of the Internet", white paper V1.0, 13 de março de 2018, 22.
10. Ibid., 19.

Epílogo: O Novo Sistema do Mundo

1. Jaron Lanier, *Dawn of the New Everything* (Nova York: Henry Holt, 2017), 2. Introduction.
2. Nick Paumgarten, "Mikaela Shiffrin, the Best Slalom Skier in the World", *New Yorker*, 27 de novembro de 2017.
3. Lanier, ibid., 11° e 12° definições de VR.

Índice

Símbolos

1517 Fund, 109-118

A

acumulação de fortuna, 217
adaptação superinteligente, 235
ad-blockers, 183
ad malware, 182
Airbnb, 9
Alan Turing, 17
Alphabet, 11
Amazon, 9, 41
Android, 39
anúncio, bloqueio, 40
Apple, 9
aprendizado de máquina profundo, 2
aprendizado profundo, 235
armazenamento em disco, 58
arquitetura computacional, 59
arquitetura de internet, 173
arquitetura von Neumann, 70
assinatura digital, 48
autômato celular, 71

B

bancos centrais, 107
barões usurpadores, 9
barragem de Dalles, 53
base de dados, 27
BDS, movimento, 220
Big Blue, 20
big data, 3, 19
Bill Dally, 63-74
bitcoin, 107, 119-128
    modelo econômico, 253
BitGold, 124
Bitmain, 127, 265
blockchain, 107
    Namecoin, 176

blockstack, 159-170
    princípios-chave, 175-176
Burning Man, 33-36

C

cadastro distribuído, 175
cadeia de bitcoin heroica, 129
cadeia de Markov, 75
cadeias virtuais, 176
capitalização de mercado, 157
chave particular (ID), 48
chips, 56
    Broadcom, 229
    Tegra, 64
ciências criptográficas, 153
codec de vídeo, 186
código aberto, 8
commons, 33
complemento paralelo, 175
computador global, 207
consciência, 100
    circularidade, 101
    humana, 276
contratos inteligentes, 153, 245
cool chips, 72
CPU, 59
crescimento econômico, 280
criptocosmos, 43, 45, 46-50, 202
    regras, 46-48
criptografia de chave pública, 284
criptomoeda, 107
curva de aprendizado, 280

D

data centers, 22, 52-62
datalink, 163
Deep Dream, 193
dinheiro, 38
    estável, 251
    métrica central, 249
    privativo, 133
    real, 285
    virtual, 122
domínio
    de frequência, 87
    do tempo, 87
Dreamscope, app, 193
DRM, 209

E

eBay, 9
economia, 123
    da informação, 12
    de Rothbard, 255
entropia, 18
    analógica, 18
    de Boltzmann, 280
    de Shannon, 280, 286
    termodinâmica, 18
era pós-humana, 99
escala
    peta, 54
    tera, 54
escalabilidade máxima, 175
escatologia
    algorítmica, 7

imanentizada, 7
estado absorvente, 81
estocástica, informação, 102
estratégia de bem-estar da TSA, 43
estrutura das finanças globais, 246
Ethereum, 107, 151, 174
Ethernet, 58

F

Facebook, 9
    Messenger, 230
fast traders, 88
FCC, 234
fibra óptica, 58, 200
firewalls, 5
flops por tostão, 196

G

GAFAM, 270
gargalo de von Neumann, 70
gas, 153
Gnutella, 132
Gödel, teorema da incompletude de, 281
Google, 2
    anúncios, 37
    filosofia, 35–36
    preço zero, 24
Google Analytics, 32
Google Assistente, 42
Google Bloomberg Terminal, 32
Google Cloud, 9

Google Fiber, 235
Google Hangouts, 230
Googleplex, 46, 59
grafeno, 73
Grande Recessão, 83

H

hard fork, 147
hash, 282
hashchain, 245
hashgraph, 282
Hedera, 268
Hello Digital, 228
hipertrofia das finanças, 260, 283
homens-G, 58
hot chips, 64
hub de fibra óptica, 52

I

ICO, 154
input-output, 200
integração e modularidade, 115
inteligência artificial, 21
    acessada por voz, 42
    IA, 2
    regime industrial, 7
Internet2, 53
Internet3, 53
internet baseada em anúncios, 185
Internet das Coisas (IoT), 38
iTunes, 9
ITXC, 229

J

jardins murados, 9
John von Neumann, 15, 281
    gargalo de, 70

K

Kai Stinchcombe, 243-248

L

Lambda Labs, 190
Larry Page, 77
lei da assimetria, 47
lei de Bell, 53, 198
    função-passo, 202
lei de Chaitin, 280
lei de Coase, 259
lei de Metcalfe, 283
lei de Moore, 20, 53, 284
lei de Schmidt, 55
light detection and ranging (lidar), 114
lightning, 147
links patrocinados, 32
links ponta-a-ponta, 163
livre-arbítrio, 101
loja de aplicações, 204

M

malware, 5
máquina determinista, 102
máquina de Turing, 17, 286
marca d'água, 209
marxismo, 6
matemática criptográfica, 171
matemática da criatividade, 74
matemática da informação, 16
mercado
    cambial, 50
    neutro, 88
metaverso, 159, 171
    concretização, 187
método Renaissance, 84
métrica
    de riqueza, 252
    do ouro, 282
MID, 195
migração livre, 176
millennials, 183
mitos das políticas de telecomunicações, 236-242
monólito, 171
Mosaic, 124
multiplicador matricial ASIC, 69
mundo espelhado, 27
Muneeb Ali, 159-170
    empréstimo-ponte, 161
    Internet das Coisas (IoT), 161
muro de Mundie, 56

N

navegador aleatório, 77
negentropia, 286
neomarxismo, 7
Netscape, 166
neutralidade da rede, 230, 237
NSA, 132
nuvem, 22, 199
Nvidia, 63-72

O
oligopólio global, 11

P
padrão de buscas, 31
padrão-ouro, 252-255
PageRank, 78
paralelismo natural, 72
PayPal, 9
peer-to-peer, 132
perceptron, 68
petaflops, 136
plano de controle, 175
plano de dados, 175
poder hierárquico, 49
políticas paranoicas, 106
pop-under, 38
pop-ups, 38
princípio de comunicação, 45
princípio Turing-Gödel, 84
probabilidades de transição, 78
processadores gráficos, 67
processamento centralizado, 23
programadores criptopunk, 245
programas de IA, 98
protocolo bitcoin, 146
protocolo de internet versão 6 (IPv6), 149
protótipo único, 175
prova de Göde, 17
prova de trabalho, 133
PSTN, 237

Q
quebra de 2008, 83

R
rádio e TV, modelo aéreo, 239
ram, 58
RA/RV, 208
realidade virtual, 185
    renderização, 274
recompensas falsas, 38
reconhecimento facial, 190
rede das regulamentações, 231
redes neurais, 3, 71, 193
registros inalteráveis de transações, 133
relação dos sinais, Peirce, 105
Renaissance Technologies, 80-92
renderização, 205
    descentralizada, 209
revolução industrial, 6
revolução na criptografia, 259
RNDR, 208
robôs stevedore, 191

S
Sand Hill Road, 285
Satoshi Nakamoto, 123, 129-142
    bitcoin, 129
    blockchain, 129
SDN, 162
servidor sereia, 61, 83, 248
sidechains, 147
sistema acadêmico, 112

sistema de escambo, 38
sistema de mundo, 19
sistema Newtoniano, 12
    padrão-ouro, 12
sistemas de assinatura, 9
sistema, segurança, 5–9
Skype, 230
softwares programáveis, 162
Spyglass, 168
stablecoins, 269
Steve Jobs, 9
Strivr, 272
superinteligência, 98
superstição materialista, 102
supremacia das elites, 4
switches, 163
switch top-of-rack, 247

T

tecnologia da informação, 8
    empresas, 11
telecomunicação, 231
telefonia, 230–242
telepresença, 228
tempo, 38
tensor, multiplicador matricial, 69
teorema de Coase, 9
teoria da informação, 12, 283
    Claude Shannon, 18
    Gregory Chaitin, 18
        algorítmica, 18
teoria do caos, 87
teoria quântica, 18

token, 153
    computação global, 204
    de Atenção Básica (TAB), 183
Tor, roteador, 132
T'Rain, 122
transações monetárias, 8
transcapitalismo, 33
transportador de baixa entropia, 176
Tríade de Peirce, 284
trust-to-trust, internet, 160

U

Uber, 9
unicórnios, 6, 49
unidades de contabilização, 260
URL, 28

V

Vale do Silício, 4
valor real, 137
via principal, 283
virtualização de funções de rede, 162
votação virtual, 268
voz em HD confiável, 230

W

white paper, Brave, 182
World Wide Web, 27

Y

YouTube, 40
YouTubeRed, 40